초심상담자를 위한

NLP 상담의 이론과 실제

Theory and Practice of NLP Counseling

초심상담자를 위한

NLP 상담의 이론과 실제

김종운 저

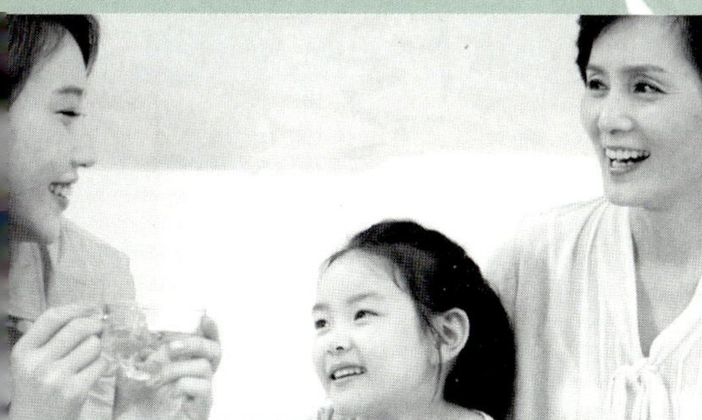

동문사

머리말

NLP는 원하는 변화와 목표를 성취하는 강력한 심리적 기술이다. 구체적으로 목표달성, 능력발휘, 활기차고 행복한 삶, 마음 다스림, 신념 변화, 창의성 개발, 학습력 향상, 생산성 향상, 교육, 심리, 인성개발, 조직변화, 마케팅, 의식변화, 스포츠의 경기력 향상, 인간관계 증진, 의사소통 능력 증진, 상담심리 등의 분야에서 널리 적용되어 왔고 지금도 적용되고 있으며 앞으로 적용할 수 있는 탁월하고 행복한 삶을 창조하는 심리적 접근 기술이다.

저자는 1998년 설기문 교수로부터 NLP에 대한 워크숍을 통해 NLP에 대해 처음 접하게 되었다. 정말 나 자신의 변화를 이끌어 내고 상담 장면에서 내담자의 변화를 이끌어 낼 수 있는 다양한 NLP 기법을 배우면서 놀라움과 감탄을 금할 수 없었다. 그 후 상담심리학 박사과정에 입학하여 여러 차례 NLP 워크숍에 참여할 수 있는 기회를 가졌고 마침내 NLP 이론을 적용한 프로그램의 개발 및 효과를 검증하는 연구를 통해 박사학위를 취득할 수 있게 되었다. 이 논문은 NLP라는 제목을 붙인 우리나라 최초의 학위논문일 뿐만 아니라 등재학술지 수준의 학회지에 게재된 최초의 논문이 되었다. 지도교수님께서 NLP에 대한 이해가 부족하다며 이 주제의 논문를 지도하기 어렵다고 말씀하셨지만 끈질기게 지도교수님을 설득하여 NLP를 적용한 연구를 우리나라 최초로 할 수 있었다는 것은 여러 번 생각해 보아도 잘한 일이라고 생각한다.

몇 년 전 한국상담학회 산하에 NLP 상담학회가 설립되었고 매년 개최되는 연차학술대회에서 NLP 관련 워크숍과 주제발표가 활발하게 이루어지고 있다. 2013년 2학기에는 필자가 지도하는 동아대학교 일반대학원 교육상담 전공 석·박사과정에 ‘NLP 상담의 이론과 실제’라는 과목이 개설되었고 이 과목을 수강한 20여 명의 학생들은 NLP의 세계를 경험하고 필자가 1998년 경험했던 것과 같은 놀라움과 감탄을 자아내었다. 이 책은 그 동안의 필자가 연구한 여러 편의 논문과 강의노트를 중심으로 하여 집필하게 되었다.

이 책은 제1장 NLP의 역사적 배경, 개념, 전제조건, 제2장 표상체계와 접근단서, 3장 눈동자 접근단서, 제4장 원하는 성과, 제5장 학습과 변화, 제6장 메타모형, 제7장 밀턴모형, 제8장 앵커링, 제9장 관점 바꾸기, 제10장 스위시 기법, 제11장 시간선 치료, 제12장 메타포와 메타 프로그램으로 구성되어 있다. 각 장은 다양한 NLP 상담의 개념과 원리를 먼저 이론적으로 살펴보고 이 원리를 상담 장면에게 내담자에게 실제로 어떻게 적용할지를 실습할 수 있도록 구성하였다. 독자들도 필자와 상담학도들이 NLP를 배우고 익히면서 경험한 놀라움과 감탄을 함께 경험할 수 있기를 바라며 상담 장면에서 내담자를 보다 잘 이해하고 다양한 NLP의 기법들을 적용할 수 있는 역량을 기를 수 있기를 바라는 마음 간절하다.

막상 탈고를 하고 나니 부족한 부분이 많은 것 같아 아쉬움이 남는다. 앞으로 이 부분에 대해서는 독자 여러분의 지적과 질책을 기대하며 계속 보완하리라 다짐해본다. 이 책이 완성되기까지 많은 분들의 도움이 있었다. 먼저 이 책의 바탕이 된 강의 내용에 대해서 많은 비판과 소중한 제안을 해준 '상담심리학' 수강생들에게 이 자리를 통해 고마운 마음을 전한다. 그리고 이 책의 필요성을 만날 때마다 언급하며 늘 격려해 준 동문사 유재영 상무께 감사를 드린다. 아울러 동문사의 이중수 사장님과 편집국장님을 비롯한 직원 여러분께도 감사드린다.

2014년 2월

민족의 젖줄 낙동강과 바다를 바라보며

저 자

차 례

Chapter

01

NLP의 역사적 배경, 개념, 전제조건

지혜는 다각적 관점에서 비롯된다(Wisdom comes from multiple perspectives).

1 NLP의 역사적 배경

Bandler와 Grinder에 의해 1970년대 초에 개발된 NLP(Neuro-Linguistic Programing)는 심리치료 전문가로 유명한 몇몇 학자들의 괄목할 만한 치료법을 탐구해서 그 핵심을 파악하여 만들어진 것이다. Bandler와 Grinder는 먼저 게슈탈트 상담(gestalt therapy)의 창시자인 Perls의 천재적인 치료 장면과 가족치료(family therapy)의 선구자인 Satir의 치료법을 철저히 분석하고 연구했다. 또한 정신분석학자이자 임상최면가로서 유명한 정신과 의사인 Erickson의 치료 장면도 깊이 연구했다.

세 사람의 대가들은 서로 아주 다른 성격의 소유자였지만 뜻밖에도 유사한 치료적 패턴을 보이게 되었다. 유사한 치료적 패턴을 찾아내고 다듬어서 최종적으로 효율적인 커뮤니케이션, 개인변화, 가속학습, 행복한 인생을 위한 일에 활용될 수 있는 뛰어난 치료체계로 개발하였다.

이와 같은 초기 역사로부터 NLP는 두 가지 서로 다르면서도 보완적인 방향으로 발달하였다. 즉, NLP는 첫 번째로 어떤 분야에서나 있을 수 있는 우수성 또는 탁월성의 패턴을 찾아내고자 하는 과정으로서 발달하였다. 두 번째로는 뛰어난 성과를 내는 사람들이 흔히 사용하는 효율적인 사고방식과 커뮤니케이션 방식을 연구하는 것으로 발달하였다.

그 결과 뛰어난 상담자나 치료자들은 공통적으로 매우 빠른 순간에 내담자와의 사이에 래포를 형성해서 신뢰를 구축하고 치료를 한다는 사실을 발견하였다. Bandler와 Grinder 두 사람은 이들 심리치료 대가들의 상담 및 심리치료에서 관찰된 공약수와 같은 기술을 체계화하였고 다른 상담자들이 이것을 모델링하여 자기 것으로 만든다면 상담 및 심리치료에서 강력한 치료효과를 발휘하지 않을까 하는 발상이 NLP를 탄생시킨 동기가 된 것이다(전경숙, 2012; Dilts, 1983).

Bandler와 Grinder는 심리치료 외에도 언어학, 일반의미론, 수학, 인공두뇌학(cybernetics) 등에도 상당한 지식을 갖추고 있었다. 그들은 탁월한 치료자들의 커뮤니케이션의 근저에 숨어있는 모델을 추출할 때 폭 넓은 식견과 예리한 감수성의 양쪽을 모두 활용했던 것으로 알려 졌다.

그들의 연구는 1975년에 『마술의 구조 I(The Structure of Magic I)』라는 이름의 저서로 처음 세상에 출판되었다. 이 문헌에는 신경언어 프로그래밍의 메타모형(meta-model)이라는 것을 주로 다루었는데, 이것은 일반의미론과 변형문법(transformational grammar)의 언어학적 지식을 토대로 내담자의 현실파악을 풍부하게 하기 위한 커뮤니케이션 방법을 구체화해 놓은 것이다.

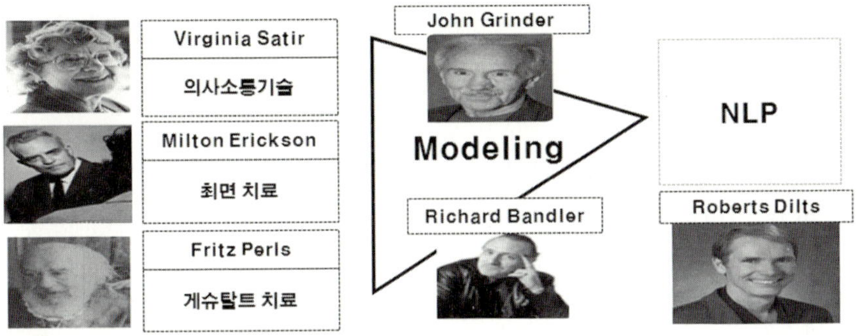

그림 1-1 NLP 상담 이론의 발전 과정

1976년에는 『마술의 구조 II(The Structure of Magic II)』가 출판되었다. 이 문헌에서는 인간이란 지각시스템(perceptional system)과 언어화에 대한 모델을 통해서만이 세계를 알 수 있다는 것을 강조한다. 즉, 언어나 이미지로 외부 세계를 표상하는 체계를 그들은 표상체계(representational system)라고 하였고, 이러한 표상체계에는 시각체계(visual system : V), 청각체계(auditory system : A), 신체감각체계(kinesthetic system : K)의 세 가지가 있으며, 후각체계(olfactory system : O)와 미각체계(gustatory system : G)는 보조적인 것이라고 하였다.

이 책의 중요 내용은 표상체계의 구별과 표상체계에 맞춘 커뮤니케이션의 구체적인 방법을 소개되어 있고, Bateson과 Satir의 커뮤니케이션 이론에 의한 자기 불일치의 개념이 분석되고 불일치 부분의 분류와 통합 등 구체적 방법을 예시해 놓았다. 또한 가족치료의 적용 사례도 소개하였다. 이들 두 권의 책에는 「의사소통(communication)과 변화(change)에 관한 책」이라는 부제가 있지만 NLP라는 명칭은 사용되어 있지 않다. 그러나 이 두 권의 책으로 이미 NLP의 중요한 체계가 완성되었다(전경숙, 2012; O'Connor & McDermott, 1996a; O'Connor & Seymour, 1994).

O'Connor와 Seymour(1994)는 사람에 대하여 일반화(generalization)된 모든 사고는 기만하는 일이라고 말하였다. 그 이유는 모든 사람은 나름대로 서로 다르기 때문에 일반화가 될 수 없다는 것이다. 그래서 NLP는 객관적 진리를 주장하지 않는다. 그것은 모델일 뿐이다. 모델은 유용하다는 것이다. 결국 NLP의 기본 아이디어는 사람이 마치 실제인 것같이 행동을 하게 유도하여 거기에서 일어나는 차이점을 의식하게 하는 것이다. 즉, 내담자의 사고의 필터를 바꾸어 줌으로써 그의 세상을 바꿀 수 있게 하는 것이라 할 수 있다.

이러한 NLP의 원리에 비추어 보면, 프로그래밍을 바꾸면 인간의 행동이 바뀔 수 있고 인간도 변화시킬 수 있다는 것을 의미한다. 예를 들어, 어떤 학생이 학교를 생각할 때 선생님께 야단맞고 친구들과 늘 싸우며 공부시간이 지겨웠던 경험 대신에 성공적인 경험을 새로이 프로그래밍 하여 입력시킴으로써 학교에 대한 적응력을 향상시킬 수 있도록 하는 것이다. 또한 고치고 싶은 나쁜 행동이나 습관은 부정적인 프로그래밍의 결과로 볼 수 있기에 그것을 긍정적인 경험과 관련하여 새롭게 프로그래밍을 하면 결국 부적응과 문제행동, 병리적 심리현상 들은 극복되고 치료될 수 있다는 것이다.

2 NLP의 개념

신경언어프로그래밍(neuro-linguistic programming : NLP)은 많은 분야에서 다양하게 응용되고 있다. 특히 교육과 상담 및 심리치료, 개인적인 목표달성, 가족문제의 해결, 학습이나 창조성의 향상, 심신의 건강 증진, 그리고 비즈니스 분야에 많이 사용되고 있다. 1970년대에 미국에서 시작된 NLP는 사람의 변화를 불러일으키는 기술로서 대단히 효과가 높기 때문에 변화와 성취를 위한 상담과 심리치료의 새로운 기법이라고 할 수 있다(O'Connor & Seymour, 1990).

NLP라는 용어는 세 가지의 개념을 담고 있다. N은 신경(neuro)을 말하는 것이지만 우리의 마음을 지칭하기도 한다. 이것은 인간의 모든 행동은 신경적 기반을 가지고 있다는 것을 의미한다. 예를 들어 시각, 청각, 후각, 촉각, 미각을 느끼는 오관의 기능을 통해 외부로부터 정보를 받아들이고 그것에 의미를 부여하며 또 그 의미에 따라 행동한다는 것이다.

L은 언어를 의미하는데, 이 언어에는 말로 이루어지는 언어와 말 이외에도 비언어적인 메시지에 의한 언어도 포함한다. 이 언어는 사람의 생각과 행동을 이끌어 내고 또 타인과의 의사소통을 하는 도구로서 사용이 되며 인간의 사고, 신념, 태도와 같은 내면세계 또는 정신세계를 반영하기도 한다. 그래서 어떤 사람이 사용하는 언어를 들어보면 그의 내면세계를 어느 정도 짐작할 수 있게 되는 것이다.

마지막으로 P는 컴퓨터 용어로서 프로그래밍을 뜻하는데, 그것은 인간의 사고, 감정, 행동은 습관적으로 프로그램화된 것이라는 뜻이다. 이것은 마치 컴퓨터의 소프트웨어를 업그레이드함으로써 프로그램을 바꿀 수 있듯이 인간의 내면적인 정신 소프트웨어를 업그레이드함으로써 그의 사고, 감정, 행동이 바뀔 수 있다는 점을 말해 준다(O'Connor & McDermott, 1996).

구체적으로 NLP는 개인의 생각과 감정을 중심으로 한 내면세계의 변화를 통하여 궁극적으로는 부정적인 행동을 교정함으로써 개인의 성장, 성취, 탁월성(excellence)을 추구한다. Young(2001)은 NLP를 주관적 경험의 구조에 관한 연구라고 정의하면서 NLP는 우리 개개인의 실제(reality), 즉 인식 체계(perceptual frames), 실제의 본뜨기(models of reality), 우리를 어떠한 방식으로 행동하도록 영향을 주는 세계관 등에 관해 탐색하는 것이라고 하였다.

NLP는 우리가 보고, 듣고 느끼는 주관적 체험의 구조를 어떻게 조직하고 감각기관을 통해 인지한 외부세계를 어떻게 여과하여 정리하는가를 다룬다. 또한 목적을 달성하기 위해 우리가 세상을 어떻게 말로 묘사하고 어떻게 행동하는가에 대해서도 다룬다(설기문, 2010).

첫째, 언어는 내적인 심리적 프로그램과 행동과 상관이 있다. 따라서 언어의 변화는 내적인 심리적 프로그램의 변화와 행동의 변화를 유발시킨다. 반대로 내적인 심리적 프로그램이나 행동의 변화는 언어의 변화를 유발시킨다.

둘째, 프로그램의 변화는 더하기, 빼기, 나누기, 곱하기와 같은 산술적 기호에 비유하여 설명할 수 있다. 가령 'y=a−b'의 수식에서 '−'를 +, ×, ÷, 제곱 등으로 바꾸면 산출되는 결과는 아주 큰 차이를 보이게 된다. 어떤 기호, 즉 어떤 프로그램이냐에 따라 산출되는 결과가 달라지듯이 우리의 심리적인 프로그램이 어떤 것이냐에 우리의 경험이 긍정적 또는 생산적인지의 여부가 결정된다고 할 수 있다. 따라서 심리적인 프로그램을 바꿈으로써 우리는 내적인 경험을 효과적으로 바꿀 수 있다.

셋째, 신경·생리적 변화는 행동의 변화를 유발한다. 가령 감각은 세상과 접촉하는 경로이므로 감각의 변화는 지각이나 행동양식에 결정적인 영향을 끼친다. 또한 내적인 신경조직이나 호르몬과 같은 생리적 변화는 행동에 큰 영향을 끼친다.

넷째, 우리는 우리 내면에서 일어나는 모든 일을 의식할 수는 없다. 오히려 대부분의 일들은 무의식적인 차원에서 일어난다. 그러므로 무의식은 엄청난 자원이라 할 수 있다. 따라서 만약 우리가 무의식적 자원과 접촉할 수 있다면 마음과 생리적 조건의 변화, 그리고 행동의 변화, 더 나아가 인생의 변화를 유발할 수 있을 것이다.

다섯째, 인간의 행동변화는 신경·생리적 조건, 언어체계 등과 상관이 있다. 따라서 어떤 행동을 변화시키기 위해서는 그의 신경·생리적 조건을 변화시키는 전략을 활용할 수 있고 이는 그의 언어체계의 영향을 미침으로써 가능하며, 이를 위해서는 그의 언어 및 생리적 조건을 파악하고 이해하는 것이 필요하다고 할 수 있다.

위의 내용을 그림으로 나타내면 [그림 1-2]와 같다.

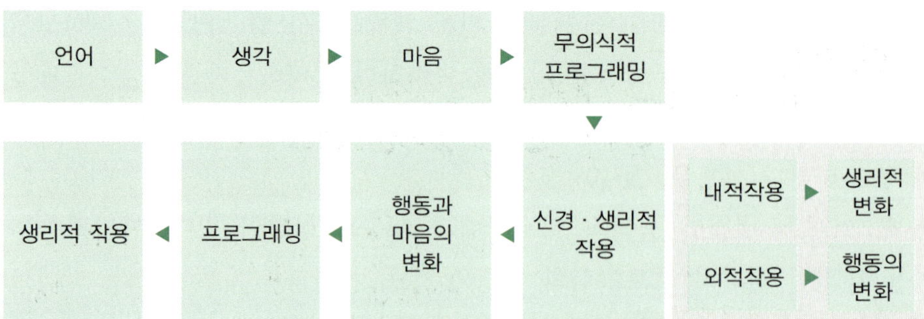

그림 1-2 언어가 프로그래밍 되어 생리적 작용에 이르는 과정

3 NLP의 전제조건

1) 전제조건의 개념과 원리

NLP의 전제조건(presupposition)은 사실이라거나 보편적이라고 주장하는 것은 아니다. 그러나 우리 자신의 경험 속에서 그 원리들을 사실로 인정하고 따른다면 자신의 삶과 타인들과의 관계가 좀 더 효과적이고 흥미로우며 만족스럽고 풍부해지는 것을 보게 될 것이다. NLP의 전제조건에는 정해진 목록이 없지만 가장 일반적으로 사용되고 중요하다고 생각하는 전제조건을 살펴보면 다음과 같다(전경숙, 2012; Bery, 2000; O'Connor & McDermott, 1996; O'Connor & Seymour, 1990).

전제조건이란 그것이 반드시 진리이기 때문이 아니라 다만 그렇다고 가정을 하고 그것에 따라 행동하는 것을 말한다. 그렇게 전체조전을 인정하고 그것이 사실인 것으로 여기고 행동을 한다면 효과적이고 만족스런 인생경험을 창출해 나가는 데 도움을 얻을 수 있기 때문이다. 전제조건의 자세한 내용은 다음과 같다(설기문, 2010).

(1) 전제조건 1

지도는 영토가 아니다(The map is not the territory). 그리고 사람들은 실재(reality) 그 자체가 아닌 자신이 갖고 있는 실재에 대한 지도에 반응을 한다. 지도는 영토가 아니다. 지도는 그러한 영토를 편리하게 그려 놓은 것에 불과하다. 우리는 그러한 지도에 의해 움직이고 의사소통을 한다. NLP는 실재 자체가 아닌 그것을 반영하는 지도를 변화시키는 기술이다.

읽기자료 1 메뉴는 요리가 아니다.

임진왜란이 났을 때 선조 임금은 북쪽으로 몽진(피난)을 가게 되었다. 피난길이라 어려움이 많았는데, 그 중 하나는 음식이었다. 전쟁 중이었기 때문에 평소에 궁중에서 먹던 싱싱하고 맛난 음식을 마련하기가 어려웠던 것이다. 그러던 어느 날 한 사람이 '묵'이라는 이름을 가진 생선 꾸러미를 들고 왔다. 피난하느라 임금님이 고생을 하시니 이 생선을 먹고 힘을 내시라는 뜻에서였다.

선조 임금은 오랜만에 싱싱하고 담백한 생선을 보니 식욕이 당겼는데, 먹어보니 그렇게 맛있는 생선은 난생 처음인 것처럼 생각되었다. 너무나 맛있게 먹은 선조임금은 주위의 사람들에게 말하기를 이렇게 맛있는 생선의 이름이 묵이라는 천박한 것으로 부르니 별로 좋지 않은 것 같다. 앞으로는 이 고기를 은어(銀魚)라 부르도록 하라고 명했다. 이렇게 하여 묵이라는 이름을 가진 생선은 그때부터 은어라고 부르게 되었다.

전쟁이 끝나고 궁궐로 돌아온 선조임금은 피난 중에 먹었던 묵이라는 생선의 맛을 잊을 수가 없어서 그 생선을 다시 수랏상에 올리라고 명하였다. 임금의 수랏상에 올라온 고기를 맛본 선조 임금은 이맛살을 찌푸리면서 다음과 같이 말하였다.

"그전에는 굉장히 맛있더니 지금 보니 맛이 아주 형편없구나. 이 정도의 맛이라면 이 고기의 이름은 도로 묵이라고 하는 것이 좋겠다."

그렇게 해서 은어로 불리던 생선의 이름은 도로 묵이라 부르게 되었고 이 말이 나중에는 도루묵으로 바뀌게 되었다.

선조 임금이 피난 중에 그토록 맛있게 먹었던 묵은 궁궐로 돌아와 더 맛있게 요리하여 임금님 수라상에 올려졌지만 그때의 맛을 느낄 수가 없었다. 이것은 그때의 배고픔으로 신선한 것을 먹지 못한 상황이 생략된 메뉴(지도)가 산해진미로 가득한 궁궐에서는 그 음식(영토)이 더 이상 아니었을 것이다. 따라서 지도는 영토가 아니며 메뉴는 음식이 아니다.

(2) 전제조건 2

인간의 행동은 목적 지향적이다(Human behavior is purposeful). 우리가 의식하지 못할지라도 우리의 행동은 어떤 목적을 지향한다. 즉, 우리는 그 목적이 무엇인지 항상 의식하며 행동하는 것은 아니지만 그 행동의 숨겨진 이면에는 어떤 목적이 있다고 할 수 있다.

(3) 전제조건 3

모든 행동은 긍정적인 의도에서 나온다(All behavior has a positive intention).

우리의 행동은 언제나 우리에게 가치 있는 무언가를 성취하고자 한다. 사람은 행동 그 자체가 아니다. NLP는 행위 그 자체와 그 행위 뒤에 숨어 있는 의도나 목적을 구분한다. 어떤 행동이 부정적으로 보이는 것은 우리가 그 목적을 알지 못하기 때문일 뿐이다. 따라서 우리가 부정적이라 생각하는 행동을 하는 어떤 사람의 의도와 목적을 안다면 그를 보다 잘 이해할 수 있게 될 것이다.

(4) 전제조건 4

무의식은 선의적이다(The unconscious mind is benevolent). 무의식은 의식의 균형을 잡아주는 역할을 하는데 본래가 선의적인 의도를 갖고 있다. 또한 무의식은 부정문을 구별하지 못한다. 예를 들면, "반달가슴곰을 떠올리지 마세요!"라는 지시문을 듣는다 하더라도 반달가슴곰을 떠올리게 된다. 그래서 에밀 쿠에가 상상과 의지가 충돌하면 상상이 이긴다고 말한 것은 바로 무의식이 선의적이기 때문이다.

(5) 전제조건 5

선택할 수 있다는 것은 선택할 수 없다는 것보다 바람직하다(Having choice is better than not having choice). 가능하면 광범위하게 여러 가지 선택을 할 수 있는 자신의 지도를 찾아보자. 항상 선택의 폭을 넓히도록 하자. 가장 많은 선택, 즉 가장 유연한 사고와 행동을 하는 사람이 모든 상호작용에서 가장 큰 영향력을 미치게 된다.

(6) 전제조건 6

사람들은 그 당시에 할 수 있는 가장 최선의 선택을 한다(People are always making best choices available to them). 아무리 파괴적이고 괴팍하고 사악한 행동이라 할지라도 그것은 그 사람이 자신에게 주어진 세상에 대한 지도로써 당시에 할 수 있는 최선의 선택을 한 결과이다. 그의 세상 지도에서 좀 더 나은 선택을 할 수 있는 선택권을 부여한다는 것은 그것을 받아들이는 것이다.

(7) 전제조건 7

사람들은 완벽하게 일한다(People work perfectly). 어느 누구에게도 잘못한다거나 서툴다고 말할 수 없다. 문제는 그들이 어떻게 기능하는지, 즉 어떤 식으로 행동하는지를 알아내서 그 방법을 좀 더 유익하고 바람직한 방향으로 변화시키는 것이다.

(8) 전제조건 8

의사소통에서 전달하고자 하는 의미는 곧 우리가 상대방으로부터 얻는 반응에 의해 결정된다(The meaning of communication is the response you get). 우리가 하는 말은 의도하는 바와 다르게 전달될 수 있다. 의사소통에는 실패란 있을 수 없다. 단지 상대방으로부터 어떤 반응과 피드백을 얻느냐 하는 것만 있을 뿐이다. 그러니까 의사소통을 제대로 하느냐 하는 문제는 상대방으로부터 원하는 반응을 얻느냐라는 문제와 직결된다. 이 과정에서 모든 경험이 활용될 수 있다. 만일 원하는 결과를 얻지 못하면 다른 방법으로 의사소통을 할 필요가 있다.

(9) 전제조건 9

우리에게는 이미 필요한 모든 자원이 이미 있거나 혹은 우리가 새로이 창조할 수 있다(We already have all the resources we need or we can create them). 자원이 없는 사람은 없다. 다만 '자원이 없는 상태'가 있을 뿐이다(There is no unresourceful people, only unresourceful states).

(10) 전제조건 10

정신과 육체는 하나의 체계이다(The mind and body are parts of the same

systems). 정신과 육체는 상호작용을 하며 서로 영향을 미친다. 다른 하나의 영향을 주지 않고 어느 하나를 변화시킨다는 것은 불가능하다.

(11) 전제조건 11

우리는 감각을 통해 모든 정보를 처리한다(We process all information through our senses). 우리의 경험은 시각, 청각, 촉각, 미각 및 후각이라는 감각을 통해 이루어질 수 있다. 어떻게 보고, 듣고, 느끼느냐에 따라 경험이 달라진다.

(12) 전제조건 12

성공적인 성취를 모방함으로써 탁월성을 달성할 수 있다. 그러므로 어떤 사람이 무언가를 할 수 있다면 그것을 모방하는 것과 그것을 다른 사람에게 가르치는 것도 가능하다(Modelling successful performance leads to excellence, If one person can do something it is possible to model it and teach it to others). 어떤 사람이 할 수 있다는 것은 다른 사람도 배워서 할 수 있다는 것을 의미한다. 즉, 탁월성은 복제가 가능하다.

(13) 전제조건 13

당신을 이해하기를 원한다면 실행하라(If you want to understand, act). 직접 실행하면서 배우는 법이다.

(14) 전제조건 14

실패란 없다. 다만 피드백이 있을 뿐이다(There is no failure, only feedback). 실수나 실패한 것은 그것을 통해 배울 수 있는 기회가 된다. 따라서 실수는 피드백이고 깨달음이며 배움이다.

읽기자료 2 실패는 없다, 다만 피드백이 있을 뿐이다.

설리번 선생님은 헬렌 켈러에게 다음과 같은 말을 자주하였다. "시작하고 실패하는 일을 계속하라. 실패할 때마다 무엇인가 성취할 것이다. 네가 원하는 것은 성취하지 못할지라도 무엇인가 가치 있는 것을 얻게 되리라. 시작하는 일과 실패하는 일을 계속하라."
1880년 미국에서 태어난 헬렌 켈러. 그녀는 세상에 태어난 지 9개월 만에 큰 병을 앓아 시력을 잃었고, 귀로는 들을 수 없게 되었으며, 입으로는 말도 할 수 없는 '삼중고'의 장애인이 되었다. 보지도 듣지도 말하지도 못하는, 어떻게 보면 나무토막 같은 그녀를 전 세계를 놀라게 한 위대한 사람으로 만든 사람이 앤 설리번이었다.
물(water)이라는 말 한마디를 배우는 데 7년이란 세월이 걸렸다. 설리번 선생님은 헬렌 켈러의 손을 물에 담그기도 하고 혹은 물을 흘려보내기도 하고 때론 한 방울씩 떨어뜨리며 'w-a-t-e-r' 라고 손에 쓰기를 7년. 어느 날 헬렌 켈러는 그 손에 닿아 흐르는 어떤 것이 물(water)을 의미한다는 것을 깨닫게 되었고 20세 때 하버드대학에 입학하게 되었다. 7년이란 긴 세월 동안 헬렌 켈러는 시작하는 일과 실패하는 일을 계속하였다. 자신의 성공을 가로 막는 가장 큰 방해꾼은 바로 내 안에 도사리고 있는 '실패하면 안 되는데……' 하는 부정적인 사고다. 새로운 상담기법 중의 하나인 신경언어프로그래밍의 전제조건 중의 하나로 'There is no failure, only feedback'이라는 것이 있다. 이것은 우리말로 '실패는 없다, 다만 피드백(배움, 깨달음)이 있을 뿐이다'라는 뜻이다.

(15) 전제조건 15

경험은 일정한 구조로 구성된다(Experience has a structure). 우리의 사고와 기억은 나름대로의 일정한 패턴으로 이루어진다. 만약 그 구조나 패턴을 바꾸면 경험내용 또한 자동적으로 변화된다. 예컨대 나쁜 기억은 불쾌한 시각적 장면이나 역시 불쾌한 청각적 소리 및 나쁜 감정을 일으키는 내용의 구조로 이루어진다. 그러므로 그 장면을 좋은 것으로, 소리를 좋은 것으로, 그리고 좋은 감정을 일으키는 내용으로 구조를 바꾸면 기억도 변화될 수 있는 것이다.

2) NLP 전제조건의 실습

이 실습은 구체적인 증상, 상황이나 문제와 관련된 NLP 전제 조건을 적용하는 방법으로 Hallbom과 Smith에 의해 고안되었다. 이것은 각 전제조건에 따른 참조경험을 찾아내서 그 경험을 보다 강력하게 체험할 수 있도록 돕는다. 순서는 다음과 같다.

첫째, 내담자가 경험하고 있는 문제행동이나 문제상황을 떠올린다.

둘째, 내담자는 각각의 전제조건의 공간으로 들어가 그 속에 담겨 있는 의미를 찾고 그 전제조건의 관점에서 문제행동이나 문제 상황에 있는 자신을 바라보라.

셋째, 각 전제조건에 다가가서 그 전제조건의 안경을 쓰고 문제행동이나 문제상황의 공간으로 들어간다.

넷째, 각 전제조건의 공간을 돌며 경험이 더해지고 통합될 때까지 이를 반복한다.

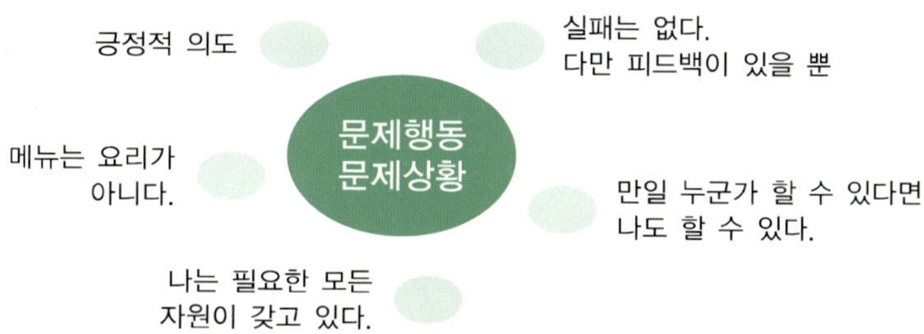

그림 1-3 NLP 전제조건 실습의 원

Chapter

02

표상체계와 접근단서

합리적인 사람은 스스로를 세상에 적응시킨다. 비합리적인 사람은 세상을 자기에게 맞추려고 한다. 이것이 바로 모든 진보가 비합리적인 사람에 의해 성취되는 이유다.

—George Bernard Shaw—

1 빈사

1) 언어와 선호빈사

세상에 대한 모델을 형성하는 과정에서 언어는 다른 사회적 제약과 같이 사람이 경험하는 것에 관계되어 있다. 직접적으로 언어는 감각조직에 관계되어 있지 않으면서 다른 모든 표상체계를 대표할 수 있는 단 하나의 체계이다. 즉, 언어는 그 자체의 체계를 포함해서 다른 체계(V, A, K, O/G)의 모델을 창작할 수 있는 강력한 체계이다. 바로 이 기능 때문에 상담자가 내담자의 중요한 세상모델 정보에 변화를 일으킬 수 있는 것이다(전경숙, 2002).

사람이 말을 할 때는 형태가 나타나는데, 그 패턴은 대개 수식어인 동사와 부사, 그리고 형용사로서 표현된다. NLP에서는 이것은 빈사, 혹은 술어(predicate)라 부르며, 선호빈사(preferred predicate)는 개인이 선호해서 사용하는 표상체계를 의미한다(O'Connor & Seymour, 1994). 이 빈사는 그 사람이 세상경험을 어떻게 하는가를 지적해주는 표상이다. 이야기를 할 때나 글을 쓸 때 자주 사용하는 빈사는 자신이 선호하는 한 가지의 표상체계를 다른 것보다 더 많이 사용하는 데서 나타나게 된다. 예를 들면, "그 늘씬한 멋쟁이 신사가 보기 좋게 차려입고 공주같이 보이는 아름다운 여자와 팔짱을 끼고 걷는 모습이 신선해 보였다."고 표현했다면, 이는 시각적 표상으로 경험을 묘사한 것이다. 늘씬한(V), 보이는(V), 아름다운 여자(V), 걷는 모습(V), 보였다(V) 등은 모두 시각이다.

대개의 경우 이러한 선호빈사 선택은 무의식중에 일어난다. 여러 가지 표상 중에서 자신이 선택해서 습관적으로 사용하는 것을 말하는데, 중요한 것은 이것이 그 사람의 세상모델의 실마리가 되고 또한 어떤 감각 경험을 그 사람이 제일 잘 지각하게 되는가를 지적해주는 지표가 되는 것이다. 이것을 기반으로 래포를 형성하고 기법에 변화를 주게 되고 개입전략이 결정되는 것이다. 다른 표상보다 한 가지의 체계를 더 자주 사용하는 선호표상체계는 의식적으로, 혹은 무의식적으로 그 자신의 경험을 표현하고 이해하는 데 사용된다. 표상체계의 사용은 사람이 감각적으로 들어오는 정보입력을 세상모델이나 표상으로 바꾸는 하나의 방법이다.

이 표상체계는 그 사람이 그것으로 세상모델 창작을 진행시킨다는 것을 지적할 뿐 아니라 듣는 자에게 상대방이 무엇을 경험하는가에 대한 형태를 제공해 주고, 그 사람의 세상모델이 어떻게 다른 사람과 다를 수 있는지를 알려주는 가장 체계적 방법 중의 하나이다. 표상체계와 관련된 빈사의 예는 <표 2-1>과 같다.

표 2-1 표상체계와 빈사

V(시각)	A(청각)	K(신체감각)	AD(내부언어)
본다	들린다	느껴진다	생각한다
쳐다보다	귀 기울여 듣는다	만지다	학습한다
관점을 갖는다	소리로 들린다	잡는다	결정한다
나타나다	음악을 만들다	쥔다	고려한다
보여준다	화음을 만들다	미끄러져 나간다	변화한다
동트다	조율한다	잡고 있다	인식한다
드러내다	종이 울린다	피부에 와 닿다	알고 있다
예견하다	소리내지 않는다	접촉한다	의식한다
밝힌다	들린다	던져버리다	회상한다
상상한다	반향하다	돌아선다	질문한다
분명한	듣지 못하는	딱딱한	진행하다
안개가 낀	가락이 있는	느낌이 없는	기억하다
초점이 맞춰진	불협화음의	구체적인	감각이 무딘
희미한	질문한다	긁다	의문을 품다
수정 같은	듣지 않는	취급하다	고려한다
그림	조율된	단단한	바꾼다
번개	발표하다	확실한	경험한다
생생한	침묵하다	확대	잉태하는

2) 경험 범위 확대

상대방의 빈사를 안다는 것은 상대방이 의식하는 것이 무엇이고 무엇을 의식하지 않고 있다는 것도 알게 된다. 현재 의식하지 않는 경험을 보충하고 확대시키는 아주 좋은 기회를 제공한다. 상대방이 관심을 가지지 않은 감각경험이 무엇이라는 것을 알게 되면 그 관심 없는 표상체계를 기존체계에 첨가하여 소개할 수 있게 된다. 예를 들면, 교향악단 연주회에 가서 볼 것이 없어서 따분해 하는 시각적인 사람에게 그 따분함을 없애 주기 위해서는 지휘자의 움직임에 맞추어 단원들이 반응하는 것을 보여줌으로써 따분함을 제거시킬 수 있다. 그 후 율동적인 선율을 따라 흘러나오는 음악의 부분별 음률을 듣고 화음에 집중하도록 지도한다. 이것을 계속하여 그가 보고 있는 음악의 동작형태와 듣고 있는 음악과의 연결을 강화시킬 수 있다. 이렇게 함으로써 그 음악의 형태를 감상하는 것도 배우게 된다. 이 과정을 맞추기(pacing)와 이끌기(leading)라고 한다(전경숙, 2012).

3) 반응의 적절성

사람이 상호작용을 할 때, 있는 그대로의 의사소통을 하지 않을 때가 있다. 의도하는 결과가 무엇이든 간에 잘못된 의사소통으로 잘못된 결과를 얻으려는 사람은 없다. 실제적으로 문제라는 것은 의사소통의 잘못에서 오기보다는 의사소통 과정에서 누락되어 나타나는 경우가 많다. 빈사에서 사람들은 자신의 내적 세계에 대하여 중요한 정보를 계속 전달하고 있다는 것이다. 어떻게 그것을 알아낼 수 있느냐 하는 것이 중요하다.

옷가게에 손님이 들어와서 편안하고 부드러운 스웨터를 찾는다고 한다면 이 손님은 신체감각적 빈사를 사용하는 신체감각적 사람이다. 주인이 보기 좋거나 색상의 조화가 잘 되어 있다고 하면서 어떤 옷을 권유했다면 그 주인은 시간만 낭비한 것이 된다. 위에서 말한 래포가 잘못 형성된 것이기 때문이다.

상대방의 빈사에 맞게 빈사를 사용하는 것은 상대방을 즐겁게 해줄 수 있는 정보이기 때문에 주목해야 할 필요가 있다. 직장의 동료가 "나는 이것이 어떻게 작동하는지 감이 눈에 들어오지 않아."고 할 때, "금방 발로 차 버리지 마." 또는

"당신에게 맞지 않는 느낌이 든다는 말입니까?"라고 했다면 그 동료가 이야기하는 선호표상 빈사에 초점을 맞추어 이야기하는 것이 아니라 자기가 느끼는 것을 이야기하거나 들리는 것을 말하는 것이다.

4) 빈사를 통한 경험과 의사소통

Lewis(1980)에 의하면 사람은 스트레스를 받을 때 자신에게 익숙해 있는 표상체계를 더 많이 사용하고, 의식적 지각에서 다른 체계를 삭제시킴으로써 반응하는 능력을 제한시키게 된다고 한다. 가장 선택의 폭이 많아야 할 때 이런 제한이 생기게 되므로 새로운 선택을 가질 수 없게 되고, 대안을 갖지 못하게 된다. 이것은 지금까지 사용하지 않았던 체계 밖에서 지각이 작용하지 않았기 때문이다.

표상체계의 언어는 사람이 자신의 내적 경험의 의미를 어떻게 만들고 있는가를 제시할 뿐 아니라 래포를 얻는 데 극히 효과적으로 작용한다. 이야기하고 있는 상대방의 언어에 맞추어 자신의 언어를 변화시키는 것은 효과가 있다. 즉, 상대방을 편안하게 해 주어서 상대방이 자신을 신뢰하고 있고 좋아하고 있다는 것을 알려주는 것과 동시에 의사소통의 오해를 제거할 수 있는 환경을 조성하게 된다. 같은 말을 한다는 것은 같은 세상모델, 같은 내적 경험을 가지고 내담자의 이야기를 들어주고 참여하는 것으로 내담자와 같아지는 것을 의미한다. 외국에서 살아본 사람은 자기의 언어와 똑같은 말을 사용하는 사람을 만났을 때의 기쁨을 잊지 못할 것이다. 내담자와 같은 말의 빈사를 사용함으로써 이해와 신뢰가 형성된다. 이렇게 일단 언어의 매칭이 이루어지는 것을 맞추기(pacing)이라 한다(설기문, 2010). 이것을 기반으로 조직적으로 상대방의 언어를 다른 표상으로 전환시켜 경험을 달리 해보도록 지도하여 선택을 더욱 확대시킬 수 있게 된다.

표상체계는 그 사람이 어떤 상황에서 얼마나 특정 표상을 많이 경험하느냐에 따라 시각적·청각적·신체감각적 사람이라는 이름이 붙여진다. 시각특성을 많이 드러내는 사람은 시각적(visual) 사람이며, 청각체계와 많이 연관된 행동특성이 나타나면 청각적(auditory) 사람이며, 신체감각에 연관된 특성을 많이 드러내면 신체감각적(kinesthetic) 사람이라 부른다(Lewis, 1980). 이것은 특정상황에서 자신이 경험하는 체계를 나타낼 수 있는 주도적 행동의 모델을 말해주는 라벨이다.

어떤 것에 대해 "좋게 보입니다."라고 말한다면 시각을 많이 활용하는 사람이며, "좋게 들립니다."라고 말한다면 음조적인 경향이 있는 사람이며, "좋게 느껴집니다."라고 말한다면 촉각을 사용하여 경험하는 사람이다. 같은 사건을 경험하는데 사람마다 다른 표상구조를 통해 경험한다는 것은 무의식적인 행동이며, 인간 정신활동의 신비라 할 수 있다. 그 사람이 경험을 어떻게 하느냐를 지각한다는 것은 경험의 구조(the structure of experience)를 파악하는 것이어서 그 구조를 변경시킴으로써 경험에 변화를 일으킬 수 있는 강력한 근거를 찾아낼 수 있게 된다. 이것은 그 사람의 행동을 지각하고 이해하며 예측하고, 행동패턴을 추적하는 것을 쉽고 간단하게 만들어준다.

2 선호표상체계 및 빈사의 활용

1) 래포형성

표상체계와 빈사에 대한 학습이 이루어지면 사람과의 관계에서 의사소통이 원활해진다. 상대방이 사용하는 빈사를 들어서 상대방이 세상모델을 어떻게 형성하고 있다는 것을 당장 알아낼 수 있게 되고, 일단 이것이 파악되면 내담자의 세계에 발을 들여놓기가 쉬워진다.

사람은 누구나 이해 받는 것을 좋아한다. 만약 상대방이 사용하는 빈사를 사용하여 말을 하면 자기와 같은 말로 공감을 해주는 상대방을 무의식적으로 좋아하게 되고 이해를 해준다는 친근감을 느끼게 된다. 이렇게 함으로써 상호신뢰가 쉽게 형성되므로 이것이 래포의 기반이 될 수 있다.

반응 : 오늘 밤의 하모니가 깨졌어.
매칭 : 그래, 우리는 서로 장단을 맞추었어야 했는데…….
잘못 매칭 : 다음부터는 우리가 원하는 것에 포커스를 맞춰야 해.

래포(rapport)라는 말은 프랑스어로 '다리를 놓다.'라는 뜻이다. 그렇다면 상담자와 내담자 사이의 친밀감을 왜 래포(rapport)라고 하는 것일까? 그것은 바로 상담자의 마음과 내담자의 마음 사이에 다리를 놓아 마음을 터놓고 소통하자는 의미가 담겨 있다.

상담자는 상담의 초기 단계에서 친밀한 상담관계를 형성할 줄 알아야 한다. 끊임없이 내담자를 이해하려는 진지한 태도, 모든 것을 내담자 입장에서 생각하는 공감적 태도, 내담자를 비난하기보다는 수용하고 존중하는 무조건적 긍정적 존중의 자세, 내담자를 도와주겠다는 인간에 대한 선의의 태도 등이 친밀한 상담관계를 형성하는 데에 필요하다.

한편 모든 의사소통은 다음과 같은 요소로 이루어진다(O'Connor & Seymour, 1996).

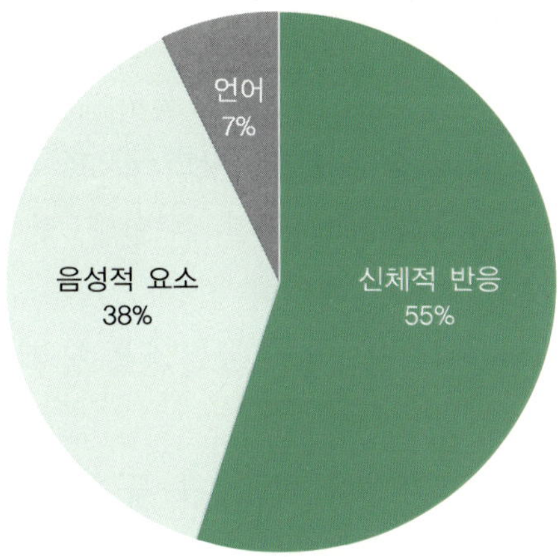

그림 2-1 의사소통의 요소

(1) 언어(7%)

① 술어
② 핵심단어
③ 공동의 경험과 연합

(2) 음성적 요소(38%)

① 소리의 높낮이
② 소리의 빠르기
③ 소리의 질
④ 소리의 크기

(3) 신체적 반응(55%)

① 자세
② 제스처
③ 얼굴 표정
④ 눈 깜박임
⑤ 호흡의 속도와 깊이

2) 맞추기

맞추기는 라포를 형성하기 위한 하나의 수단이며, 상대방이 행동하는 방식으로 맞추어 나가는 것이다. 주의할 점은 상대방이 알아차리지 못하게 자연스럽게 해야 한다는 점이다. 맞추기의 요소는 호흡, 말의 속도, 목소리의 높낮이, 제스처, 몸의 자세, 자주 사용하는 단어나 표현이 될 수 있다. 맞추기의 종류는 일치시키기, 미러링, 교차거울반응하기, 백트래킹이 있다.

첫째, 일치시키기(matching)는 상대방이 오른손을 들면 나도 오른손을 드는 식으로 맞추기 하는 것이다.

둘째, 미러링(mirroring)은 상대방이 오른손을 들면 나는 왼손을 듦으로써 마치 거울과 같은 역할을 하는 것이다.

셋째, 교차거울반응하기(cross-over mirroring)는 상대방과 서로 다른 신체부위나 수단을 사용함으로써 맞추기 하는 것이다.

넷째, 백트래킹(back-tracking)은 상대방의 말을 반복해서 확인하고 공감해 주는 것이다.

3) 이끌기

맞추기와 이끌기(pacing and leading)는 잠시 매칭 또는 미러링 하다가 충분한 래포가 형성되었다고 판단되어질 때 천천히 행동패턴을 바꾸어 내담자로 하여금 그 행동 패턴을 따라오도록 이끄는 것으로 상대방의 자세나 특정 감각기관의 사용을 이끌어 낼 수 있다. 만약 상대방이 무의식적으로 당신의 행동패턴을 따라 하면 두 사람 사이에 좋은 래포가 형성되어 있음을 알게 해주는 것이며, 만약에 상대방이 당신이 이끄는 대로 따라 하지 않으면 좀 더 주의 깊게 관찰하면서 처음의 맞추기로 돌아가 일치시키기, 혹은 미러링부터 다시 시작하면 된다.

이 기술은 여러 경우에 다양하게 적용할 수 있으며, 사람들이 힘들어할 때나 화가 났거나 방어적일 때 혹은 미팅 등에서 다른 사람의 의견을 바꾸고 싶을 때 사용되기도 한다. 당신이 상대방의 상태에 보조를 맞추면서 그의 경험을 최대한 함께 나눌 때 두 사람 사이에는 신뢰를 바탕으로 관계가 형성되어 당신이 이끌어 나갈 수 있는 환경이 만들어진다. 이로 인한 친밀감은 큰 영향력을 발휘하여 원하는 목표를 성취할 수 있게 해준다.

맞추기와 이끌기를 위한 일치시키기에는 동급 유목화, 상향 유목화, 하향 유목화가 있다(설기문, 2010).

(1) 동급 유목화(same chunk)

같은 수준에서 일치시키기를 시도하는 것을 동급 유목화라고 한다. 일치시키기의 한 종류인 동급 유목화의 기술의 사용의 예는 다음과 같다.

① "오늘 날씨가 좋군요." ⇒ 맞아요. 오늘 아주 좋은 날이에요.

② "이번 달의 영업은 순조롭군요. 그래서 무난히 목표를 잘 달성 할 수 있을 것 같아요." ⇒ 맞아요. 예상대로 잘 되고 있다는 점에 동감입니다.

③ "영수는 참 똑똑한 것 같아요." ⇒ 그래. 영수는 참 총명해.

(2) 상향 유목화(chunking up)

일종의 사다리 올라가기로서 구체적인 것에서 일반적인 것으로 또는 부분에서 전체로 옮기는 것을 말한다. 일치시키기의 한 종류인 상향 유목화의 기술의 사용의 예는 다음과 같다.

① "오늘 날씨가 좋군요." ⇒ 그래요. 이번 여름 날씨는 계속 좋기만 하군요.

② "이번 달의 영업 실적은 계속 올라가고 있어요." ⇒ 맞아요. 금년에는 목표 달성을 충분히 하겠는데요.

③ "그녀의 목걸이가 참 예쁘죠." ⇒ 어디 목걸이 뿐이겠어요? 모든 액세서리가 다 멋져요.

(3) 하향 유목화(chunking down)

일종의 사다리 내려가기로 일반적인 것에서 구체적인 것으로 또는 전체에서 부분으로 옮기는 것을 말한다. 일치시키기의 한 종류인 하향 유목화의 기술의 사용의 예는 다음과 같다.

① "오늘 날씨가 좋군요." ⇒ 오늘따라 하늘이 참 맑아요.

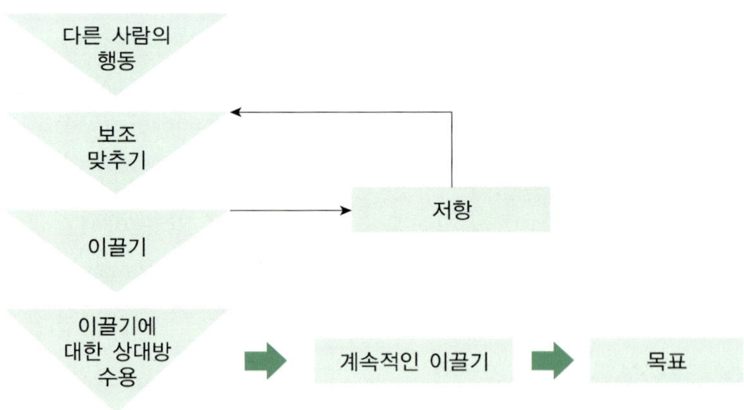

그림 2-2 맞추기와 이끌기의 과정

② "이번 달의 영업 실적이 계속 올라가고 있어요." ⇒ 특히 지난 주말의 실적이 아주 높았어요.

③ "그녀의 목걸이가 참 예쁘죠." ⇒ 특히 꽃문양이 예뻐요.

4) 래포형성 및 일치시키기 실습

다음과 같은 순서로 3인 1조가 되어 래포형성 실습을 한다.

첫째, 3인 1조가 된다. A는 내담자, B는 상담자, C는 관찰자가 된다.

둘째, A와 B는 무릎이 닿을 정도로 가까이 마주보고, 또는 비스듬히 앉으며 C는 약간 떨어져서 앉는다.

셋째, A는 자신의 일상생활에 대해 자유롭게 B에게 이야기 한다. B는 이야기를 들으면서 경청과 공감을 해준다.

넷째, C는 A와 B의 대화를 관찰하면서 느낀 점을 메모한다.

다섯째, 경험에 대한 서로의 느낌을 피드백하고 C가 메모한 것도 이야기한다.

여섯째, 역할을 바꾸어서 같은 순서로 실행한다.

일치 및 불일치 실습은 2인 1조로 구성하여 다음과 같은 순서로 진행한다.

첫째, 두 사람씩 짝을 짓는다.

둘째, 두 사람이 서로 의견이 일치하지 않는 주제를 선정한다.

셋째, A가 B의 신체 자세 등에 맞추기를 하면서 주제에 대해 토론한다.

넷째, 의사소통과 관계의 질적인 측면을 고려하면서 앞에서의 대화에 대해 되짚어본다.

다섯째, 이번에는 두 사람이 서로 의견이 일치하는 주제에 대해 A가 B의 신체 자세 등에 불일치시키면서 토론한다.

여섯째, 의사소통과 관계의 질적인 측면에서 앞의 대화와 비교하면서 되짚어본다.

일곱째, 이번에는 역할을 바꾸어 B가 A에 대해 일치 혹은 불일치시키며 같은 방식으로 토론한다.

3 빔어

1) 빔어의 개념

빔어(Behavioral Manifestation of Internal Representation : BMIR, 내적 경험의 행동적 표상)란 내부표상이 밖으로 드러난 단서로 시각, 청각, 촉각, 그리고 후각과 미각을 통해 내적 상태가 관련된 신체적 단서를 말한다. 빔어를 통해서 우리는 비언어적 단서를 파악하게 되고, 내부적으로 일어나고 있는 감정의 변화의 정도를 관측하고 알아차리는 것이 가능할 수 있다.

다른 사람에게서 나타나는 빔어를 읽는 관측(calibration) 능력은 훨씬 더 효과적인 의사소통을 가능하게 해준다. 관측이란 상대방에게서 일어나는 감각적 변화(비언어적 정보)를 예리하게 알아차려서 상대방의 내적 상태를 파악하는 것을 말한다. 관측의 실습과정은 다음과 같다.

첫째, 두 사람씩 짝을 짓는다.

둘째, 먼저 A가 B에게 좋아하는 사람을 생각해보라고 말한다. 이때, A는 호흡, 자세, 근육의 긴장도, 피부색 등의 B가 보이는 작은 변화들을 관찰한다.

셋째, 이번에는 B에게 싫어하는 사람을 생각해보라고 한다. 역시 변화들을 관찰한다.

넷째, 분명하게 차이점을 알 수 있을 때까지 반복해서 좋아하는 사람과 싫어하는 사람을 생각해보라고 한다.

다섯째, 계측 결과를 테스트하기 위해 비교할 수 있는 질문("누가 더 키가 크나요?", "가장 최근에 만난 사람은 누구입니까?", "누가 피부색이 더 검나요?", "누가 더 몸무게가 많이 나가나요?", "누가 당신과 더 가까이 사나요?")을 한다. B가 대답을 하지 않도록 하고 신체반응을 보고 좋아하는 사람인지 싫어하는 사람인지 A가 맞춰 본다. 이때 관찰 포인트는 다음과 같다.

① 눈동자의 움직임, 특히 움직이는 순서, 눈 주위의 근육긴장도, 깜빡이는 횟수, 동공의 크기와 윤택

② 몸의 자세, 호흡의 위치, 호흡 속도, 호흡의 길이

③ 피부색의 변화, 특히 얼굴과 목, 색이 변화하는 시작부위와 방향 핏줄
④ 머리, 어깨, 손, 발, 입에서 나타나는 무의식적인 움직임
⑤ 이마, 뺨, 콧방울(콧구멍) 주위, 입 꼬리(입술크기 포함), 목에서 나타나는 근육과 피부의 긴장도

여섯째, 연속으로 네 번 맞추게 되면 역할을 바꾸어서 실습한다. 각각 약 5분의 시간이 주어진다.

2) 빔어의 접근 단서

우리가 사용하고 있는 표상체계는 자세, 호흡패턴, 목소리, 그리고 눈의 움직임을 통해 드러나는데, 이러한 것을 접근단서(accessing cues)라 부른다. 이러한 접근 단서를 통해 우리는 상대방이 어떤 표상체계를 사용하는지를 유추할 수 있다. 인간의 의사소통에 대한 연구는 성격특성과 신체적 특성과의 연관성을 검증해왔다(Lewis & Pucelik, 1980). 이들의 연구에 의하면, 시각적인 이미지로 생각하는 사람은 빠르게, 높은 톤으로 말하는 경향, 가슴보다 높은 위치에서 얕은 호흡, 근육의 긴장이 어깨위에서 일어남, 머리는 위를 향하고 얼굴은 창백해지는 경향이 있다. 소리로 생각하는 사람은 가슴전체로 고르게 호흡, 작은 몸의 율동, 음조는 분명, 표현력이 풍부, 목소리는 공명, 머리는 어깨와 균형 속에 약간 기울이는 경향을 보인다.

내부 언어적으로 자기 자신과 대화를 하고 있는 사람은 가끔 고개를 손이나 주먹 위 한쪽으로 기대어 휴식을 취하며, 주로 전화를 받는 듯한 자세를 취하는 경향이 있다. 신체감각적인 사람은 하복부 깊은 호흡, 근육의 이완 동반, 머리는 아래로, 목소리는 깊은 음조, 길게 침묵하면서 천천히 이야기하며 로댕의 생각하는 사람의 자세를 취하는 경향이 있다. 내담자 이해를 위한 표상과 관계된 단서들은 <표 2-2>와 같다.

표 2-2 내담자 이해를 위한 표상과 관계된 단서들

패 턴	V(시각)	A(청각)	K(신체감각)	AD(내부언어)
표상조직을 가정하는 술어	보이다, 밝은, 포커스, 다채로운	느끼다, 잡다, 터치하다, 탄탄한, 따뜻한	소리 내다, 큰 소리, 화음이 된, 같이 들리는	통계적 이야기, 이성적, 논리적, 아는 것
자세	꼿꼿한, 똑바른, 목을 길게 늘이는 경향	굽은, 머리와 허리가 늘어진	전화하는 자세, 머리가 옆으로 기운	두 팔을 낀, 꼿꼿한, 머리를 똑바로 세운
신체 타입과 동작	가는 몸매	충만한, 원만한, 느슨한, 통통한 몸매	둥근 어깨	부드러운, 풍만한, 좋은
입술 사이즈	여윈, 타이트한	풍만하고 부드러움	다양한	여윈, 경직된
호흡	흉부 상위 (얕은 호흡)	아랫배 (깊은 호흡)	가슴 호흡 (규칙적)	한정된
음조, 음성, 속도와 음량	높은, 맑은 소리, 빠르고 큰 소리	낮음, 느린, 부드러운, 충분한 쉼	음악적, 리드믹, 변이성, 중간 속도	단조로운, 짧게 잘라진, 일관적
안구 방향	초점이 없거나 위를 자주 봄	오른쪽 아래를 자주 봄	옆으로 좌우	시선이 왼쪽 아래로 향함

4 선호표상체계

1) 네 가지 선호표상체계

네 가지 선호표상체계(favoured representational systems)에 따른 인간행동의 특성은 다음과 같다(설기문, 2010).

(1) V : visual-see(시각기능)

시각기능의 사람들은 눈을 위쪽으로 뜬 채, 머리와 몸을 세우는 경향이 있다. 흉식 호흡의 경향이 있으며, 깔끔하게 정리정돈을 잘한다. 그림이나 모습을 봄으로써 기억하며, 소리에 대해서는 덜 민감하다. 마음이 집중하지 않는 경향이 있기에 언어적 지시사항을 제대로 기억하지 못하는 어려움을 겪는다. 어떤 일을 하더라도 그것이 어떻게 보이는지에 대해서 관심을 갖는다. 외모도 중요하다(전체의 약 30%).

(2) A : auditory–hear(청각기능)

청각기능의 사람들은 눈을 옆으로 움직이는 경향이 있다. 중간 가슴 쪽에서 호흡을 하는 경향이 있다. 독백을 많이 하는 편이며, 혼잣말을 하고 입술을 움직이기도 한다. 소음에 민감하여 방해를 잘 받기도 한다. 한번 들었던 것은 잘 기억하며 음악을 좋아하며 전화에서 수다 떨기를 즐긴다. 가끔 남의 말을 들을 때 고개를 기울이는 경향이 있으며, 상사에게 지시를 받을 때는 문서로 보다는 말로 듣기를 좋아한다. 특정한 목소리의 톤에 민감하게 반응한다. 목소리의 특성(고저, 음량, 음색 등)이 중요한 역할을 한다(전체의 약 10%).

(3) K : kinesthetic–feel(신체감각기능)

신체감각 기능의 사람들은 복식호흡을 하는 경향이 있다. 그래서 호흡을 할 때 배가 들어갔다 나왔다 하는 모습을 볼 수 있다. 말을 천천히 하며, 말하는 도중에 멈추기도 한다. 신체적 접촉을 좋아하며 다른 사람들과 가까이에서 얘기하는 경향이 있다. 실제로 행동을 하면서 기억하는 경향이 있다. 감을 잡는다. 감정이 민감하며 느낌이 강하다(전체의 약 40%).

(4) Ad : auditory digital–words(내부 언어적 기능)

내부 언어적 기능의 사람은 독백하는 버릇이 있다. 사리와 논리를 따지는 경향이 있다. 다른 표상체계의 특징의 일부를 보이기도 한다. 절차, 순서, 계열에 따른 사물의 이치를 중시한다. 단어나 용어를 중심으로 하는 언어에 민감하다. 정확한 언어를 구사하려 한다(전체의 약 20%).

2) 선호표상체계에서 나타나는 경향성

몸과 마음은 분리될 수 없기 때문에 마음의 작용은 몸으로 드러난다. 생각하는 방식은 특히 호흡패턴, 피부색깔, 그리고 몸의 자세와 같은 것을 통해 나타난다. 또한 몸동작과 몸짓 또한 그 사람의 생각하는 방식을 말해 준다. 사람들은 자신이 내적으로 사용하고 있는 감각기관을 지적하는 경향이 있다. 이는 곧 내담자가 어떻게 생각하느냐의 단서가 된다.

습관적인 생각의 방식은 몸에 어떤 흔적을 남긴다. 몸의 자세, 제스처, 호흡의 패턴은 주로 한 가지 방식으로만 생각하는 사람들에게 습관화되는 경향이 있다. 그러나 이런 일반화도 관찰과 경험을 통해 모두 검토되어야 한다. 그러나 NLP 상담은 사람들을 있는 그대로 편견 없이 이해하고 억지로 어떤 틀에 끼워 맞추고자 하지는 않는다는 것에 유의할 필요가 있다.

(1) V : 시각적(Visual) 선호표상을 갖고 있는 사람들은

① 깔끔하며 정리정돈 형
② 외모중시
③ 어떻게 보이는가에 관심
④ 화장, 옷차림, 액세서리
⑤ 집중의 어려움
⑥ 지저분하거나 더러운 것에 대해 잘 못 견딤
⑦ 말보다는 문서나 그림
⑧ 눈을 위쪽으로 자주 뜨고 머리와 몸을 세우는 경향이 있다.
⑨ 가슴 위쪽으로 호흡을 하며 호흡이 빠른 편이며 말을 빨리 하는 경향이 있다.
⑩ 제스처가 빠르고 가슴 위쪽으로 사용한다.
⑪ 주위를 깨끗하게 정리정돈을 잘 한다.
⑫ 영상이나 형태로서 기억을 떠올리며, 그림으로 설명해줄 때 이해를 빨리 한다.
⑬ 소리에 대해서는 덜 민감하며, 언어적 지시사항을 기억하는 데 어려움을 겪는다.

⑭ 대화 중 장면이나 그림에 대한 묘사를 하는 언어를 많이 사용한다.
⑮ 사람이나 사물, 혹은 상황이 어떻게 보이는가에 관심이 많으며, 외모에 신경을 많이 쓴다.

(2) A : 청각적(Auditory) 선호표상을 갖고 있는 사람들은

① 소리나 목소리에 민감
② 음악, 악기
③ 혼잣말, 독백
④ 소음에 민감
⑤ 한 번 들었던 것은 잘 기억
⑥ 말하기, 듣기를 좋아함(수다)
⑦ 문서보다는 말이나 설명
⑧ 남의 말을 잘 들음(귀가 얇다)
⑨ 조용한 것을 좋아함
⑩ 말 한마디로 천 냥 빚
⑪ 성악, 기악, 작곡, 방송연예
⑫ 의사소통을 할 때 눈을 좌우로 움직이는 경향이 있다.
⑬ 가슴의 중간 지점에서 호흡을 하며, 중간 정도의 속도로 이야기한다.
⑭ 독백을 많이 하는 편이고 혼잣말을 하며, 입술을 달싹거리기도 한다.
⑮ 소리에 민감하여 작은 소리에도 방해를 받는 경향이 있다.
⑯ 들었던 내용을 잘 기억하며, 음악을 듣는 것을 좋아하고 전화통화를 즐긴다.
⑰ 단계와 순서로 기억하는 경향이 있다.
⑱ 어떤 특정한 말이나 어조에 민감하게 반응한다.
⑲ 지시를 받을 때는 문서보다 설명을 말로 듣는 것을 더 좋아한다.

(3) K : 신체 감각적(Kinesthetic) 선호표상을 갖고 있는 사람들은

① 신체적 접촉(스킨십)을 좋아함

② 다른 사람들과 가까운 위치에서 대화
③ 좋은 촉감과 안락한 것 추구
④ 직감이 발달, 눈치가 빠름
⑤ 정서적 경험, 기분에 좌우(기분파)
⑥ 감정 민감, 스트레스를 잘 받음
⑦ 행동을 하면서 기억하는 경향
⑧ 운동, 스포츠, 댄스
⑨ 몸의 움직임, 주의 산
⑩ 실험, 실습, 역할연기, 실습
⑪ 과학실험, 연예, 예술, 스포츠
⑫ 시선이 아래로 향하는 경우가 많고, 천천히 움직이며 말하는 경향이 있다.
⑬ 호흡을 깊게 하는 경향이 있어서 복식호흡을 하는 것을 배의 움직임으로도 알 수가 있다.
⑭ 신체적 접촉을 좋아하며, 다른 사람들과 가까이에서 얘기하는 경향이 있다.
⑮ 실제로 행동을 하면서 기억을 저장하는 편이다.
⑯ 직관력이 좋아 느낌이 잘 맞는 편이라 느낌을 중시한다.
⑰ 실행하기 전에 예행 연습하는 것을 좋아한다.
⑱ 반응이 느린 편이고, 부드럽고 낮은 제스처를 쓰는 경향이 있다.

(4) Ad : 내부 언어적(Auditory digital) 선호 표상을 갖고 있는 사람들은

① 사고형, 심사숙고
② 논리적이고 분석적인 경향
③ 절차와 순서를 중요시함
④ 사물의 이치를 따지는 경향
⑤ 우유부단할 수 있음
⑥ 성실함, 일관성, 실수 잘 않고 완벽추구
⑦ 나 홀로 취미

⑧ 정서적으로 둔감
⑨ 눈치가 없음
⑩ 남의 마음을 잘 못 헤아림
⑪ 언어, 철학, 과학, 논리, 법률, 재무, 경계
⑫ 내부 독백을 많이 하는 편이다.
⑬ 호흡은 청각형과 비슷한 속도이며 가슴 위로 가쁘게 숨을 쉰다.
⑭ 논리와 체계를 중시하여 합리성을 추구하는 경향이 있다.
⑮ 감정과 분리되는 경향이 강하다.
⑯ 이들은 다른 주요 표상체계(V, A, K 등)의 특성의 일부를 나타내기도 한다.
⑰ 단어나 용어를 중심으로 하는 언어에 민감하여 정확한 언어를 구사하려고 하는 경향이 있다.

3) 표상체계 실습

3~5인이 한 조가 되어 내담자의 경험에 대한 표상체계를 확인한다.

첫째, 최근에 가장 즐거웠던 경험을 이야기한다.

둘째, 살아오면서 상처로 남아 있는 경험을 말한다.

셋째, 각각의 표상체계를 비교해 본다. 모두 함께 소감을 나눈다.

넷째, 다른 즐거웠거나 상처가 된 경험을 떠올린다.

다섯째, 표상체계를 근거로 즐거웠던 경험인지 가슴 아팠던 경험인지 여부를 알아맞힌다. 그렇게 판단한 이유를 나누며 모두 함께 소감을 나눈다.

여섯째, 역할을 바꾸어서 같은 방법으로 전부 돌아가면서 실시해 본다.

5 선호표상체계 검사

선호 표상 체계 검사

다음 각 문항을 읽고 자신에게 해당하는 정도에 따라 4에서 1까지 보기와 같이 번호를 쓰시오.
4 : 자기에게 가장 크게 해당하는 경우
1 : 자기에게 가장 적게 해당하거나 자기와 관계없는 경우

1. 내가 중요한 결정을 할 때 나에게 가장 영향을 미치는 것은 다음과 같은 것이다.
___ 직관적인 느낌
___ 다른 사람들이 하는 말
___ 전체적인 일의 모습과 조화
___ 면밀한 검토와 연구

2. 다른 사람과 논쟁을 벌일 때 내가 가장 민감하게 반응하는 부분은 다음과 같다.
___ 상대방의 목소리 톤
___ 상대방이 논쟁하는 모습
___ 상대방의 논쟁 내용
___ 상대방의 진실된 감정

3. 나는 평소와 다른 심리 상태가 될 때 다음과 같은 것이 바뀌는 경향이 있다.
___ 옷차림새나 화장
___ 감정의 표현
___ 언어나 용어
___ 목소리 상태

4. 나는 다음과 같은 것을 하기가 가장 싫다.
___ 음질 좋은 오디오를 켜놓고 음악을 듣기
___ 관심 있는 주제와 관련하여 논리적으로 생각하기
___ 가장 안락하게 느껴지는 가구를 고르기
___ 색상이 잘 어울리는 디자인을 고르기

5. 나는 가장 잘 나타내는 것은 다음과 같다.
___ 나는 주변의 소음에 민감하다.
___ 나는 어떤 사실이나 자료를 분석할 때 논리성을 따진다.
___ 나는 옷의 촉감에 매우 민감한 편이다.
___ 나는 실내의 가구배치나 색상에 민감한 편이다.

6. 사람들이 나를 가장 잘 알려면 다음과 같이 하는 것이 좋다.
___ 내가 느끼는 것을 경험하기
___ 나의 관점과 함께 하면서 보기
___ 내가 무슨 말을 하며 또 표현을 어떻게 하는지 주의 깊게 들어보기
___ 내가 하고자 하거나 말하는 것의 의미에 관심 갖기

7. 나는 다음과 같이 하는 것을 좋아한다.
___ 다른 사람들이 말하는 것을 듣기
___ 계획을 세울 때 전체적인 모습을 먼저 그려보기
___ 정보나 자료가 있을 때 논리적 체계를 세우고 정리하기
___ 사람을 처음 만날 때 그에 대한 느낌을 중시하기

8. 나로 말할 것 같으면……
___ 나의 눈으로 보고 확인하기 전에는 잘 믿지 않는 경향이 있다.
___ 상대방이 애절한 목소리로 부탁을 해오면 거절하지 못한다.
___ 나의 느낌으로 옳다고 여겨지면 이유를 따지지 않고 믿고 받아들인다.
___ 이치에 맞고 합리적이면 나는 받아들인다.

9. 나는 스트레스를 받으면……
___ 음악을 듣는다.
___ 책을 읽고 사색을 한다.
___ 편안하게 누워서 휴식을 취한다.
___ 좋은 경치를 배경으로 하는 영화나 그림을 본다.

10. 나는 처음 본 사람이라도 다음과 같은 식으로 그를 기억해낼 수 있다.
___ 얼굴 모습이나 옷차림새
___ 목소리
___ 그에 대한 느낌
___ 그의 직업이나 하는 일이 무엇일까 생각해보고

선호 표상 체계 검사 결과표

1. 문제지의 답들을 아래의 빈칸에 옮겨 쓰시오.

1	2	3	4	5	6	7	8	9	10
K( )	A( )	V( )	A( )	A( )	K( )	A( )	V( )	A( )	V( )
A( )	V( )	K( )	D( )	D( )	V( )	V( )	A( )	D( )	A( )
V( )	D( )	D( )	K( )	K( )	A( )	D( )	K( )	K( )	K( )
D( )	K( )	A( )	V( )	V( )	D( )	K( )	D( )	V( )	D( )

2. 각 기호에 해당하는 숫자를 각 문항별로 합하고 그래프를 그려 보시오.

	V	A	K	D
1				
2				
3				
4				
5				
6				
7				
8				
9				
10				
계				
	V	A	K	D

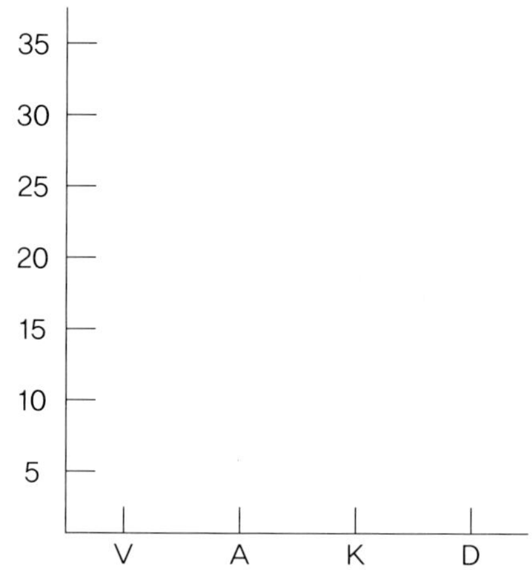

3. 나의 선호표상체계는?

Chapter

03

눈동자 접근단서

눈은 마음의 창이다. 눈동자로 상대방의 마음을 읽어라.

1 눈동자 접근단서의 개념

우리가 생각하는 방식은 신체에 영향을 미치고 우리가 신체를 활용하는 방식은 생각하는 방식에도 영향을 미친다. 우리가 어떻게 생각하느냐에 따라 눈동자는 체계적으로 어떤 방향을 향하여 눈동자를 움직이게 된다. NLP 상담에서는 우리가 내적정보에 어떻게 접근하는지를 알려주는 시각적인 단서를 눈동자 접근단서(eye accessing que)라고 말한다. 이는 우리의 눈동자의 움직임과 표상체계는 태어날 때부터 신경적으로 서로 연결되어 있기 때문이다. 눈동자 접근단서를 통해 다른 사람이 어떻게 생각하는지 알 수 있는데, 이런 이유에서 NLP 상담 훈련의 중요한 부분이 다른 사람의 눈동자 접근단서를 인식하는 것과 관련된다.

2 눈동자 움직임에 따른 내적표상체계

눈동자의 움직임에 따른 내적표상체계는 구성시각, 회상시각, 구성청각, 회상청각, 신체감각, 내부언어의 여섯 가지로 구분할 수 있다.

1) 구성시각(Visual Constructed : V^C)

한 번도 보지 못한 것에 대한 시각적인 상을 만들어 떠올리며 눈동자가 왼쪽 위로 올라간다. "당신의 방을 모두 빨간색 벽지로 바른다면 어떨까?"와 같은 질문을 통해 내담자의 눈동자가 왼쪽 위로 움직이는 것을 관찰할 수 있다.

2) 회상시각(Visual Remembered : V^R)

과거에 경험한 기억을 되살려서 시각적인 상을 떠올린다. 눈동자는 오른쪽 위로 향한다. "당신이 다녔던 초등학교에는 건물이 몇 개 있었나?"와 같은 질문을 통해 내담자의 눈동자가 오른쪽 위로 향하는 것을 관찰할 수 있다.

3) 구성청각(Auditory Constructed : A^C)

한 번도 들어보지 못한 소리를 상상한다. 눈동자가 중앙의 왼쪽으로 향한다. 내담자에게 "세종대왕의 목소리는 어떨 것 같은가?"와 같은 질문을 하여 눈동자가 중앙의 왼쪽으로 움직이는 것을 관찰할 수 있다.

4) 회상청각(Auditory Remembered : A^R)

과거에 들어본 소리를 기억하여 회상한다. 눈동자는 중앙의 오른쪽으로 향한다. "어머니의 목소리가 어떤지 떠올려 볼 수 있는가?"와 같은 질문을 통해 내담자의 눈동자가 중앙의 오른쪽으로 향하는 것을 관찰할 수 있다.

5) 신체감각(Kinesthetic : K)

감정, 느낌, 신체적 촉감 등과 관련한 내용을 생각한다. 눈은 왼쪽 아래로 간다. "얼음물에 손을 넣으면 어떨까?"와 같은 질문을 통해 내담자의 눈동자가 왼쪽 아래로 향하는 것을 관찰할 수 있다.

6) 내부언어(Auditory Digital : A^D)

마음속에서 어떤 내용을 생각하거나 혼잣말을 한다. 눈은 오른쪽 아래로 향한다. "국민교육헌장을 기억하는가?"와 같은 질문을 통해 내담자의 눈동자가 오른쪽 아래로 향하는 것을 관찰할 수 있다.

3 눈동자 움직임 유형

1) 눈동자 움직임 유형표

눈의 움직임, 시선의 방향을 잘 관찰함으로써 상대방이 무엇을 생각하고 있는지를 읽을 수 있는데, 이렇게 시선의 방향과 마음 상태와의 상관관계를 정리한 것을 눈동자 접근 단서(eye accessing que)라고 한다. 대표적인 패턴은 다음과 같다.

표 3-1 눈동자 움직임에 따른 내담자 이해

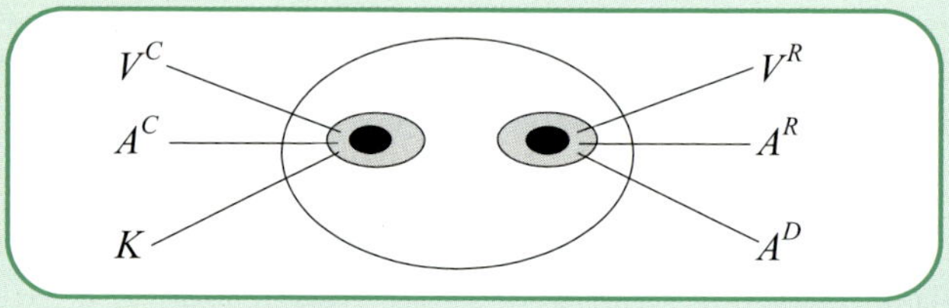

C(Constructed, 구성)	R(Recalled, 회상)
V^C Visual Constructed 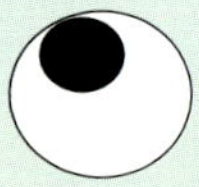 구성시각 본적 없는 이미지를 상상할 때	V^R Visual Remembered 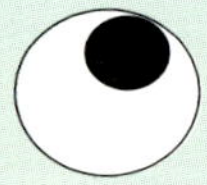 회상시각 과거 경험을 시각적으로 떠올릴 때
A^C Auditory Constructed 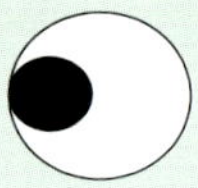 구성청각 들은 적이 없는 소리를 상상할 때	A^R Auditory Remembered 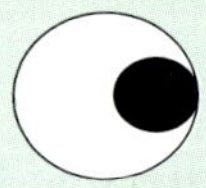 회상청각 들은 적이 있는 소리를 떠올릴 때
K Kinesthetic(feelings) 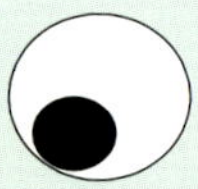 신체감각 신체적인 느낌과 정서에 접근할 때	A^D Auditory Digital 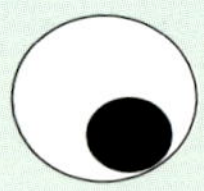 내부언어 내면적으로 자신과 대화할 때

한편 상대방, 혹은 자신의 눈동자 접근 단서 패턴을 확인하려면 상상하거나 만들어 낸 시각이미지, 과거의 청각, 상상하거나 만들어 낸 청각, 마음속의 대화, 신체감각에 대한 질문을 각각 던지고 거기에 따른 시선의 움직임을 관찰하는 방법을 쓸 수 있다(자신의 패턴은 거울을 보거나 상대방에게 관찰해 달라고 부탁하

면 된다).

또한 이 눈동자 접근 단서는 보다 구체적인 생각들을 이끌어 내기 위해 의식적으로 해당 방향을 향해 시선을 보내는 식으로 활용할 수도 있다. 예를 들면, 과거에 보았던 영화를 떠올리고자 할 때 의식적으로 왼쪽 위를 쳐다보는 것이다. 실제로 이렇게 하면 보다 선명하게 과거의 영상이 떠오르는 걸 체험할 수 있을 것이다.

2) 눈동자 접근 단서 연습 I

3인 1조, 혹은 4인 1조가 되어 이상과 같은 질문을 하고 상대방의 눈동자의 움직임을 관찰한다. 다음의 각 항목별로 상대방에게 질문을 하며 상대방의 눈동자의 위치가 어떻게 바뀌는지를 관찰한다.

표 3-2 눈동자 움직임 관찰표

구분	질문
V^C Visual Constructed 구성시각	1. 몸의 반은 _____과 같고 나머지 반은 _____과 같은 _____을 상상해 볼 수 있나요? 2. _____이 _____으로 변해 가는 모습을 상상해 보세요. 3. _____꽃과 _____꽃을 합치면 어떤 꽃이 될까요?
V^R Visual Remembered 회상시각	1. __________의 모습은 어떠합니까? 2. __________의 색깔은 어떠합니까? 3. __________을 본 적이 있습니까?
A^C Auditory Constructed 구성청각	1. 당신은 _____의 소리가 _____소리로 변해 가는 소리를 듣는다면 어떨까요? 2. _____의 소리와 _____의 소리를 합성한다면 어떤 소리가 날까요? 3. _____의 소리와 _____의 소리를 동시에 듣는다면 어떤 소리가 날까요?
A^R Auditory Remembered 회상청각	1. _____의 소리를 기억할 수 있나요? 2. 전화로 _____의 목소리를 들으면 그를 알 수 있나요? 3. _____의 소리는 어떤 소리인지 설명해 보세요.
K Kinesthetic (feelings) 신체감각	1. __________의 느낌을 떠올릴 수 있나요? 2. __________의 촉감은 어떠한가요? 3. __________때의 느낌은 어떠할까요?

A^D Auditory Digital 내부언어	1. 당신의 좌우명은 무엇인가요? 2. NLP란 어떤 것이라고 생각합니까? 3. 당신이 거절하기 어려운 상황에서 무슨 말로 그 거절할 수 있을까요? 4. 당신이 좋아하는 시 구절이 있다면 무엇인가요? 5. 최근의 유행가 중에 가사가 마음에 드는 노래의 가사내용은 무엇인가요?

2) 눈동자 접근 단서 연습 II

두 사람이 마주 앉아 한 사람이 질문하고 상대방의 시선을 관찰한다. 이 연습에서는 상대방으로 하여금 대답을 하게 하는 것보다 그 대답에 따른 이미지들을 천천히 보고, 듣고, 체험하도록 하는 것이 중요하다.

질문의 내용	눈동자 그리기	
과거에 경험했던 시각적 이미지를 찾게 하는 질문		
1. 당신의 방 벽지는 무슨 색?		
2. 당신의 집에서 가장 가까운 친구의 집은?		
3. 당신의 반에서 가장 키가 큰 친구를 기억해 보세요.		
상상하여 만든 시각적 이미지를 찾게 하는 질문		
1. 당신이 스모 선수를 업은 모습은?		
2. 당신 방에 빨간색 물방울무늬 벽지를 바르면 어떻게 보일까요?		
3. 만일 당신이 아이를 낳았다면 누구를 닮았을까?		
과거의 청각적 체험을 찾게 하는 질문		
1. 당신이 좋아하는 노래를 기억해 보세요.		
2. 당신의 선생님 목소리는?		
3. 당신 어머니의 음성은?		
상상하여 만든 청각을 찾게 하는 질문		
1. 당신이 좋아하는 노래를 친구가 부른다면?		
2. 내년 당신 생일에 여기 있는 사람들이 함께 축가를 부른다면?		
3. 지금 여기 있는 사람들이 모두 다 괴성을 지른다면?		

질문의 내용	눈동자 그리기	
내적 대화를 유도하는 질문		
1. 당신이 또 다른 당신에게 얘기하는 것을 들어주세요.		
2. 머릿속에서 자신이 노래 부르고 있는 목소리를 들어보세요.		
3. 당신이 자신을 꾸짖을 때, 그 목소리는 어디에서 들려옵니까?		
신체감각을 찾는 질문		
1. 차가운 냉탕에 들어가면 어떤 느낌일까?		
2. 당신의 강아지를 쓰다듬는 감촉은?		
3. 엄청나게 뜨거운 국물을 입에 대면?		

Chapter

04

원하는 성과

우리의 뇌는 상상과 실제를 구별하지 않는다는 사실을 명심하라.

—에밀 쿠에—

1 현재 상태와 자원이 풍부한 상태

1) 자원이 풍부한 상태의 개념

인간이 세상을 경험하는 데는 다섯 가지의 기본적인 방법이 있다. 신경학적으로 이상이 없다면 보고, 듣고, 느끼고, 냄새를 맡고, 맛을 보는 것으로 세상을 경험한다. 사람은 끊임없이 의식하지 못하고 있는 순간에도 모든 감각을 통하여 입력되는 정보를 진행시키고 있다. 이 다섯 가지의 기본적 경험 채널을 통하여 입력되고 출력되어지는 표상을 네 축으로 분류하여 표상체계의 네 축이라고 한다.

NLP 상담에서는 시각(visual), 청각(auditory), 신체감각(kinethetic)이라는 세 가지 감각을 중요하게 활용한다. 일반적으로 인간의 감각을 오감이라 하여 시각, 청각, 촉각, 후각, 미각으로 나누지만 NLP 상담에서는 다음과 같은 세 가지로 인간의 감각을 정리하고 있다.

첫째, 시각(V)인데, 책, 책상, 방의 형태와 같이 지금 실제 눈앞에 보이는 것뿐만 아니라 장래의 비전으로 그리는 이미지, 예를 들면 당신이 미래에 무엇인가를 하고 있는 모습, 그리고 그 주위의 상황 등도 NLP 상담에서는 시각으로 다룬다. 또, 과거의 기억을 떠올렸을 때 보이는 정경도 시각으로 간주된다. 예를 들면, "무엇인가 당신 장래의 비전이 보입니까?"라고 질문했을 때, "앞이 캄캄해서 아무것도 보이지 않습니다.", 혹은 "모릅니다."라는 대답을 하는 사람이 있다면 그 사람은 시각적인 문제를 겪고 있는 사람이다. 따라서 그 사람에겐 미래의 그림을 구체적으로 그릴 수 있도록 시각적인 상담을 해줄 필요가 있다.

둘째, 청각(A)으로 NLP에서는 귀로 들어오는 실제의 소리뿐만 아니라 말(언어)도 청각이 된다. 그렇기 때문에 문자로 된 책을 읽는 것은 눈으로 보고 있기는 하지만 말로써 이해하므로 청각으로 간주한다. 또한 실제로는 말해지지 않지만 내부에서 들려오는 자신의 목소리나 부모님의 소리(내적대화), 그리고 사람이 '생각한다'고 표현하는 행동도 자신 속에서 말을 반복하여 조립하는 것이므로 청각에 포함된다. 예를 들면, 자신의 내면에서 '이봐, 역시 너는 안 돼, 그래서 그만두라고 말했는데도…', '지금은 그럴 때가 아니야, 너에게는 아무래도 무리라고!'

등의 말을 듣고 있는 사람에겐 '너라면 할 수 있어! 괜찮아'와 같은 말을 내면에서 들을 수 있는 청각적인 치료를 해준다면 자신이 원하는 상태를 향해 앞으로 한 걸음 내딛는 데에 대단한 도움이 될 것이다.

셋째, 신체감각(K)으로 손으로 물건을 만진다든지, 무엇인가가 피부에 닿는다든지 할 때 느끼는 피부감각이지만, 신체감각은 거기에 더하여 몸속의 느낌, 예를 들면 두근두근 한다든지, 울렁울렁한다든지, 등이 서늘한 느낌, 가슴이 뜨거워지는 느낌 등을 포함한 감각이다. 음악은 귀로 들어오지만 몸 전체의 감각에 호소하므로 청각이자 동시에 신체감각이 될 수 있다. 예를 들면, 신체감각은 고민거리가 있거나 스트레스가 쌓일 때, 몸에서 느껴지는 어떤 감각을 말합니다. 예를 들어 목 근처가 콱 막히는 듯한 느낌, 머릿속이 어지러운 듯한 느낌, 가슴 근처가 부글부글하는 느낌, 위가 죄어드는 듯한 느낌 등을 말하는 것이다.

한편, 아주 기쁠 때, 기분이 좋을 때, 그리고 어떤 일이 잘 될 때의 상태를 NLP 상담에서는 자원이 풍부한 상태 혹은 리소스풀한 상태(resourceful state)라고 한다. 이 상태에서 우리 몸은 어떤 것들을 느낄까? 가슴 근처가 따뜻한 느낌, 두근두근하는 느낌, 울렁울렁하는 느낌, 뛰어오르고 싶은 느낌 등 여러 가지가 있을 수 있다. 그런데 불쾌한 느낌에 빠져 있을 때에 이러한 긍정적 느낌의 신체감각을 기억하고 재생할 수 있다면 어떨까? 아마도 불쾌한 감정을 없애는 데 큰 효과를 거둘 수 있을 것이다.

2) 자원이 풍부한 상태 실습

(1) 리소스풀한 상태를 기억하고 재생한다.

① 아주 좋은 결과를 얻어 대단히 리소스풀했던 일을 기억해 보세요.
② 그 때로 돌아가 당신이 체험한 것을 보고, 듣고, 느껴 보세요.
③ 다음의 질문에 구체적으로 답해 보세요.

항목	내용	비고
어떤 그림이 보입니까?		
움직이는 그림입니까?		
색채는 있습니까?		
누가 있습니까?		
무엇이 들립니까?		
누구의 목소리가 들립니까?		
몸의 감각은 어떻습니까?		
활동 후 소감		

④ 심호흡을 하며 확실하게 그 감각들을 느껴 보세요. 그리고 언제라도 이 같은 감각들은 재생할 수 있도록 꾸준히 연습해야 합니다.

(2) 바람직한 상태를 내 눈앞에 그린다.

① 다음과 같은 안내에 따라서 바람직한 상태를 그려봅시다.

항목	내용
어떤 성과를 만들어 내고 싶습니까?	
어떤 상태가 되고 싶습니까?	
당신이 원하는 결과는 무엇입니까? (긍정적이고 구체적으로 표현해 주세요)	
활동 후 소감	

② 그것을 이미지로 떠올리면 어떤 그림이 됩니까?

- 함께 있는 것은 누구입니까?
- 주위에는 무엇이 보입니까?
- 어떤 소리나 목소리가 들립니까?

- 당신 자신은 어떤 체험을 하고 있습니까?
  (시각, 청각, 신체감각을 살려 그림을 그립니다.)

③ 그 결과를 만들어 내는 것은 구체적으로 언제, 어디서, 누구와 함께입니까?
(그림을 말로 설명하고 일시, 장소, 사람을 명확히 합니다)

④ 그 결과를 손에 넣으면 당신의 일상생활이 어떻게 바뀝니까?

⑤ 그 결과를 만들어 내는 데 당신은 당신의 어떤 자원을 사용합니까?

도중에 아무리 해도 대답이 안 나오면 '만일, 내가 원하는 그대로 이루어졌다면'이라고 가정하면서 순서대로 진행한다.

그리고 자신이 바라는 상태, 원하는 결과를 구체적으로 그릴 수 없는 사람도 걱정하거나 낙담하지는 않아야 한다. 당신은 틀림없이 무엇인가를 바라고 있을 것이다. 지금은 그것을 시각적으로, 구체적으로 이미지하거나 긍정적인 말로 표현할 수 없어도 괜찮다.

(3) 활동 후 소감 나누기 및 평가

활동 과정과 관련 지워 자신의 느낌이나 생각 또는 집단원들에게 하고 싶은 이야기를 자발적으로 이야기하도록 한다. 토의가 끝난 후에는 오늘의 프로그램을 통해 새롭게 발견한 것이나 그 밖에 각자가 배우게 된 점을 자유롭게 발표하도록 한다. 발표가 끝나면 상담자는 오늘의 전체 활동 내용을 정리하고 간단히 평가한다.

2 연합과 분리

1) 연합과 분리의 개념

NLP 상담에서 내담자가 어떤 장면을 떠올릴 때 주관적으로 몰입, 집중, 관여하여 느끼거나 경험하는 것을 연합(association)이라고 하고 객관적으로 바라보거나 관조하고 남의 일이나 멀리 있는 것처럼 바라보는 것을 분리(dissociation)이라고 한다. 예를 들어 편안한 마음으로 즐거웠던 경험을 떠올릴 때, 마치 내담자 자신의 눈으로 보는 듯 그 이미지를 보고 있다면 연합된 것이다. 그렇지 않고 마치 다른 어딘가에서 영화를 보는 것처럼 보고 있다면 분리되어 있다고 할 수 있다.

연합 상태는 경험을 주관화하는 것이라고 한다면, 분리 상태는 경험을 객관화하는 것이라고 할 수 있다. 긍정적 앵커를 할 때는 경험한 것을 연합시켜 결과를 얻도록 하는 것이나 개입은 그와 반대의 것이다. 자원 앵커는 과거 언젠가 있었던 감각적 모든 자극을 마치 내가 거기에 현재 경험하고 있는 것과 같이 연합하여 느끼는 것이다. 또한 지나치게 부담스런 상황에서 감지하는 모든 자극으로부터 분리시키는 것이다. 그렇게 함으로써 상황을 분명하게 판단하고 자원 활용을 최적으로 접할 수 있는 시간과 공간을 가지게 된다.

분리 상태는 상황의 긴박감에서 벗어나게 하고, 적절한 반응을 하도록 자원을 접근하는 데 자유롭게 된다. 이 방법은 모든 상황에 적용이 가능하나 특별히 감정이 지나치게 관계되어 어떤 반응을 해야 할지 선택의 능력을 상실했을 때에도 유용하다.

여기서 중요한 것은 연합 상태와 분리 상태 중에 어느 것이 더 좋다고 말할 수는 없다는 점이다. 당신이 무엇을 하기 원하느냐에 따라 양쪽 모두 도움이 될 수 있다. 예를 들어 추억을 나중에 다시 떠올려 즐기고 성공적인 과거의 경험을 떠올려 현재 침체된 자신을 고양하고 자신감을 회복하려고 할 때에는 그 기억을 연합 상태의 사진으로 간직해 둔다.

분리 상태에서는 당신이 경험밖에 있으므로 그 경험에 동반되는 느낌을 경험하지는 않게 된다. 즉, 분리 상태에서는 부정적 경험을 객관화하게 됨으로써 느낌이 없어지거나 강도가 약화되는 것이다. 우리는 비록 중요하고 강렬했던 경험이라도 후에 별다른 느낌을 갖지 않고서도 회상할 수 있는데, 그것은 분리에 의해 가능하다. 이때 분리 상태는 매우 유용하다. 분리 상태는 궁지에 몰렸던 과거의 고통스러운 기억을 별다른 부정적인 느낌을 느끼지 않고도 떠올릴 수 있도록 해 주는 역할을 한다. 또한 그것은 경험에서 배울 수 있게 해준다.

2) 연합과 분리의 비교

연합과 분리는 경험을 인식하는 두 가지 차원이다. 연합은 긍정적 경험을 강화하기 위해 사용하며 주관화와 최대한의 몰입이 이루어지며, 오감적 기능이 활발히 작용하는 제1차 입장(1st position)이라고 할 수 있다. 그렇기 때문에 직접적 경험과 유사한 감정의 작용과 느낌을 갖게 된다. 반면 분리는 관조적 입장으로 부정적 경험을 극복하기 위해 사용되며 제3차 입장(3rd position) 또는 메타의 위치에 놓이게 된다. 그렇기 때문에 감정의 중립화가 가능하고 '강 건너 불구경 하듯이', 혹은 '마치 남의 일 같이' 상황에서 충분히 떨어져 안전한 위치에서 자신의 경험을 관조할 수 있게 된다.

3) 연합과 분리의 활용을 위한 여러 기법

연합을 통해 상담자는 내담자의 긍정적 경험을 더욱 강화할 수 있고 분리를 통해 부정적 경험을 치유할 수 있다. 이렇게 긍정적 경험을 강화하고 부정적 경험을 치유하기 위한 기법에는 공중분리기법, 영화관 기법, 미술관 기법, 주제음악기법이 있다.

(1) 공중분리기법

공중으로 올라가서 문제 상황을 내려다보는 식으로 경험하는 방법이다. 처음에는 낮은 공중에서 시작하다가 차츰 높은 공중으로 마지막에는 우주 공간으로 까지 높이 올라가서 문제상황을 내려다보는 동안에 문제 상황에서 벗어나게 된다.

(2) 영화관 기법

마치 영화관에서 영화를 보는 것처럼 상황을 바라보면서 자신의 문제상황을 분리하여 벗어나기도 하며 긍정적이고 성공적인 경험에 연합하여 자신감을 회복할 수도 있다.

(3) 미술관기법

문제 상황을 마치 사진이나 그림을 미술관에 전시해놓은 것처럼 하여 문제해결을 시도하는 방법이다.

(4) 주제음악 기법

평소에 즐겨 부르거나 좋아하는 노래나 음악을 활용하며 문제 장면을 해결하는 기법이다.

4) 연합 실습

경험의 기억에 연합하기(associating into a memory) 위한 실습의 과정은 다음과 같다.

첫째, 긍정적이고 용기를 주는 경험에 대해 주관적으로 몰입할 때의 생리적 상태를 만들어 본다. 그리고 지금 여기에서 그 순간의 경험을 느껴 본다.

둘째, 즐거운 기억을 하나 떠올려 천천히 그리고 완전히 그 속으로 몰입해 본다. 몰입상태에서 느껴지는 모든 좋은 느낌들을 오감으로 경험하며 즐긴다.

셋째, 다른 즐거운 기억들을 하나씩 떠올려 주관적 몰입상태를 유지하면서 모든 긍정적인 경험들을 풍부하게 오감으로 체험하며 즐긴다.

넷째, 자신의 무의식에게 앞으로 긍정적인 방식으로 만 몰입할 것을 간곡히 부탁한다. 내면 깊은 곳에서 울리는 긍정적 메시지에 귀 기울여 본다.

5) 분리 실습

부정적·외상적 경험이나 문제 상황을 객관적으로 분리하여 관조하기 위한 실습의 과정은 다음과 같다.

첫째, 몸의 자세를 움직여 객관적 관조에서 일어나는 생리적 상태를 유지해 본다.

둘째, 너무 심하지 않았던 불쾌한 기억을 하나 떠올려서, 마치 영화 화면을 보듯 그 기억 속에 있는 자기 모습을 바라본다. 화면을 흑백으로 만들어 멀리 보내면 관조를 하는데 도움이 된다. 그 상황에 대한 관찰자가 된 느낌을 오감을 통해 확인해 본다.

셋째, 다른 불쾌한 기억을 하나씩 다양하게 선택해서 2단계와 같은 순서로 반복한다.

넷째, 눈을 감고 자신의 무의식에게 앞으로는 불쾌한 기억이 떠오르더라도 항상 긍정적인 방식으로만 객관적 관조가 이루어져서 긍정적 자원이 되도록 부탁한다. 마음속에 울리는 긍정적인 메시지에 귀를 기울이고 그 긍정적인 메시지를 확인하다.

6) 연합과 분리를 활용한 자원개발 실습

첫째, 자원 결핍 상태로 적절한 반응을 하지 못하는 상황을 찾는다.

둘째, 자원이 부족한 상태에서 원하지 않은 반응을 했던 최초의 경험을 떠올린다.

셋째, 그 상태에서 관조를 한다.

넷째, 분리 상태의 또 다른 '나'가 할 수 있는 가장 최선의 적절한 반응, 즉 새로운 자원 상태를 찾아낸다.

다섯째, 이렇게 찾아낸 새로운 자원을 가지고 자원이 부족했던 상황을 떠올린다.

여섯째, 새로운 자원을 가지고 미래로 나아가 경험해 본다.

일곱째, 다시 그 상황을 분리(관조)하면서 새 행동을 선택하여 문제에 접근한다. 그리고 반복연습을 통해 새롭게 형성된 자원 상태를 강화한다.

3 세 가지 입장

1) 세 가지 입장의 효과

NLP 상담의 많은 개념과 기법 중에서 비교적 쉽게 배울 수 있는 세 가지 입장(triple perceptual positions)은 바람직한 관계 맺기와 유익하고 즐거운 상호작용에 필수적인 효과적인 의사소통에 커다란 도움을 준다. 세 가지 입장은 보다 많은 융통성을 가지고 바람직한 영향력을 발휘할 수 있도록 도와주는 구체적이고 실제적인 기법이다. 이것은 마음읽기(mind reading)에 의존하는 대신 정확하게 수집한 감각적 자료에 근거를 둔 통찰력을 통해 이해와 수용을 가능하게 한다.

2) 세 가지 입장의 개념

(1) 1차적 위치(first position, 자신의 입장)

자신의 눈으로 세상을 본다. 그 상황에 몰입하여 자신의 느낌과 내면의 소리에 귀 기울인다. 상황의 중심에 서서 그 상황이 자신에게 어떤 영향을 미치는지 충분히 보고 듣고 느끼면서 상황에 대한 모든 표현을 온전히 자신의 기준으로 한다.

(2) 2차적 위치(second position, 상대방 입장)

이 상황이 상대방에게 어떻게 보이는지, 무슨 소리가 어떻게 들리는지, 그리고 무엇을 어떻게 느끼는지를 경험해 보는 것이다. 상대방의 신을 신고 옷을 입고 상대방의 자리에 앉아서 그의 자세로 몸짓으로 얼굴표정으로 그의 목소리와 어투로 그 상황을 경험한다.

(3) 3차적 위치(third position or meta position, 관찰자 입장)

이 상황 또는 이들과 전혀 관계가 없는, 신뢰와 존경의 대상인 제3의 인물이 되어 이 문제 혹은 갈등 상황을 독립적·객관적으로 관찰하고 분석하면서 얻은 통찰력을 제1의 위치로 되돌려 준다.

3) 세 가지 입장 실습

3~4명을 한 팀으로 구성하여 한 사람은 안내자(상담자)가 되고 한 사람은 내담자가 된다. 두 명은 관찰 한 후 피드백을 주며, 교대로 역할을 바꾸어서 해 본다. 팀별 활동이 모두 끝나면 활동 소감 나누기를 한다.

(1) 세 가지 입장 실습을 위한 준비

① 마주치기 싫거나 상대하기가 불편한 사람과 의자에 마주앉아 있다는 설정으로 시작한다. A가 내담자이고 B는 상담자이다. B는 제3의 입장에서 안내하고 A는 그 안내에 따라서 질문에 대답하든지 위치를 이동한다.

② 의자를 두 개 준비하고 서로 마주보고 40~50㎝ 정도 떨어지게 배치한다.

③ A는 일상생활 중에서, 또는 지금까지 살아오면서 상대하기 싫었던 사람이나 불편한 관계를 개선하고 싶었던 사람을 한 사람 선정한다.

④ A는 자기의 의자(제1의 위치)와 지금 선정한 상대방의 의자(제2의 위치), 그리고 두 의자 사이에 제3의 위치를 설정한다.

⑤ A는 먼저 자신의 의자에 앉는다. 그리고 맞은편 의자에 앞에서 선정한 상대방이 앉아 있다고 상상한다.

⑥ B는 A에게 보이지 않도록 A의 어깨 뒤에 약간 몸을 낮추어 앉는다. 그리고 B가 안내를 시작한다.

(2) 세 가지 입장 실습

B : 당신 앞에 앉아 있는 사람은 누구입니까?

A : _____ 씨입니다.(상대방의 이름을 대답한다.)

B : 그 사람과 있으면 어떤 기분입니까?(B는 A의 체험을 듣는다.)

A : (거북한 느낌, 무거운 느낌) _____ 등등입니다.

B : 당신 앞에 있는 _____ 씨에게 하고 싶은 말을 전하세요.

A : _____ 씨, …

B : 모두 전하였습니까?

A : 예.

B : 당신의 모든 것은 지금 자리에 두고 천천히 제3의 위치로 나와 주세요.

(A는 자신을 제1의 위치에 그대로 두고 자기의 껍질 밖으로 벗어나는 느낌으로 나옵니다. A와 B가 함께 제3의 위치에 선다.)

B : 심호흡을 합시다.(두 사람이 함께 크게 심호흡을 한다.)

(B는 A가 완전히 자기로부터 벗어나 있는 것을 체크하기 위하여 지금까지의 대화와 전혀 관계없는 질문을 한다. 질문은 간단하게 의식을 바꿀 수 있는 것이라면 무엇이든 좋다.)

B : 오늘 아침식사는 무엇으로 하셨나요?

A : 토스트와 계란 프라이를 먹었습니다.

B : 여기에 앉아 있는 사람은 누구입니까?(A가 앉아 있던 제1의 위치를 가리킨다.)

A : A씨입니다.(자신이 앉아 있던 자리를 제3자로서 바라보며 대답한다.)

B : 이쪽에 앉아 있는 사람은 누구입니까?(다른 한 쪽 의자를 가리킨다.)

A : _____ 씨입니다.

B : 천천히 _____ 씨 속으로 들어가 주세요.(A는 천천히 제2의 위치에 앉는다.)

B : _____ 씨, 앞서의 이야기를 듣고 A씨에게 하고 싶은 말을 전해 주세요.

A : A씨, …

B : 이야기가 끝났습니까?

A : 예

B : _____ 씨, 당신의 기분과 몸을 거기에 그대로 두고, 천천히 제3의 위치로 나와 주세요.(두 사람이 함께 제3의 위치에 선다.)

B : 심호흡을 합니다.(두 사람이 함께 심호흡을 한다.)

B : 그런데 오늘 아침에 몇 시에 일어났습니까?

A : 7시입니다.

B : 여기에 앉아 있는 사람은 누구입니까?(씨의 의자를 가리킨다.)

A : _____ 씨입니다.

B : 이쪽에 앉아 있는 사람은 누구입니까?(다른 쪽 의자를 가리킨다.)

A : A씨입니다.('씨'라는 호칭을 쓴다면 A는 완전히 분리된 상태라고 볼 수 있다.)

B : 천천히 A씨 속으로 들어가 주세요.(A는 천천히 원래의 의자에 앉는다.)

B : A씨, 앞서의 이야기를 듣고 _____ 씨에게 하고 싶은 말을 전해 주세요.

A : _____ 씨, …

B : 전부 이야기했습니까?

A : 예

B : 처음에 _____ 씨와 마주했을 때와 비교해서 지금은 어떤 차이가 있습니까?(A는 지금의 기분을 이야기한다.)

B : 그러면 다시 한 번 제3의 위치로 나와 주세요.(두 사람이 함께 나란히 선다.)

B : 여기에서 서로 마주 보고 있는 두 사람의 관계는 어떻게 보입니까? 어떤 가능성이 보입니까?(A는 어떻게 보이는지를 이야기한다.)

그리고 다시 제1의 위치로 돌아와 상대방에게 하고 싶은 이야기를 합니다. 마지막으로 제3의 위치로 나와 자기와 그 사람과의 관계를 봅니다.

이제 다시 일상으로 돌아가 _____ 씨와 다시 마주한다면 어떻게 달라질 것 같습니까?

4 종속모형

1) 종속모형의 개념

종속모형(submodality)이란 인간이 경험하는 오감(특히 시각, 청각, 촉각)을 구성하는 하위 감각구조를 말한다. 우리가 일상적으로 하는 생각에도 구조가 있다고 할 수 있는데 우리가 어떤 경험 또는 감정 상태에 어떻게 의미를 부여하고 그 의미가 어떤 구조로 작용하는가를 나타내 주고 있다. 감각구조의 종속 모형이 바뀌면 그것으로 구성되는 감각양식이 바뀌면서 표상체계의 의미도 변화된다. 그러므로 그 의미에 의한 마음 또한 바뀌는 효과를 볼 수 있다. 이러한 하위 구조상의 감각구조, 감각 양식을 하위양식이라고도 한다.

하위양식이란 오감의 표상체계에 나타나는 구체적이고 세밀한 하위요소의 형태를 의미한다. 다시 말하면 경험의 하위구조라고 할 수 있다. 이러한 구조와 특성은 각자가 경험하는 주관적인 것으로 생각이나 감정에 영향을 주며 각자의 시스템에 입력되고 부호화되어 내적 표상체계에 연결된다.

사람들은 좋아하는 상태와 싫어하는 상태에 대한 느낌을 각기 다른 하위양식을 통하여 주관적인 경험을 하게 되며 그 경험에 의미를 부여한다. 그러므로 하위양식을 바꾸면 효과적으로 경험의 의미를 바꾸어 원하는 감정을 갖게 되고 원하는 상태를 가져올 수 있다. 목표를 설정할 때 하위양식을 활용하면 그 목표가 보다 구체적이고 확실하게 되며, 오감에서 나타나는 목표의 하위양식이 분명하면 할수록 뇌는 명령을 더욱 잘 이행하여 실현가능성에 대한 확신과 함께 시스템이 목표를 향하여 작동하게 된다.

2) 종속모형 차이점을 확인하는 질문

(1) 시각적 질문

① 색상 : 천연색입니까? 흑백입니까? 선명한가, 희미한가?
② 밝기 : 보통보다 밝습니까, 어둡습니까?
③ 크기 : 특정 모양이 큰가, 작은가?
④ 위치 : 장면이 위에 있나? 중간 아래에 있는가?
⑤ 거리 : 그림이 멀리 있는가, 가까이 있는가?
⑥ 속도 : 장면이 빨리 움직이는가? 느리게 움직이는가?
⑦ 초점 : 어떤 특정 부분에 초점이 맞추어져 있는가? 전경인가, 배경인가?
⑧ 몰입 / 분리 : 자신의 모습이 장면 속에 있는가? 없는가?
⑨ 틀의 유무 : 화면에 테두리가 있는가? 파노라마인가?
⑩ 입체 / 평면 : 장면이 입체적인가? 평면적인가?
⑪ 특정 색깔 : 당신에게 차이가 느껴지게 하는 특정 색깔이 있는가?
⑫ 각도 : 당신은 내려다보고 있는가? 아니면 위로, 옆으로?

(2) 청각적 질문

① 위치 : 내부에서 자신에게 하는 말인가? 다른 사람이 당신에게 하는 말?
② 내용 : 구체적으로 무슨 말을 했는가? 아니면 들었는가?

③ **크기** : 소리가 큰가? 작은가?
④ **음조(톤)** : 높은 톤인가? 낮은 톤인가? 소리가 굵은가? 가는가?
⑤ **속도** : 소리의 빠르기는?
⑥ **위치** : 소리가 나는 위치는? 왼쪽, 혹은 오른쪽? 멀리서, 혹은 가까이서 들리나?
⑦ **화음** : 소리가 화음으로 들리는가? 불협화음으로 들리는가?
⑧ **지속성** : 소리가 규칙적으로 들리는가, 혹은 불규칙적으로 들리는가?
⑨ **음(억양)의 변화** : 소리에 음조(억양)에 변화가 있는가?
⑩ **특정 단어** : 특별히 강조된 말이 있는가?
⑪ **독특성** : 소리에 어떤 독특함이 있는가?

(3) 신체감각적 질문

① **온도** : 뜨거운가, 차가운가, 미지근한가?
② **위치** : 신체 어느 부위에서 느껴지는가?
③ **촉감** : 거친가, 부드러운가, 까칠까칠한가, 매끄러운가?
④ **유연성** : 경직되어 있는가, 유연한가?
⑤ **진동** : 떨림이 있는가, 차분한가?
⑥ **압력** : 압박감이 있는가, 느슨한가?
⑦ **호흡** : 호흡의 위치는? 빠르기는? 길이는?
⑧ **지속성** : 느낌이 지속적인가? 간헐적인가?
⑨ 당신에게 강한 감정변화를 일으키는 특정자극이 있는가?

3) 언어에서 드러나는 종속모형 표현

(1) 시각적 표현

① 사건이 의외로 커졌다.
② 나는 그와의 관계에서 약간의 거리를 둘 필요가 있어.
③ 나의 화려한 경력에 금이 갔어.

(2) 청각적 표현

① 그것은 소리 없는 아우성
② 그 문제 때문에 시끄러워요.
③ 조용히 지내고 싶어.

(3) 신체 감각적 표현

① 주위의 압력에 숨이 막힐 것 같아요.
② 난 독서삼매에 푹 빠져 있었어요.

5 탁월성의 원

1) 탁월성의 원 개념

탁월성의 원(excellent circle)은 성공감, 성취감을 맛보았던 리소스풀했던 경험을 필요에 따라 언제든지 재경험할 수 있게 함으로서 자기 자신을 긍정적으로 받아들이고 좋은 기분을 활성화시키고 자신감을 가지게 하는 한 기법이다. 만일 내담자가 비록 한 순간만이라도 어떤 자원을 과거에 가지고 있었다면, 그것은 내담자가 그 자원을 영원히 가지고 있다는 의미이다. 탁월성의 원은 많은 상황에서 자원앵커로 활용될 수 있는 앵커이다. 자원앵커는 어떤 것이라도 될 수 있으며, 당신으로 하여금 긍정적인 상태를 상기할 수 있도록 돕는다.

2) 탁월성의 원의 진행 절차

탁월성의 원을 진행하기 전에 상담자는 내담자와 이야기 나누기를 통해 세 가지 과거 성취경험(모습, 소리, 냄새, 촉감 등), 좋아하는 색과 도형(원, 세모, 네모 등), 좋아하는 꽃과 그 향기에 대해 파악한다.

먼저, 탁월성의 원을 만든다. 바닥에 지름이 1m 정도 되는 적당한 크기의 동그라미를 상상 속에서 만들어 탁월성의 원이라고 한다. 이 원을 좋아하는 색으로 칠하고 그 색깔을 느껴 본다.

두 번째로 연합한다. 탁월성의 원 안에서 과거의 성취 경험을 한 가지씩 생각하고 그 때의 상황에 연합한다. 이때 원안에서 꽃이 자라고 화려하게 꽃이 피는 장면을 상상하고 꽃의 향기를 맡아보고 두 주먹을 불끈 쥐어 본다.

세 번째로 비교해 본다. 탁월성의 원에서 벗어나 원 밖에서의 기분이 어떠한지를 느껴 보고 원안을 마음의 눈으로 들여다본다. 그리고 원 안과 밖이 어떻게 다르게 느껴지는지 비교해 본다. 네 번째는 재연합한다. 다시 원 안으로 들어가서 두 번째와 같은 방식으로 과거 성취경험을 첨가하고 연합한다.

끝으로 강화한다. 위의 과정을 반복하면서 세 가지 상태들을 종합한 후에 다시 원 안으로 들어가서 확인한다.

위의 진행 절차를 숙지하고 다음과 같이 탁월성의 원을 실습한다.

① 두 사람이 짝을 짓는다. A에게 자신이 성취하고 싶은 목표(소원하고 있는 상태)를 구체적으로 정립하여 언어화한다.

② 그에 관련된 리소스풀한 상태를 재 경험시킨다. 내담자에게 먼저 자신감이 넘치었다던가, 즐거웠던 과거의 경험을 찾아 그중 한 가지를 선택하도록 하고 그것에 관한 이야기를 듣는다. 그 느낌을 더욱 확실히 하기 위해서 그때의 자세를 취하고, 그때 행했던 동작이나 제스처를 다시 하게 하면 좋다. 재경험이 신체감각까지 느낄 만큼 리소스풀하게 잘 되었다고 판단되면 다음 단계로 나간다.

③ '당신의 눈앞에 탁월성의 원(excellent circle : 소망을 이루게 하는 충만한 힘이 담긴 마법의 둥근 고리)이 있다고 상상해 봅니다.'

④ 네 번째에서 재체험했던 리소스풀한 상태를 다시 체험하게 한다. 무엇이 보이는 지, 어떤 소리가 들리는지, 그 밖에 감각적인 느낌은 어떤지를 말하게 하면서 표정을 자세히 살펴본다. 재경험이 충만한 것으로 판단되면 다음으로 넘어간다.

⑤ '당신 앞에 마법의 둥근 고리 속으로 들어가 주십시오.'
들어가는 방법은 발자국을 한 발작 껑충 뛰어서 들어가던가, 한 발작 껑충 뛰면서 팔을 쭉 뻗어 들어가는 방법을 쓰면 잘 될 것이다.

⑥ ④의 재체험을 한두 번 더하여 강화시킨다. 보이는 것, 들리는 것, 그 밖에 느끼는 감각을 백트래킹하면서 물어 본다.

⑦ '지금 느끼는 리소스풀한 기분을 탁월성의 원(마법의 둥근 고리) 속에 남겨 놓고 몸만 뒤로 물러나옵니다.'

⑧ '자~ 밖으로 빠져 나왔습니까?' 확인하고 즉시 백트래킹한다.
'오늘 아침 몇 시에 일어나셨지요?'

⑨ '행운의 둥근 고리 속으로 다시 들어갑니다.' 눈을 살며시 감고 한 발자국 앞으로 옮기게 하면서 축복과 행운의 동그라미 속으로 다시 들어가면 조금 전에 경험했던 지난날의 리소스풀한 상태, 즉 매우 즐거웠다던가, 자신감이 넘쳤던 그 상태가 다시 나타나는지의 여부를 확인한다. 만일 반응(효과)이 잘 나타나지 않았다면 무엇이 잘못 되었는지를 찾아 도와주면서 다시 체험하게 한다. 만족하게 잘 되면 다음으로 넘어간다.

⑩ '지금의 느낌을 모두 그대로 그 자리에 놓아두고 뒤로 한 걸음 나가십시오.'
'자~ 나오셨습니까?' 확인하고 바로 백트래킹한다. '가장 좋아하는 과일은 무슨 과일입니까?'

⑪ 8번과 9번을 두세 번 더 되풀이한다. 이렇게 해서 그 고리 속에 들어가면 자동적으로 리소스풀한 상태가 다시 경험되는지를 확인한다.

⑫ 앞으로 언제 있을지 모르는 적응하기 힘든 상황에서 무난히 대처하기 위해, 위에서 경험한 리소스풀한 상태를 다시 적용할 필요가 있을 때에 즉시 그렇게 할 수 있는 단서를 한 가지 선정하고 이 단서를 위에서 경험한 리소스풀한 상태와 연결시킨다.

⑬ 단서가 확실하게 선정되면 단서를 떠올림과 동시에 마법의 둥근 고리 속에 들어간다. 이렇게 함으로써 전에 느끼던 불안감 대신에 리소스풀한 상태를 다시 체험하는 동시에 자신감을 가지게 되며 그 단서가 자신감을 가지게 하는 방아쇠 역할을 하는 것이다.

⑭ 둥근 고리 속에서 리소스풀한 상태가 충분히 느껴졌을 때 그 고리 속에서 빠져나온다. 그 다음 자기에게 다가올 앞으로의 일을 생각해본다.

⑮ 다시 한 번 단서를 이미지함과 동시에 마법의 둥근 고리 속으로 들어간다. 리소스풀한 상태가 다시 느껴지는지 확인한다.

탁월성의 원 실습이 마치면 활동 과정과 관련 지워 자신의 느낌이나 생각을 자발적으로 이야기하도록 한다. 탁월성의 원 실습을 통해 새롭게 발견한 것이나 그 밖에 깨달은 점을 자유롭게 발표하도록 한다. 발표가 끝나면 상담자는 오늘의 전체 활동 내용을 정리하고 간단히 평가한다.

Chapter

05

학습과 변화

나는 '말'이 가진 굉장한 힘을 알고 있다. 사람은 무릇 말한 대로 행동하게 되고 행동한 대로 성취하게 된다. 나 역시 나만의 '금언'을 가슴 속에 품고 살아왔다. 결국 사람을 성취로 이끄는 것은 그 '말'의 힘이다.

—스티븐 코비—

1 NLP 통일의 장

1) 통일의 장의 개념

Dilt는 맥락, 관계, 학습의 수준, 지각적 입장의 수준을 모두 망라하는 개인적 변화, 학습, 커뮤니케이션에 대하여 통일의 장(unified field of NLP)이라는 이론 모형을 제시하였다. 이 모형은 NLP 상담에서 내담자의 바람직한 변화를 이끌어 내기 위해서 어떤 개입을 할 것인지를 결정하는 데 있어 지침이 된다. 내담자의 변화란 부분적인 조각으로 일어나는 것이 아니라 유기적으로 일어난다.

이 모델은 바람직한 결과를 얻기 위하여 어느 단계에서 중점적인 문제를 다룰 것인지에 대한 매우 유용한 틀을 제공한다. 가장 중요한 환경적인 커뮤니케이션과 변화는 상담자와 내담자 사이의 일치다. 그리고 건강하고 효과적인 사람은 그의 능력, 믿음, 가치, 신념 그리고 정체성이나 자신의 존재와 일치하는 행동을 하는 사람이다.

2) 신경-논리적 수준

학습과 변화는 환경, 행동, 능력, 신념, 정체성, 영성의 여러 수준들에서 일어날 수 있다(설기문, 2010).

(1) 환경

환경(environment)은 우리를 둘러싼 주변 환경, 우리가 만나는 다른 환경을 포함한 인적 환경, 우리를 둘러싼 주변 환경과 인적 환경과 주고받는 상호작용을 말한다.

(2) 행동

행동(behavior)은 능력과는 무관하게 우리가 행하는 특정한 행위를 말한다. 어떤 사람이 환경에 대한 단순한 인식에서 환경내의 활발한 행동으로 움직인다면 그 사람의 몸과 마음은 더 많이 작동될 것이다.

(3) 능력

능력(capability)은 우리가 자신의 삶에서 사용하는 행동, 일반 기술 및 전략의 집합을 말한다. 능력은 더 장기적인 계획과 지도를 작동시킨다. 그리고 신경시스템의 훨씬 깊은 수준의 개입이 필요하다.

(4) 신념

신념(beliefs)은 우리가 가지는 여러 가지 생각이 옳은 것이라는 믿음에 기초하여 우리의 일상적 행동이 이루어진다는 것을 의미한다. 신념은 생명의 위협이 있을 때조차도 우리의 행동을 불러일으키기도 하고 제한하기도 한다. 즉, 우리는 신념에 따라 특정 행동을 하기도 하지 않기도 한다. 따라서 신념은 우리를 이끌어 가는 원리로 내적 지도, 강력한 지각적 필터로 안정성과 지속성을 특징으로 한다. 그런 이유로 우리는 같은 일을 할 때보다 같은 신념을 공유할 때, 래포와 공동체 의식이 생긴다.

긍정적 신념은 우리의 능력을 일깨우는 효과가 있으며 결과를 창출한다. 제한적 신념은 '나는~을 할 수 없다.'와 같은 신념으로 경험에 기초하지 않은 경우가 대부분이다. 또한 현재와 미래형의 진술로 진정한 능력을 찾아내지 못하게 방해하는 결과를 초래하기도 한다. 예를 들어 '나는 춤을 출 줄 모른다.'는 '나는 춤을 추지 않는 것을 할 수 있다.'라는 말이 된다. 결국 신념은 선택의 문제이다. '내가 만약 이것을 하면, …… 그 일이 생길 것이다.' 이므로 '나는 ~을 할 수 있다.'와 '나는 ~을 못한다.'는 곧 '나는 ~을 해야 한다.', '나는 ~을 해서는 안 된다.'로 해석되게 된다.

(5) 정체성

정체성(identity)은 기본적인 자아감이고 핵심적 가치이며 삶을 영위하는 이유이며 의미이다.

(6) 영성

영성(spirituality)은 우리가 형이상학적인 문제를 생각하고 그런 차원에서 행동하는 가장 심층 수준에 해당한다. 우리 왜 사는 걸까? 우리는 어디서 왜 여기에 왔는가? 이러한 영적 수준은 우리의 삶을 이끌고 삶의 모습을 만들어 주며 우리 존재의 근본에 대한 기준을 잡아 준다. 이 수준의 작은 변화라 하더라도 다른 모든 수준에 큰 반향을 불러일으킨다.

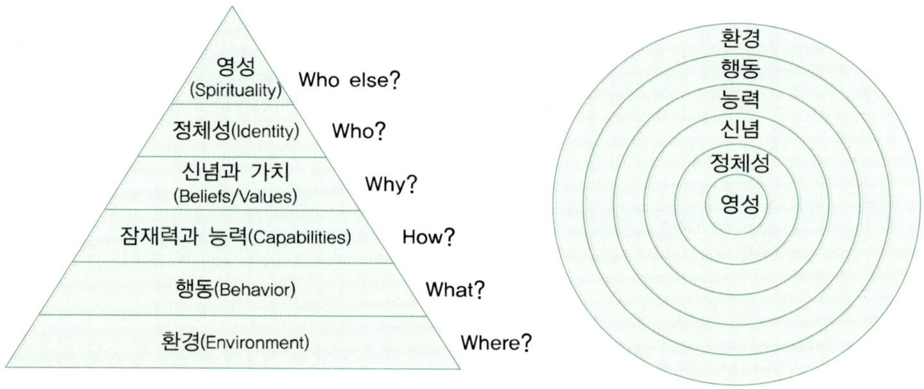

그림 5-1 변화의 신경-논리적 수준

3) 신경-논리적 수준 정렬 연습

신체적으로 여섯 단계의 신경-논리적 수준의 공간을 만든다. 즉, 영성-정체성-신념-능력-행동-환경의 순이 된다.

첫째, 나는 언제, 어디에 있을 것인가?(환경)

둘째, 내가 그 시간과 장소에서 (　　　　　)으/로서 활동할 때 나는 무엇을 하길 원하는가? 이런 행동을 할 때 누가 나에게 필요한 역할 모델, 혹은 멘토인가?

셋째, 내가 그런 행동을 할 때 어떻게 생각하길 원하는가? 그런 행동을 하기 위해서 무슨 능력과 기술이 필요한가? 누가 이런 능력과 기술을 가진 역할 모델, 혹은 멘토인가?

넷째, 왜 그러한 특별 행동을 함으로써 어떤 특별한 능력을 사용하길 원하는가? 내가 트레이너로서 활동하는 것이 나에게 어떤 가치를 주는가? 어떤 믿음이 나를 ( )이/가 되게 하는가? 누가 ( )으/로서 나의 모델, 혹은 멘토인가?

다섯째, 나는 ( )으/로서 자신을 어떤 메타포(은유)로 표현할 수 있는가?

여섯째, ( )으/로서 나는 누구에게 봉사할 것인가? 나의 사명은 무엇인가? 누가 나의 사명과 비전의 모델인가?

일곱째, 영성적 공간에 들어가서 그 상태를 앵커한다. 이때 생리적 경험, 멘토, 그리고 내부의 경험을 가지고 간다.

여덟째, 영성과 비전을 가지고 정체성의 공간에 들어가서 동시에 경험한다. 정체성 경험의 표상이 어떻게 확장되고 풍부해지는지를 의식한다.

아홉째, 비전과 정체성의 두 가지 경험과 멘토를 가지고 신념의 공간으로 들어간다. 이때 신념과 가치의 경험이 어떻게 풍부해지는지를 확인한다.

열 번째, 당신의 멘토와 비전, 정체성, 신념과 가치를 가지고 능력의 공간으로 들어간다. 그리고 당신의 내부에서 경험하는 당신의 능력이 어떻게 강화되고 변화하는지 경험한다.

열한 번째, 영성, 정체성, 신념, 능력 수준의 경험을 모두 가지고 행동의 공간으로 들어간다. 행동이 어떻게 당신 자신에 숨어 있는 높은 수준을 표현하고 반영하는지 살펴본다.

열두 번째, 당신의 멘토와 당신의 모든 수준을 가지고 환경 공간에 들어가서 경험한다. 그리고 어떻게 변하고 풍성해지는지를 경험하라.

2 긍정적 결과 각본 짜기

1) 긍정적 결과 각본 짜기의 개념

원하는 상태에 대한 목표를 설정하는 과정은 현재에 처해 있는 상황과 성취가 이루어졌을 때의 차이를 내담자로 하여금 확실하게 자각하게 해주어 결과가 이루어질 수 있는 선택을 하게 만든다. 또한 원하는 성과에 대한 구체적인 상태를 찾아가는 과정은 의식과 무의식을 함께 사용하게 만드는 강력한 자기 구조화 과정에 자극을 주게 되어 목표 달성에 대한 동기가 강화된다. 결국 목표를 설정하는 과정을 통해 우리는 인생의 의미와 방향을 보다 창조적으로 만들어 낼 수 있으며, 원하는 성과를 이루는 성공적인 삶으로 나아갈 수 있게 된다.

2) 성과에 초점을 둔 질문

질문의 유형은 성과에 초점(outcome frame)을 둔 질문과 문제에 초점(problem frame)을 둔 질문으로 구분할 수 있다. 긍정적 결과의 각본을 짜기 위한 질문의 유형은 성과에 초점을 둔 질문을 활용한다. NLP 상담자는 두 가지 질문 유형을 잘 알고 문제에 초점을 둔 질문보다는 성과에 초점을 둔 질문을 통해 내담자의 긍정적 결과 각본을 형성할 수 있도록 도와야 한다. 성과에 초점을 둔 질문과 문제에 초점을 둔 질문을 비교하면 <표 5-1>과 같다.

표 5-1 질문의 유형 비교

질문유형	성과에 초점을 둔 질문	문제에 초점을 둔 질문
질문의 예	• 무엇을 원하나요? • 그것을 어떻게 이룰 수 있나요? • 성과를 얻는 데 어떤 자원을 이용할 수 있나요?	• 무엇이 잘못이죠? • 왜 그것이 문제가 되죠? • 무엇이 문제를 일으켰나요? • 그것은 누구의 잘못인가요?

3) 원하는 목표에 대한 성과 구성

자신이 원하는 것이 무엇이며 가고 싶은 곳이 어디인 줄 아는 사람은 그 목적을 위해 결심을 하고, 능력을 기르고, 방법을 찾는 데 에너지를 쓰며, 원하는 성과를 얻게 된다. 목표에서 나타나는 성과 구성은 실제로 지각하는 경험을 어떻게 선택할 것이냐에 중점을 둔다.

(1) 1단계 : 목표 진술

목표를 "~을/를 하고 싶다"는 차원에서 구체적인 긍정문으로 진술한다. 당신은 구체적으로, 실제 행동 차원에서 무엇을 원하는가?(긍정문)

(2) 2단계 : 현재 상황

현재의 상황이 어떠한지를 진술한다. 앞의 목표를 추구하는 당신의 (부정적인) 현재 상황은 어떠한가를 설명한다.

(3) 3단계 : 결과 진술

구체적인 결과 진술(성과 : outcome)을 한다. 당신이 원하는 것을 성취할 때 무엇을 보고, 듣고, 느낄 것인가? 마치 현재 이루어진 것처럼 설득력 있게 진술하고 경험하라.

(4) 4단계 : 증거 제시

구체적인 증거를 제시한다. 목표를 성취했음을 확인해 줄 수 있는 확실한 구체적 증거 한 가지는 무엇인가?

(5) 5단계 : 주변에 미치는 영향력(ecology)

주변에 미치는 영향력을 확인한다. 목표 달성 시에 얻는 것은 무엇이며, 잃는 것은 무엇인가?

4) 자기변화를 위한 걸림돌 작업

걸림돌이란 내담자의 성장, 성취, 성공, 능력발휘, 행복, 건강을 방해하는 심리적, 신체적 제반 경험 및 현상들을 말한다. 예를 들면, 부끄러움, 소극성, 게으름,

완벽주의, 열등감, 불안증, 우울증, 충격적 기억, 질병 등이 될 수 있다.

표 5-2 자기변화를 위한 걸림돌 작업표

나의 걸림돌?	걸림돌의 출처 (시기와 상황)	걸림돌 때문에…	걸림돌이 없었더라면…	기 타

5) 목표설정 실습

NLP 상담자는 목표설정의 예를 참고하여 다음과 같은 순서로 목표설정 실습을 할 수 있다.

첫째, 당신은 구체적으로, 실제 행동 차원에서 무엇을 원합니까?(Outcome Frame)

- 목표 진술 :

둘째, 지금 당신의 현재 상황은 어떠합니까?

- 원하는 상태를 지금 못 이루게 하는 것은 무엇입니까
- 당신에게 원하는 성과를 가져오게 하는 자원이 있다면, 그것이 무엇일까요

셋째, 목표를 달성했다는 것을 어떻게 알 수 있나요(오감에서 일어나는 경험과 상황 진술)?

- 결과 진술 :

넷째, 목표를 달성했다는 것을 나타내는 구체적 증거는 무엇입니까?

- 증거 제시 :

다섯째, 목표를 달성했을 때 얻는 것은 무엇이며, 잃는 것은 무엇입니까?

- 얻는 것 :
- 잃는 것 :

여섯째, 목표가 달성되면 당신에게는 어떠한 의미가 있습니까?(Meta-outcome Frame)

- 자신과 주변에 미치는 영향 :

일곱째, 목표 설정을 하고 난 지금 당장 무엇부터 시작할 것입니까?(Planning Frame)

- 구체적 행동 :

읽기자료 3 목표설정의 예

1. 목표 : 나는 금년 말까지 현재보다 7kg 감량하여 날씬한 몸매를 만들고 싶다.
2. 현재 상황
   1) 나는 현재 몸이 무거워서 조금만 걷거나 움직여도 피곤하다.
   2) 어떤 옷을 입어도 맵시가 없어 속이 상한다.
      원하고 있는 상태를 못 이루게 하는 것 : 지나친 식욕
      성과를 가져오게 하는 자원 : 예전에 날씬 했을 때의 모습에 대한 기억과 사진
3. 결과 진술
   1) 몰라보게 날씬해졌다고 놀라는 친구들의 표정을 본다.
   2) 어떻게 체중을 줄였는지 물어보는 말을 많이 듣는다.
   3) 백화점에서 옷 고르는 일이 즐겁고 신난다.
4. 증거 제시
   1) 몸무게가 표시된 신체검사 결과표
   2) 평소에 입고 싶었던 날씬한 옷을 입고 웃음 짓는 컬러사진
   3) small 사이즈라고 적힌 옷에 붙은 치수표시
5. 목표 달성 후
   1) 얻는 것 : 자신감, 건강, 동작의 민첩함, 만족감
   2) 잃는 것 : 열등감, 피곤, 게으름과 나태, 우울함
6. 자신에게 주어지는 의미 : 목표 성취로 인한 자신감 회복
   주변에 미치는 영향 : 자신이 만족함으로 주위 사람들과 관계가 더욱 좋아짐.
7. 목표 설정 후 구체적 행동 : 채식위주로 식사하기, 매일 저녁에 1시간 정도 속보로 걷기, 오후 7시 안에 저녁식사 마치기

6) 성취 가능한 미래의 성과 만들기

NLP 상담자는 내담자에게 목표에 따르는 성과 구성 조사를 위한 다음과 같은 질문을 숙지한 후, 내담자가 자신의 성취 가능한 미래의 성과를 만들 수 있도록 도울 필요가 있다.

- 무엇을 원합니까? 어떻게 달라지고 싶습니까?
- 내가 원하는 것을 얻었다는 것을 어떻게 알 수 있나요?
- 원하는 것을 얻었을 때 내 삶이 어떻게 달라질 것인가?
- 원하는 것을 얻기 위해 어떤 자원이 필요한가?

- 갖고 있는 자원을 어떻게 하면 최선으로 활용할 수 있는가

내담자의 성취 가능한 미래의 성과 만들기를 위한 과정은 다음과 같다.

첫째, 이루고자 하는 성과에 대해 긍정적이며 구체적으로 진술한다.

둘째, 현재 상황을 구체적으로 진술한다.

셋째, 성과를 구체화 한다. 성과를 달성했을 때 알게 될 구체적이 감각표상을 확인하고 성과는 '마치 지금 ~인 것처럼'과 같이 현재형으로 구체화 되어야 한다. 또한 실현 가능성이 있어야 한다.

넷째, 증거 절차들을 구체화 한다. 즉, 성과가 이루어졌을 때 나타나는 현상을 구체적으로 떠올린다.

다섯째, 바람직한 가치에 일치하는 것으로 일관성이 있는 것이 되도록 한다. 이 성과로 무엇을 얻을 지와 어떤 일을 할 수 있게 될지를 확인한다.

여섯째, 성과는 자기 주도적으로 하고 자기가 유지할 수 있어야 한다.

일곱째, 성과가 맥락(언제, 어디에서, 누구와 어떤 상황)에 따라 적절한지 살펴본다.

여덟째, 어떤 자원이 필요한지 찾아본다.

아홉째, 반드시 주변에 미치는 영향력(ecology)에 미치는 영향을 검토한다.

- 그 성과가 이루어지면 어떤 일이 생길까?
- 그 성과가 이루어지면 어떤 일이 생기지 않게 될까?
- 그 성과가 이루어지지 않으면 어떤 일이 생길까?
- 그 성과가 이루어지지 않으면 어떤 일이 생기지 않을까?

3 모델링

1) 모델링으로서의 학습

인간이라는 존재로서 우리는 태어날 때부터 학습자로서의 재능을 부여 받았고,

성장할 때에는 주변의 걷고 말하는 사람들과 함께 있음으로써 걷고 말하는 것을 늘 보고 관찰함으로써 자연스럽게 학습한다. 예를 들어 아기가 성장하면서 조심스레 발걸음을 내디뎌 보고, 반복하여 넘어지는 가운데 더 이상 넘어지지 않으려고 의자나 사람들에게 기대는 과정을 계속함으로서 연습을 하는 과정이 모델링에 의한 학습이다. 성장하면서 자연적 학습과정을 주변의 부모나 또래의 영향을 받으면서 일련의 작은 성공과 실패로 재해석하기 쉽다.

부모와 또래로부터 받는 긍정적 강화(칭찬, 격려, 인정, 사랑)는 성공을 갈망하고 실패를 두려워하지 않으며, 부정적 강화는 잘못하는 것에 대한 두려움이 자연스러운 학습과정을 억제한다. NLP 상담에서 모델링은 어떠한 사람이 생각하는 사고 체계를 하나도 틀림없이 그대로 똑같이 생각하고 행동 한다면, 우리는 그 사람이 겪었던 과정과 결과를 그대로 얻게 된다는 것이다.

2) NLP 모델링의 배경

1972년대, Bandler와 Grinder는 '과학과 행동 도서출판사'의 사장 로버트 Spitzer 박사의 지도하에서 펄스의 강의나 세미나를 녹화한 비디오를 제작하고 출판하는 일을 하였다. Bandler가 산타크루즈 근교에서 하루저녁에 5달러가 부과되는 게슈탈트 참만남집단을 지도하기 시작하고 Grinder와 합류하여 어떻게 하는 것이 효과적인 방법이 될지, 스킬을 갖는 것과 스킬을 성공적으로 사용할 줄 아는 것 간에 차이를 알아보았다.

Bandler는 Grinder에게 어떻게 치료하는지 보여주기로 했고, 중요한 화법과 기법이라고 믿는 눈짓과 다른 음성 억양을 사용하는 것을 보여 주었다. Grinder는 Bandler의 지도로 2달 동안 목요일 저녁마다 반복기적 집단(repeat miracle group)이라고 부르는 그룹을 지도하여 삶의 기적을 경험할 수 있었다. 또한 Bandler는 Satir 프로그램이 진행되는 과정을 녹음하여 모니터하면서 Satir 기법을 알게 되고 3주 만에 습득하여 Satir 상담장면을 성공적으로 진행했다. 이와 같은 과정을 거치면서 Bandler와 Grinder는 Satir와 Perls의 완전히 다른 특성을 기초하여 효과적인 치료에 대하여 이중적으로 설명할 수 있게 되었다.

Bandler와 Grinder는 계속하여 에릭슨을 모델링함으로써 기존의 Satir와 Perls 기법체계에 풍부한 최면적인 기법을 새롭게 보탤 수 있었다. 이렇게 해서 비즈니스, 교육, 건강관리 등 모든 분야에서 뛰어난 성취를 이룩한 사람들의 스킬을 모델링하는 과정은 매우 생산적이며 초기시절 이래로 범위와 기법이 급속히 성장하고 발달하게 하였다.

3) 모델링의 과정

모델링은 NLP의 핵심이 되며 인간의 탁월성을 모사하는 과정이다. 모델을 보고 닮게 만드는 것으로 뛰어난 능력을 보이는 사람들과 동일한 방법으로 우리의 몸과 마음을 사용함으로써 즉각적으로 행동의 질과 결과를 높일 수 있다. 전체 모델링 과정의 3단계는 다음과 같다.

첫 번째 단계 : 모델이 당신이 하고자 하는 행동을 실행할 때 그와 함께해야 한다. 스킬을 사용하여 함께 있다고 상상-행동(무엇을) 따라 하기(관찰), 어떻게 하는지(내적 사고전략), 그것을 왜 하는지(신념과 과정)에 초점을 둔다.

두 번째 단계 : 모델의 행동의 요소를 체계적으로 도출한다. 당신이 얻는 결과에 있어서 차이가 생긴다면 모든 요소를 다 확보한 후에 꼭 필요한 것이 무엇인지 알기 위하여 한 가지씩 빼고 삭제한다.

세 번째 단계 : 다른 사람에게 스킬을 가르치는 방법을 설계하는 것이다. 훌륭한 교사는 좋은 환경을 만들어 내고 학생들이 원하는 결과를 얻는 방법을 가르치는 사람이다. 요약하면 당신이 신념, 생리적 반응, 구체적인 사고 과정과 특정 행동의 저변에 깔린 전략을 마스터할 수 있다면 어떤 행동이라도 모델링할 수 있다.

(1) 신념

신념은 인간의 삶에 많은 영향을 줄 뿐 아니라 경험의 질에 큰 영향을 미치기 때문에 신념을 모델링하는 것이 대단히 중요하다. 신념은 세 가지 종류로 구분될 수 있다.

첫째는 사물이나 현상에 대한 신념이다(개념).

둘째는 인과관계적인 것, 즉 무엇이 무엇을 유발하는가와 관련된 것이다(규칙) 셋째는 우리에게 진정으로 중요한 것은 무엇인가에 관한 것이다.(가치와 준거)

- 다른 사람의 신념을 모델링할 때 자신이 관심 가진 특정한 스킬 및 능력과 가장 크게 관련되고 그것들을 지지하는 신념에 초점을 두어야 한다.
- 신념을 알아내었다면 신념을 실험하고 실천해 본다면 그 차이는 아주 클 것이다.

(2) 생리적 상태

동조화(파동 동화)는 무의식적으로 자기 주변 사람들의 얼굴표정, 손과 몸의 움직임과 같은 것을 흉내 내거나 따라 하는 것을 말한다. 어떤 스킬을 바탕으로 다른 사람의 생리적 반응을 그대로 모델링 해 보는 것은 가장 중요한 부분이다. 예를 들어 뛰어난 스키선수를 모델링하는 경우에 먼저 스키 타는 장면을 관찰한다. 모델과 동일한 방식으로 자신의 몸을 움직일 수 있을 때까지 따라 할 것이다. 그 과정에서 모델이 하는 것을 그대로 하는 것이 어떤지 경험한다. 모델과 같이 되어 보거나 모델 속으로 들어가 보는 것에 대한 통찰을 얻게 된다. 다음으로 움직임, 자세, 숨쉬기 방식, 즉 거울반응을 해봄으로써 내부적인 면모를 모델과 똑같이 느끼게 될 것이다. 그 결과 그로서는 몇 년이나 걸려서 이룩한 훌륭한 스키선수의 자원에 쉽게 접근하고 찾아낼 수 있게 될 것이다.

4) 전략

(1) 전략의 단계

전략이란 어떤 과제를 수행하기 위해 사고와 행동을 어떻게 조직하는가에 해당하는 개념이다. 목적을 달성하기 위한 전략의 진행과정과 구성요소는 다음과 같다.

① 1단계 : 찾아내기(discover)이다. 개인의 전략-표상 체계, 내면의 영상, 소리, 느낌의 하위양식, 단계의 계열과 순서 등을 알아야 한다.

② 2단계 : 활용(utilization)이다. 전략이 유도된 순서와 계열에 따라 정보를 피드백 함으로써 전략을 활용하는 것이다.

③ 3단계 : 변경과 설계(change & design)이다. 피드백 받은 정보로 전략을 변경하는 것이며 전략 설계가 포함된다.

④ 4단계 : 설정(installation)이다. 필요하다면 새로운 전략을 설정하는 것이 좋다. 전략을 달리하면 세상도 달리 보이는 법이다. 전략의 예는 사랑, 결정, 동기, 긴장, 학습, 행복, 망각, 부모역할, 마케팅, 건강 등이다.

(2) 성공을 위한 레시피

질문과 관찰을 통해서 모델이 사용하는 표상체계가 무엇이며 어떤 순서로 사용되는지를 알게 될 것이다. 그리고 표상체계, 즉 VAK의 하위양식이 구체적으로 어떠한지에 대해서 질문해 본다. 질문을 하고 대답을 듣는 과정에서 그의 눈동자 접근단서와 빈사가 유용하게 활용될 수 있다는 사실을 알게 될 것이다.

전략에 있어서 감각은 외부로 향할 수도 있고 내부로 향할 수도 있다. 내적인 감각을 사용하는 것은 눈동자 접근단서를 통하여 기억(remember : r)하거나 회상, 창조하거나 구성(construct : c)해 내는지를 알아낼 수 있을 것이다. 전략은 성공적인 레시피다. 전략을 모델링하기 위해서는 표상체계, 표상체계의 양과 질(종속모형), 표상체계 사용의 순서가 필요하다.

① 1단계 : 특정한 시기나 상황으로 돌아가서 그때의 일을 생각해 보게 한다. 래포가 충분히 형성되고 확실한 연합된 일관성의 상태에 있도록 한다.

② 2단계 : 가장 먼저 떠오르는 것이 어떤 장면, 모습, 소리, 느낌, 기분, 생각이었는지를 물어본다.

③ 3단계 : 대답을 다 들은 후에 다시 그 다음에는 어떤 것이 떠올랐거나 어떤 생각이 났는지 물어본다.

④ 4단계 : 같은 방식으로 그 경험이 다 끝날 때까지 계속 같은 질문을 하면서 답을 들어 본다.

(3) 창의성 전략

Dilts는 월트디즈니가 사용한 전략 모형을 만들었다. 우리 모두는 우리가 원하는 것과 해야만 하는 것에 대해서, 그리고 앞으로 어떻게 많은 것이 달라질 수 있을까에 대해 꿈을 꾼다. 월트디즈니는 "이런 꿈들을 어떻게 실제 세상에서 실현할 수 있을까? 큰 꿈이 물거품이 되는 일을 어떻게 막을 수 있을까? 그리고 어떻게 그 꿈들이 비평가가 잘 수용하도록 확실히 할 수가 있을까?"라는 질문을 통해 영화에 대한 꿈을 비전으로 만들었다. 영화를 계획하고 제작에 필요한 돈, 시간, 자원들을 적절히 확보하였고, 영화의 성공을 위해서 모든 정보를 수집하고 실천함으로써 자신의 꿈이 현실이 되게 하였다. 월트디즈니는 몽상가, 현실주의자, 비평가의 입장을 모두 고려하였다. 구체적인 전략은 다음과 같다.

① 당신이 다루고 싶은, 혹은 해결하고 싶은 문제를 선택한다. 몽상가, 현실주의자, 비평가를 위한 지점이 될 것이다.

② 먼저 몽상가의 위치로 가서 역할을 잘 발휘할 수 있는 창조적이었던 때(몽상가, 접근)를 생각한다. 경험과 기분을 느껴 보면 몽상가로서의 지원과 전략을 현재 서 있는 그 자리에 앵커링된 곳이라고 할 수 있다. 창조적 참조경험 접근이 어려우면 도움을 줄 수 있는 적절한 메타포가 있을지 생각해 본다. 이제 당신이 원하는 만큼 꿈을 꾸고 상상을 해 보았다고 판단될 때 다시 현재 자리에서 벗어나 원래 위치로 돌아간다.

③ 당신이 어떤 계획에 대해서 주의를 기울이고 현실적인 입장에 있었던 때(현실가, 조직)를 생각하여 떠올리고 그때의 기억으로 돌아가 본다. 현실주의자 지점으로 가서 현실주의적 상태와 자원을 앵커링한다. 그러기 위해서 당시 경험을 떠올리고 느끼도록 한다. 그러한 경험을 충분하게 다시 체험 했을 때 그 곳에서 다시 원래의 자리로 나온다.

④ 평가단계로서 비평가의 입장(비평가, 평가)이다. 과거의 계획이 건설적인 방향으로 평가 했던 때, 계획 분석 시 약점도 보고 문제점을 찾아내었던 때를 기억해 본다. 비평가로서 경험했던 과거의 일을 재경험하면서 그 자리를 앵커링한다. 그때 들었던 소리를 듣고 또 느꼈던 것을 느낌으로써 앵커링

과정이 이루어 질 수 있다. 그러한 경험이 끝이 나면 다시 원래의 자리로 걸어 나온다.

⑤ 다시 몽상가의 자리로 들어가서 현실주의자와 비평가로 부터 당신이 학습한 것을 바탕으로 당신의 원래 계획을 창의적인 것이 되게 변화시킨다.

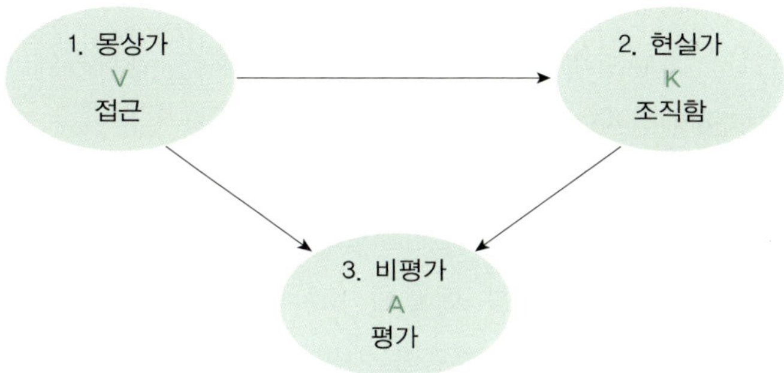

그림 5-2 월트디즈니의 창의력 전략을 위한 세 가지 위치

월트디즈니의 창의성 전략을 사용하기 위한 몽상가, 현실주의자, 비평가의 표현은 다음과 같다.

- 몽상가의 표현

'만약~이라면(하다면) 어떨까?'와 같은 표현으로 요약 될 수 있는 입장을 취한다.

- 현실주의자를 대변하는 표현

'어떻게 또는 어떤 방식으로 내가 이것을 해낼까?'이며 신체감각형으로서 '행동파'일 가능성이 크다.

- 비평가의 표현

'무엇이 부족할까? 나에게는 무엇이 득이 될까?'이며 비평가는 내부 대화에 의해 움직인다.

이제 그 계획이 사고의 세 가지 입장에서 보았을 때도 적합할 때까지 세 자리로 들어갔다 나오는 과정을 계속해 본다. 당신은 각각의 자리에서 각기 다른 생리적·신경적 경험을 하게 될 것이며, 세 자리를 이동하는 동안 연속성이 유지되도록 한다. 사고의 세 가지 방식들이 공간적으로 명확하게 분류될 때 각각은 서로 간의 방해나 간섭 없이 최선을 다 할 수 있다.

5) 모델링으로 돌아가기

전략에서 벗어나 모델링의 다른 측면에 대해서 계속 살펴봄에 따라 사람들이 어려움을 느끼는 메타인지(metacognition)라고 불리는 기술이다. '인지함을 인지하는 것' 또는 '알고 있음을 아는 것'이라고 정의할 수 있으며 자신이 수행중인 인지과정 자체를 인지하는 상위의 인지과정이라 할 수 있다. 메타인지 기술을 사용함으로써 자기가 수행한 과제를 어떻게 또는 어떤 식으로 하였는지에 대해서 인식할 수 있을 것이다. 메타인지 기술을 사용하는 능력을 가진 사람들의 예로는 달인, 자동차 운전, 악기 연주자 등이 있다.

6) TOTE 모형

(1) TOTE 모형의 개념

테스트(test)-조작(operate)-테스트(test)-나가기(exit)의 영어 단어의 첫 자를 합성한 개념으로 비교- 테스트, 조작-비교하고 테스트, 나가기-증거절차에 의해서 성과가 달성되었다고 판단될 때 최종적으로 순환에서 빠져나가는 것을 의미한다. TOTE란 1960년에 Miller, Galanter 및 Pribram에 의해 출판된 『행동의 계획과 구조(Plans and the Structure of Behavior)』에서 처음으로 사용된 용어이다.

(2) TOTE 모형의 원리

모든 심리 프로그램과 행동 프로그램은 정해진 목표와 그 목표를 성취할 수 있는 다양한 수단을 가져야 한다는 것이다. 이 모델은 우리가 마음속에(의식적이든 무의식적이든) 목표를 세우고, 그 목표가 달성되었을 때 Test를 거쳐 그것의 성취여부를 확인한다는 것을 전제로 한다. 만약 목표가 성취되지 않았다면 목표를 성취하기 위해 어떤 것을 수정하거나 다른 어떤 것을 행하도록 조작한다(Operate). 시험(Test)을 통과하면 다음 단계로 물러난다(Exit).

4 변화를 위한 심리치료

1) 상담자의 두 가지 필수적 측면

상담자가 내담자의 삶을 변화시키도록 돕는 데 있어 두 가지 필수 측면이 있다. 첫째는 관계의 측면으로 신뢰의 분위기를 확립하기 위해 래포를 형성하고 유지하는 것이다. 둘째는 일관성의 측면으로 자신이 사용하는 기법이 효과를 발휘할 수 있다고 믿는 차원에서 내적 생각과 외적 행동이 같게 행동하는 것이다.

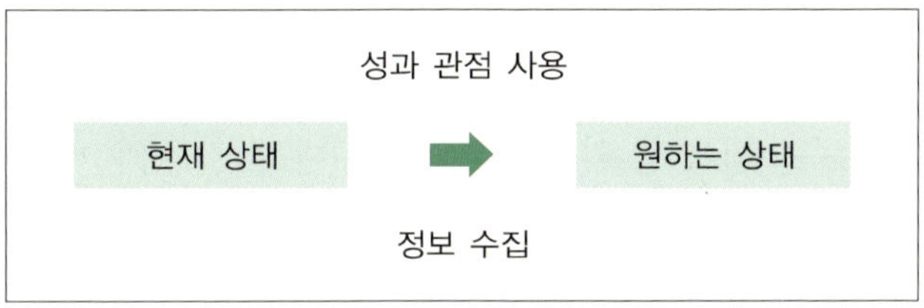

그림 5-3 현재 상태에서 원하는 상태로 가기 위한 전략

2) 일차원적 변화

일차원적 변화(first order change)란 현재 상황에서 경험하고 있는 문제 상태와 다른 상태를 경험하는 것, 또는 현재와는 다른 반응을 할 수 있게 하는 것을 말한다. 단일의 성과를 통한 일차원적 변화의 예로는 우울 상황에서 웃음을 되찾는 것이 된다.

일차원적 변화를 위한 기법에는 관점 바꾸기, 앵커링 기법(붕괴 앵커, 누적 앵커, 연쇄 앵커 등), 새 행동 창조 기법, 심상예행연습 기법, 개인사 변화 기법, 시각/신체감각 분리 기법 등 다양한 기법이 있다.

3) 이차원적 변화

이차적 변화(second order change)는 다중 결과들이 있고 이차적 고려 사항이 개입되어 있을 때 적용되는 개념으로 모든 치료는 이차원적 변화를 포함한다. 이차원적 변화는 숨겨진 이차원적 성과의 힘이 너무 커서 그것이 표면적인 성과의 달성을 방해할 정도가 될 때 필요한 것이다.

4) 내적 갈등의 해결

서로 다른 생각들이 갈등 중에 있다면 우리 성격의 서로 다른 분아들 간에 협상기술이 필요하며, 이때 문제 해결이란 현재의 분아들 간의 균형 또는 조화 상태를 이룩하는 것이다. 갈등적인 욕구를 가진 다른 분아 때문에 방해를 받는 상황에서, 갈등 중인 두 분아 간에 제대로 타협을 이루지 못하고 어느 한쪽의 A 분아에게 양보하는 결정을 내릴 경우, 욕구 충족이 된 A 분아는 기분이 좋겠지만 반대쪽 B 분아는 기분 나쁠 수 있다. 결국 어떤 활동도 즐겁지 않게 된다. 이럴 때 필요한 것은 갈등을 멈추기 위한 휴전이다. 내적 갈등의 해결을 위한 절차는 다음과 같다.

① 분아들을 분명히 규정하고 그 분아들을 구분한다. 각각의 분아는 다른 분아들에 대해서 부정적인 평가를 내릴 수 있다. 어떤 분아들은 부모의 가치관에 기초하여 확립되었기에 당신 자신의 삶의 경험에 근거하여 확립된 분아들과 쉽게 공존하지 못할 수도 있다. 모든 분아는 나름대로 가치 있는 것을 갖고 있다.
② 각각의 분아의 명확한 표상을 파악한다. 각 분아의 표상을 시각, 청각, 신체감각적 차원에서 충분히 그린다. 각 분아로 하여금 과거와 미래를 중심으로 각각의 시간선을 조사하도록 해본다. 그 시간선을 기초로 하여 각 분아가 자기 자신, 자기의 개인사, 시간선의 방향을 확인해 볼 수 있도록 한다.
③ 각 분아의 의도를 발견한다. 각각의 분아는 나름대로 긍정적 의도를 가지고 있음을 인정한다. 각각의 분아는 공동의 성과를 이룩하고자 하는 점에서 동

의를 하므로 상향 유목화를 함으로써 각 분아에게서 높은 수준의 의도를 각각 찾는다.

④ 협상한다. 각 분아가 필요한 것이 있을 때 즉, 신호를 주겠다는 것에 합의하도록 한다. 그들이 필요로 할 수 있는 것의 예는 더 많은 시간, 허용, 관심, 인정 등이다.

⑤ 각각의 분아에게 공동의 문제를 해결하기 위하여 서로 협조하고 분리하거나 갈등하지 말고 기꺼이 통합할 수 있겠는지 물어본다. 분아들이 모두 서로 통합하기를 원한다면 당신이 허락하는 방식으로 당신의 몸에서 신체적 반응을 보이도록 한다. 새롭게 통합된 하나의 분아의 이미지, 소리, 느낌을 만들고 그것을 당신에게 적절하다고 느껴지는 속도만큼 빠르게 당신 자신 속으로 받아들인다. 새로운 분아는 당신의 시간선을 회상하면서 새롭게 얻은 지식과 이해에 비추어 과거의 사건과 경험에 대해서 관점 바꾸기를 함으로써 그것을 새로운 관점에서 바라보게 될 것이다.

분아협상은 심층적 수준에 있는 갈등을 해결하기 위한 강력한 수단이다. 갈등을 사라지게 할 수는 없으므로, 제한된 범위 내에서 분아 간에 다시 조화와 균형을 잡게 하는 것은 건강하고도 필요한 것이다.

5 배움의 단계

1) 학습하는 방법의 학습

학습하는 것을 배우는 것(learning to learn)은 교육에 있어서 가장 중요한 기술이며 유치원부터 가르칠 필요가 있다. 효율적인 전략은 학습이 쉽게 이루어지도록 하며 반대로 비효율적인 전략은 학습을 어렵게 만든다. 학생을 가르칠 때 교사는 학생들과 래포를 형성하고 맞추기(pacing)를 하며, 정보를 잘 이해하기 위하여 최선의 전략이나 몸과 마음을 사용하는 법을 알 수 있도록 이끌기(leading)

를 할 수 있어야 한다.

많은 학과목은 지루함과 재미없음에 앵커링 되어 있다 그래서 교사는 학생들이 공부하는 교과목 내용들이 학생들에게 충분히 동기부여가 될 수 있도록 새로운 학습전략을 마련해 줄 필요가 있다. 그렇게 된다면 대부분의 학생들은 현재보다 더 빠른 시간 안에 학습의 성과를 올릴 수 있게 되지 않을까. 그런 이유 때문에 학습에 대한 동기 부여와 학습전략의 필요성과 가치가 더욱 절실히 요구된다.

2) 가속학습

모델링 언어에서 발전된 보다 세련된 모델링 기술이 있다. 직관에서부터 시작하여 분석을 하는 것이 곧 모델링과 가속학습의 기본이다. 가속학습은 어떤 것을 하는 법을 학습한 후에 그것을 어떻게 하는지에 대해 학습하는 것이다. 안정되고 일관되게 학습내용을 잘 익혔을 때, 의식적 마음자원을 조사해 보면 학습된 것이 공고히 잘 파지되고 있다는 것을 알 수 있다.

3) 배움의 네 가지 단계

NLP 상담에서는 사람이 무엇인가를 배워 그것을 몸에 익히는 과정을 네 가지 단계로 나누고 있다. 무의식적 무능감, 의식적 무능감, 의식적 유능감, 무의식적 무능감의 4단계이다.

(1) 1단계 : 무의식적 무능감(unconscious incompetence) 단계

아직 무엇을 하고 싶은지 정해지지 않았고 자신의 능력도 모르는 상태이다.

(2) 2단계 : 의식적 무능감(conscious incompetence) 단계

무엇인가 하고 싶은 것을 정했지만 행동을 시작하지 않았으므로 아직 능력이 발휘되지 못하는 상태이다.

(3) 3단계 : 의식적 유능감(conscious competence) 단계

하고 싶은 것을 정하여 배운 내용을 의식하면서 반복하여 사용하는 상태이므로 필요한 능력이 발휘되는 상태이다.

(4) 4단계 : 무의식적 유능감(unconscious competence) 단계

배운 것이 몸에 익어 무의식적으로 자연스럽게 그것을 사용할 수 있는 상태이다. 예를 들어, 자전거 타게 되는 과정을 생각하면 이해하기가 매우 쉬울 것이다. 처음에는 자전거에 대하여 흥미가 없으므로 당연히 타고 싶은 마음도, 탈 수도 없다. 이것이 '무의식적 무능감 단계'이다. 그 다음, 자전거를 타고 싶다고 생각하여 자전거를 사서 타 보려고 의식하지만 아직 탈 수 없는 상태가 '의식적 무능감 단계'이다. 그러고 나서 자전거를 탄다고 의식하면서 연습하는 가운데 실제로 탈 수 있게 되는데, 이것이 바로 '의식적 유능감 단계'라고 할 수 있다. 끝으로 자전거 타기가 몸에 익숙해지면 몸이 알아서 기억하여 어떻게 움직여 자전거를 타는지 각 동작을 일일이 의식하지 않아도 자연스럽게 탈 수 있게 되는데, 이 상태를 '무의식적 유능감 단계'라고 할 수 있다. 이렇게 자전거 타기처럼 NLP 또한 우리가 배우기를 꾸준히 연습한다면 짧은 시간 내에 무의식적 유능감 단계까지 발전해 나갈 수 있을 것이다.

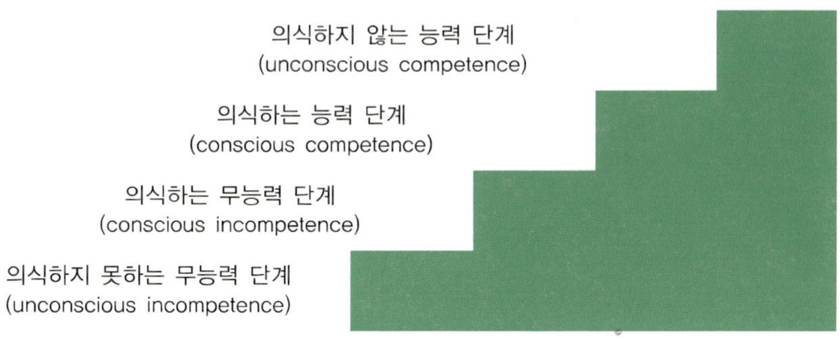

그림 5-4 배움의 4단계

4) 배움의 4단계 실습

배움의 4단계를 우리의 일상생활에 적용해 보자. 앞으로 어떤 것(악기연주, 문서처리, 업무처리, 빵 만들기 등)을 달인처럼 익히고 싶은 것이 있다면 그것을 가지고 배움의 4단계를 거쳐 최종 4단계에 이르렀을 때 어떤 수준까지 될 것인지를 상상하여 기록하여 보자.

달인처럼 되고 싶은 것	
1단계 : 무의식적 무능감	
2단계 : 의식적 무능감	
3단계 : 의식적 유능감	
4단계 : 무의식적 유능감	
활동을 통해 내가 실천하고 싶은 점	

활동 과정과 관련 지워 자신의 느낌이나 생각 또는 하고 싶은 이야기를 자발적으로 이야기하도록 한다. 토의가 끝난 후에는 오늘의 실습을 통해 새롭게 발견한 것이나 그 밖에 각자가 배우게 된 점을 자유롭게 발표하도록 한다. 발표가 끝나면 상담자는 오늘의 전체 활동 내용을 정리하고 간단히 평가한다.

Chapter

06

메타모델

얼음을 깨는데 망치가 필요하지 않다. 예리한 바늘로 한방에…….

—심교준—

1 메타모델 위반과 반응

1) 메타모델의 이론적 배경

인류학자이자 커뮤니케이션의 이론가인 Bateson은 뛰어난 상담자나 치료자들이 공통적으로 매우 빠른 순간에 내담자와의 사이에 래포를 형성해서 호감과 신뢰를 구축시키고 치료를 한다는 사실을 발견하였다. 그들이 공약수와 같은 요령을 체계화해서 그것을 마스터하면 심리요법으로 더없이 강력한 치료효과를 발휘하지 않을까 하는 발상이 NLP를 탄생시킨 동기가 된 것이다(전경숙, 2012; Dilts, 1983). 이들이 시도한 것은 새로운 치료학파나 이론을 주장하려는 것이 아니라 각각의 기존 치료에서 효과가 어느 정도 검증된 기술과 기법들을 하나의 세트로 종합해 보려는 것이었다.

이 세트를 그들은 메타모델(meta-model)이라고 하였으며 이 메타모델에는 두 가지 특징이 있다. 첫째는 그것이 영어를 모국어로 사용하는 사람에게는 그냥 직관적으로 이해된다는 것이고 둘째는 그것이 학습 가능한 명백한 모델이라는 것이다. 여기에서 고찰하게 될 메타모델의 주요 아이디어는 언어형태 변형론에서 개발된 형태모델이론에서 얻었다. 그러나 언어형태 변형모델은 인간이 변화하는 과정에서 직접적으로 해답을 주는 것은 아니므로 치료를 위한 메타모델을 만드는 데는 언어이론을 그대로 사용할 수는 없다. 그래서 Bandler와 Grinder는 언어형태 변형모델 중에서 그들의 목적에 맞는 부분만을 발췌하고 치료라는 목적에 적합한 체계로 그것들을 재정립하였다(Kostere & Malatesta, 1990).

2) 메타모델의 개념

내담자의 어떤 변화를 일으키기 위해서 상담은 언어를 매개로 하게 된다. 상담자와 내담자가 사용하는 언어 중에는 상담자의 질문과 내담자의 응답이 많은 부분을 차지하며, 상담자와 내담자 사이에 오고가는 언어, 특히 두 사람 사이의 질문과 응답에 사용된 언어를 분석해 보는 것은 상담 연구에 필수적이라 할 수 있다. 그리고 성공적인 상담자와 내담자 사이에 일어났던 언어 상호작용을 체계적으로 분석하는 것은 상담학의 이론과 실제에 많은 도움이 될 수 있다고 본다. 이 점에서 Bandler와 Grinder는 지대한 공헌을 하였다(김계현, 1996). 언어를 사용할 때는 말이라는 추상적인 차원에서 시작하여 그 말의 근거가 되는 구체적인 경험으로 이동하게 된다. 그 과정에서 우리는 자신이 어떻게 경험을 왜곡하고 삭제하고 일반화시키는지를 발견하게 된다. 이를 위해 Bandler와 Grinder(1975)는 NLP 분야에서 처음으로 일련의 질문을 개발하였는데, 이것을 메타모델(meta model)이라고 한다(O'Connor & McDermott, 1996). 메타모델(meta model)이란 뛰어난 심리치료 전문가이자 게슈탈트 치료의 창시자인 Perls와 가족치료로 유명한 Satir가 정확한 정보를 얻기 위하여 질문하는 데 사용했던 언어패턴으로 Grinder와 Bandler가 모델링한 것이다.

메타모델은 누군가의 말이나 글에서 나타나는 삭제, 왜곡, 일반화가 현실에서 어떻게 작용하게 되는지를 밝혀 주며, 사실에 대한 경험을 보다 구체화시키고 명료화시키는 언어 도구라 할 수 있다. 결론적으로 메타모델은 상대방으로 하여금 사실에 대한 인식을 바로 잡아 문제 상태에서 벗어나게 하는 기법이다.

메타모델에는 메타모델 위반과 메타모델 반응이란 것이 있다(설기문, 1997). 메타모델 위반은 내담자의 심층구조가 제대로 표출되지 않음으로써 그의 내적 경험이 제대로 이해되지 않는다. 즉, 표층 구조는 언어적 표현의 한계 때문에 심층구조를 완벽하게 반영하지를 못한다. 그래서 사람은 언어의 한계에 스스로 제한을 받게 된다. 이러한 과정이 일어나게 하는 메타모델의 언어유형을 메타모델 위반이라고 한다. 다음으로 메타모델 반응은 메타모델 위반의 상황에서 심층구조를 찾아내기 위한 수단으로 내담자에게 위반을 지적하고 도전하여 질문하는 것을 말한다. 이로써 내담자로부터 보다 완전한 내적 경험에 대한 정보를 얻을 수 있을 뿐만 아니라 그가 스스로의 언어적 표현으로 인해 얼마나 성장과 변화에 방해를 받고 있는지를 알게 하도록 할 수 있다.

3) 메타모델 위반과 반응

메타모델에는 메타모델 위반과 메타모델 반응이 있다. 마음의 표층구조는 언어적 표현의 한계 때문에 심층구조를 완전하게 반영하지는 못한다. 그러므로 사람들은 자신의 내적 경험이 제대로 이해되지 않은 상태에서 자신이 표현하는 언어에 의해 스스로 영향을 받게 되어 지각의 폭을 제한하게 된다. 이러한 과정이 일어나게 하는 언어패턴을 메타모델 위반(meta model violations)이라고 한다.

메타모델을 위반하여 스스로 문제 상태에 갇힌 상대방의 심층구조를 찾아내기 위한 수단으로 상대방에게 메타모델 위반을 찾아내어 도전하는 질문을 메타모델 반응(meta model response)이라고 한다. 위반에 반응하는 질문을 통해 문제 상태에 있는 상대방의 내적 경험에 대한 보다 완전한 정보를 얻을 때 문제 해결이 가능해지며 상대방으로 하여금 자신의 잘못된 언어패턴이 사실을 얼마나 많이 왜곡하여 생각과 행동의 폭을 제한하는지를 깨닫도록 하는 데 의미를 둔다. 우리는 외부 세계로부터 각종의 정보와 자극을 받아들임으로써 나름대로의 세계 모형을 형성하게 된다.

4) 메타모델의 상담과정에 활용 방안

메타모델은 상담과정에서 내담자의 언어표현에서 삭제, 왜곡, 일반화 현상으로 나타나게 된다. 그의 표층구조는 정보수집, 제한확대, 의미변화의 메타모델 기술을 사용하여 심층구조를 찾아내고 심층구조의 보다 깊은 이면에 있는 내담자의 내적 경험을 탐색하게 하여 스스로 통찰을 가져오게 되면 내담자의 변화는 뒤따르게 된다. 상담과정에서 상담자가 내담자의 언어분석을 위해 사용하는 메타모델의 상담과정에 활용 방안은 다음과 같다.

첫째, 메타모델은 상담과정에서 내담자의 언어표현이 의미하는 것을 정확히 이해하여야 할 때 상담자에게 수준 높은 정보 수집을 가능하게 한다.

둘째, 메타모델은 상담과정에서 상담자가 내담자의 언어표현의 의미를 명확히 할 수 있도록 한다. 상담자는 메타모델 기술을 사용하여 내담자로 하여금 자신에 대한 이해와 주위 사람 또는 자기세계와의 관계를 어떻게 하고 있는가를 탐색하게 하여 내적 성장을 계속하게 되는 것이다.

셋째, 메타모델은 상담과정에서 상담자가 내담자의 제한적이고 경계선을 둔 언어표현을 확대시켜 행동 대안을 마련하고 다양한 선택을 가능하게 한다. 신념이나 보편화나 명사화로 규정짓는 것은 모두 제한을 가하는 것이다. 제한은 말에 있는 것이므로 세상에 있는 것이 아니다. 예외나 다양한 결과를 찾아내고 메타모델 기술을 사용하여 질문을 하는 것은 내담자의 삶의 넓은 영역을 개방하게 한다.

메타모델은 사람의 사고의 의미를 명시하고 제한된 것을 제시해 주는 정보를 수집하기 위한 기술이다. 메타모델을 사용할 때 너무 많은 정보를 가지면 실제 많은 위험이 있을 수 있다. 상담자는 이러한 점에 주의를 기울일 필요가 있다. 따라서 상담과정에서 상담자는 내담자와 상호 동의한 결과(outcome)와 래포가 이루어져 있는 상황 속에서 메타모델 기술을 사용해야 한다. 내담자는 반복되는 질문을 억압으로 경험하기 때문에 메타모델 기술을 사용하여 질문을 할 때 직접질문을 사용하기보다는 간접질문을 사용할 필요가 있다.

2 삭제, 왜곡, 일반화

세계 모형의 형성 과정에는 삭제(deletion), 왜곡(distortion), 일반화(generalization) 등 세 가지 법칙이 적용된다. 이것들은 외부의 정보를 받아들이고 저장하는 원리이고 법칙이다. 보다 구체적으로 말해서 우리는 외부의 정보를 세 가지 법칙에 따라 걸러서 받아들이고, 그것에 기초하여 세계 모형을 만들어 가게 된다. 그러므로 이 세 가지는 일종의 문지기라고도 한다. 따라서 상담과정에서 내담자 언어표현에서 나타나는 삭제, 왜곡, 일반화 현상을 처리하기 위한 메타모델 기술의 효용성과 시사점을 탐색하기로 한다.

1) 삭제(deletion) 현상의 분석

대부분의 상담과정에서 한 가지 공통점 중의 하나는 내담자와 상담자 간에 언어적인 소통을 한다는 점이다. 이때 상담자는 왜, 무엇을 위해서 내담자가 치료를 받으러 왔는지, 어떤 변화를 원하는지, 즉 내담자가 어떤 모델을 가지고 있는지를 치료자가 알아내고자 한다는 것이다. 그런데 내담자가 세상에 관한 자기의 모델을 상담자에게 이야기할 때 이른바 표층구조(surface structure)를 사용한다. 이 표층구조에는 종종 삭제가 일어난다. 예를 들면, '나는 싫어요.'라는 말에는 '무엇이', 혹은 '누가', 즉 싫어하는 대상이 생략되었다.

내담자들이 자기의 모델을 언어적 표상(representation)에 의해 상담자에게 전달하는 방식에는 바로 이 삭제와 같은 보편적 언어현상이 내재되어 있다. 표층구조는 더 완전한 표상, 즉 심층구조(deep structure)로부터 나온 것이다. 다시 말하면 내담자의 입을 통해 표현된 언어를 표층구조라고 부르며 거기에는 많은 것들이 생략되고 삭제되어 있다. 이 삭제현상은 의사소통의 보다 쉽게 하기 위해서 발생하기도 하며 경우에 따라서는 세상에 관해서 갖고 있는 모델 자체에 삭제 현상이 발생하기도 한다. 이렇게 내담자의 내적 경험에 삭제된 부분이 있을 때 이것을 빈곤한 모델(impoverished model)이라고 부르며, 빈곤한 모델은 곧 제한된 행동선택을 의미한다. 바로 이 삭제되었던 부분들을 되찾을 때 내담자에게 변화가 일어나기 시작한다(김계현, 1995; 전경숙, 2002).

상담자로서 우선적으로 해야 할 일은 내담자의 표층구조가 심층구조를 완전하게 표출 또는 나타내 주었는지를 알아차리는 것이다. 이런 때 상담자는 경험을 바탕으로 한 고도의 직관과 직감을 사용하기도 하고 메타모델을 사용하기도 한다. 메타모델과 상담자의 직관은 상호 독립적인 것이 아니라 함께 사용되는 것이다. 만약 내담자가 '싫어요'라는 말을 사용하여 또 다른 문장들을 만들어 내거나 명사를 붙일 수 있다면 내담자가 말한 '나는 싫어요.'는 불완전한 표층구조이다.

이런 상황에서 상담자는 세 가지 중 한 가지를 선택할 수 있다(O'Connor & Seymour, 1990). 즉, 내담자의 빈곤한 모델을 그냥 받아들이든지, 삭제된 부분을 내담자에게 물어보든지, 삭제된 부분이 무엇일지 추측해 볼 수 있다. 그렇게 함으로써 내담자는 자기발견과 변화의 과정을 겪기 시작하고 세상에 관한 자기의 모델을 확장하기 시작한다. 상담자에게는 또 한 가지 선택이 있는데, 이것은 내담자의 표층구조에서 생략된 부분을 자신의 경험과 직관에 의해서 생각해내는 것이다. 이때 치료자는 추측을 하거나 해석을 할 수 있다. 그러나 어떤 형태의 추측과 해석이든 다를 수 있다는 것을 잊어서는 안 된다. 그래서 해석을 할 때 내담자의 안전을 위한 장치를 필요로 하는데, 그것은 내담자로 하여금 상담자의 해석한 문장으로 말하게 해서 상담자의 해석이 내담자의 심층구조에 비추어 정확하고 말이 되는지를 확인하도록 하는 것이다.

이때 상담자는 내담자에게 상담자의 짐작과 해석을 담은 내담자의 표층구조를 말해 봄으로써 그것이 자기의 심층구조를 충실히 반영하는지 본다. 내담자의 처음 언어표현, 즉 표층구조에서 삭제되었던 부분을 상담자가 정확하게 알아차려서 메워 주는 경우 내담자는 일종의 일치감을 느끼거나 자기가 이해 받았다는 느낌을 받을 수도 있다. 그러나 상담자의 해석이 맞지 않을 경우에는 메타모델 기술들을 사용해서 내담자의 모델에 합당하는 부분을 이끌어 내도록 해야 할 것이다.

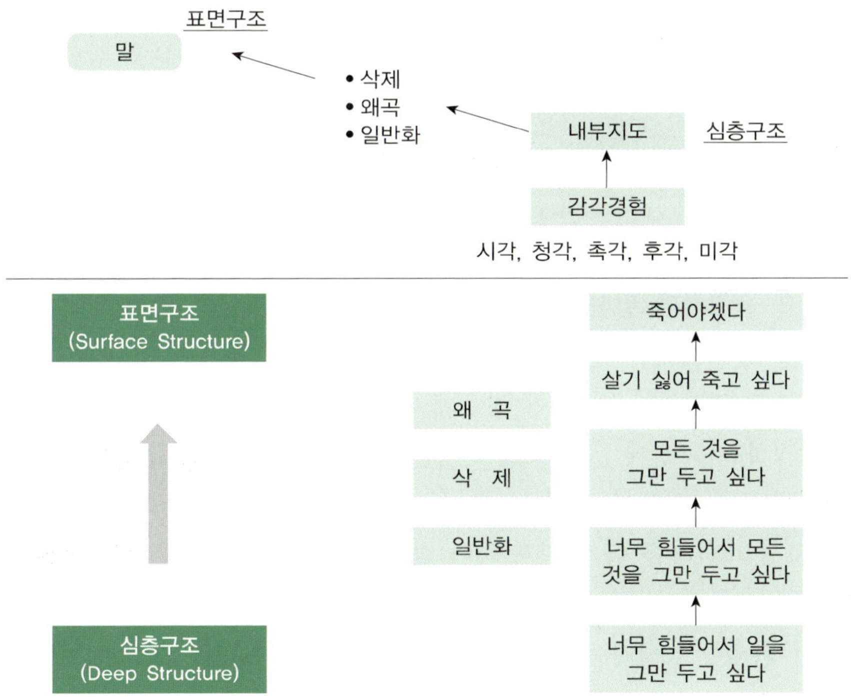

그림 6-1 표층구조와 심층구조

2) 왜곡(distortion) 현상의 분석

왜곡에는 과정을 사건화 하는 현상과 의미론적인 왜곡 현상을 들 수 있다(김계현, 1996). 먼저 과정을 사건화 하는 현상을 살펴보기로 한다. 사람들을 꼼짝 못하게 하는 한 가지 방법은 진행과정에 있는 일을 이미 끝난 사건으로 규정짓는 것이다. 여기에서 사건이란 한 시점에서 발생하였다가 이미 끝난 것을 의미한다. 그것은 일단 일어나면 고정되어서 아무 것도 변화될 수 없는 것으로 규정된다. 이런 식으로 내적 경험을 표현하면 내담자는 현재 진행 중인 것을 마치 자기가 조절하거나 통제하지 못할 것이라는 느낌을 갖게 된다. 이와 같이 과정이 사건화 하는 현상에 관해서 언어학자들은 명사화(nominalization) 현상이라고 하였다(Kostere & Malatesta, 1990).

내담자가 과정적인 것을 사건으로 표현할 때 그 왜곡된 부분을 상담자가 직면시킬 수 있으려면 내담자의 표층구조에서 나타난 명사화 현상을 알아차릴 수 있어야 한다. 그렇게 하기 위한 한 방법으로서 내담자의 표상구조 즉 말해진 문장에서 동사 혹은 형용사로도 표현할 수 있는 비동사나 비형용사 단어가 있는지 체크해 보는 것이다. 예를 들면, 내담자가 담임선생님에게 자신의 진로와 관련한 자기 생각을 솔직하게 말하지 않기로 마음을 먹는 것이 옳은지에 관해 이야기하면서 그것을 결정이라는 단어를 사용하여 "나는 나의 결정을 후회합니다."와 같은 표상구조로 말할 수 있다. 이 경우에 사실상 내담자의 마음은 결정된 상태가 아니라 결정하는 과정에 있으므로 그것은 바로 왜곡된 명사화이며 상담자는 그것을 발견해낼 수 있어야 한다.

상담자로서 내담자를 돕기 위해 해야 할 일은 내담자가 방금 이미 끝난 사실로 표현한 것이 아직 그의 통제권 안에 들어 있는 과정적인 것임을 이해시키는 일이다. 그러기 위해서 상담자는 내담자에게 자기의 결정에 대해 느낌이 어떤지 물어본다. 이때 내담자가 "불만족스럽다."라고 대답한다면 상담자는 다시 내담자에게 "당신을 결정을 다시 생각하지 못하도록 방해하는 것이 무엇입니까?"라고 물어본다. 이런 방법으로 상담자는 메타모델의 기술들을 계속 사용할 수 있다. 다시 말하면 상담자는 내담자의 언어표현 중에서 이미 끝난 사건을 현재 진행 중인 과정으로 재조정하는 것이다. 또한 상담자는 "당신은 이미 결정을 내린 것으로 이야기하는데, 결정을 변경시킨다면 어떤 일이 일어날지 상상해 보세요."라는 방식으로 내담자를 직면시켜 볼 수 있다. 내담자는 상담자의 이러한 일련의 질문에 대해서 답변할 것이고 이러한 메타모델 기술의 시도는 내담자에게서 어떤 변화를 초래하기 위한 방향으로 계속하게 된다.

다음으로 의미론적 왜곡은 내담자가 경험을 언어로 표상화하는 과정에서 어떤 식으로든지 경험의 본질과는 다르게 비틀어지는 것을 말하는데, 그 결과로 내담자의 능력은 제한을 받고 고통을 받을 가능성은 증가한다. 다시 말해서 내담자의 심층구조가 왜곡되어 있는 경우를 가리킨다. 사람들이 자기의 모델을 왜곡하여 고통을 '창조'하는 방식 중의 하나는 자기가 갖고 있는 통제력을 외부에 전가하려는 것이다.

이런 현상은 "내 몸무게가 65kg인 것은 내 남편이 그렇게 만들었기 때문이다."와 같이 의미론적으로 문제성을 갖고 나타난다. 하지만 어떤 사람이 타인의 체중을 결정하거나 그렇게 되도록 만든다는 것은 불가능하다. 체중은 수많은 요소들이 연합된 변수들에 의해서 영향을 받는 것이기 때문이다. 또한 이런 왜곡의 예를 보면, "남편이 저를 미치게 만들어요.", "애 아버지 때문에 미치고 환장하겠어요."라는 왜곡은 어떤 사람이 다른 사람의 감정을 일으키는 원인이 됨을 의미한다. 그러나 의미론적으로 볼 때 이 말에는 문제가 있다. 즉, 한 사람이 다른 사람의 감정 상태를 만들어 낸다는 것은 불가능하기 때문이다.

이 말을 잘 분석해 보면, 한 사람이 어떠어떠한 행동을 했다는 상황적 조건이 있고 그것에 대해서 아내에게 분노라는 감정의 반응이 생긴 것이다. 이러한 내담자의 언어표현에는 내담자가 자기감정의 책임을 남, 즉 외부의 탓으로 전가시키는 심리모델을 발견할 수 있다. 타인의 행동이 나의 감정을 일으키는 직접적인 원인은 아니다. 감정은 내가 갖고 있는 모델로부터 생성되는 반응이며, 그것은 어느 정도 자의에 의해서 조절될 수 있는 것이다. 내담자들은 이러한 자기감정에 대한 본인의 책임 및 자체조절 가능성을 부정한다. 이런 경우 상담자는 내담자로 하여금 자기감정에 대한 책임과 자체조절 가능성을 받아들이도록 돕는 것이다(김계현, 1995).

3) 일반화(generalization) 현상의 분석

내담자의 모델을 빈곤하게 만드는 또 하나의 원인으로 일반화를 들 수 있다. 내담자의 언어표현에서 그것이 지칭하는 바가 명확하게 밝혀져 있지 않았을 때 그의 모델에는 결핍이 발생하는 것이다. 이 일반화에는 크게 보아 두 가지 현상이 있는데, 하나는 명사의 일반화이고 다른 하나는 동사, 형용사의 일반화이다(Kostere & Malatesta, 1990).

먼저 명사의 일반화 현상을 살펴보기로 한다. 내담자의 심층구조를 탐색해 나가는 과정에서 상담자는 내담자의 모델을 점점 더 확실하게 이해하게 되지만 종종 이런 경우가 생긴다. 예를 들면, 내담자가 "나는 싫어요."라고 진술하고, 상담자가 메타모델 기술을 사용하여 "구체적으로 무엇이, 누가 싫은데?"라고 질문한다. 여기에서 "사람들이요."라는 내담자의 언어표현, 즉 표층구조는 아직 불분명한 데가 있다.

이때 상담자는 세 가지 선택을 갖고 있다(김계현, 1995). 구제적인 내용을 보면, 첫째는 내담자의 표층구조를 불분명한 상태로 두는 것이고, 둘째는 메타모델을 사용하여 내담자의 심층구조를 더 탐색하는 것이고, 셋째는 직관을 사용하여 해석을 하는 것이다. 이때 상담자가 메타모델을 통해 내담자의 심층구조를 탐색하기로 했다면 표층구조에서 빠진 부분을 질문을 통해 알아볼 수 있다. 만약 상담자가 직관적으로 내담자가 아버지를 싫어한다고 느꼈다면 내담자를 위한 안전장치를 다음과 사용할 수 있다. 즉, 상담자가 "나는 아버지가 무서워요?"라고 말해 보고 내담자 자신이 느끼기에 그 말이 맞는지 생각해 보도록 한다. 여기에는 두 번째를 선택하든 세 번째를 선택하든 그 결과는 내담자의 일반화를 직면시켜서 그의 심층구조를 좀 더 확실하게 이해할 수 있다는 것이다. 내담자의 "사람들이요."라는 말은 그 사람들이 누구인지를 가르쳐 주지 않기 때문에 그것은 아직 지나치게 일반화한 표층구조이다. 이런 경우 상담자는 내담자가 싫어하는 대상을 구체적으로 말할 때까지 계속해서 내담자의 일반화를 직면시켜 볼 수 있다. 이 과정을 통해서 상담자와 내담자는 일반화된 말과 그것의 출처가 되는 최소한 하나의 경험 간의 연결고리를 맺어 주는 일을 하는 것이다.

여기서 주의해야 할 것은 일반화에 대한 직면이 항상 예상되는 결과를 얻지는 못한다는 것이다. 즉, 몇 번의 질문에도 불구하고 내담자가 지칭하는 대상을 말하지 못하고 상담자 역시 그 대상이 누구인지 짐작을 하지 못할 때가 그것이다.

다음으로 동사와 형용사의 일반화에 대해 살펴보기로 한다. 앞서의 과정을 통해서 내담자가 무서움의 대상을 아버지라고 말할 때, "아버지가 싫어요."라는 형용사를 사용하거나 "아버지가 자신을 밉고 싫게 만들어요."라는 동사를 사용할 수 있다. 이때 명사의 수준에서는 충분히 지칭대상이 밝혀져 있다. 하지만 내담자가 싫음을 경험하는 과정이 명백하게 드러나지 않는다. 아버지가 내담자에게 어떻게 겁을 주는지 또는 내담자가 어떤 식으로 이를 경험하는지가 나타나지 않았다. 아버지가 구체적으로 어떤 행동을 했을 때 또는 할 때 내담자는 아버지가 싫어지는 경험을 하는가가 불분명하다. 그래서 이 동사 또는 형용사의 일반화를 '과정의 일반화'라고 한다. 상담자는 다음과 같은 메타모델 기술을 사용하여 내담자의 싫은 경험의 이미지를 구체화시켜 볼 수 있다. 상담자는 메타모델 기술을 사용하여 "아버지가 어떤 식으로 널 짜증나게 하니?"라고 질문을 할 수 있다. 이 질문을 통해서 상담자가 의도하는 바는 일반화된 내담자의 표층구조를 그것의 심층구조에 연결시키려는 것이다. 질문에 대해서 내담자가 한 답변은 곧 새로운 표층구조이며, 상담자는 이 새로운 표층구조가 충분히 명료하고 완전한지를 검토한다. 상담자는 스스로에게 "이 표층구조는 심층구조에 들어 있어야 할 것들을 모두 충실히 반영하고 있는가?"라고 질문해 본다.

이런 방식으로 상담자는 내담자의 언어표현에서 나온 표층구조의 삭제, 왜곡, 일반화 부분들을 계속해서 직면시켜 심층구조를 탐색하도록 한다. 이렇게 해서 드러난 심층구조, 즉 새로운 표층구조 역시 삭제, 왜곡, 일반화가 있을 수 있으므로 내담자의 모델에 관해 갖고 있는 상담자의 이미지가 확실해질 때까지 메타모델의 과정을 사용하게 된다.

4) 삭제, 왜곡, 일반화 현상에 대한 종합적 이해

(1) 일상생활 속에서 경험하는 삭제, 왜곡, 일반화 현상

먼저 삭제이다. 우리는 경험에 대하여 선택적으로 반응한다. 그래서 어떤 경험은 받아들여서 기억을 한다. 그러나 동시에 어떤 경험은 생략하고 삭제한다. 생략되거나 삭제된 경험들은 기억 창고에 아예 등록이 되지 않거나 등록이 되었다 하더라도 중요하지 않게 여기고 무시하게 된다.

둘째는 왜곡이다. 거울 중에는 사물을 축소된 모습으로 비춰 주는 것도 있고 확대하여 보여주는 것도 있다. 우리도 자신의 경험이나 외적 자극 및 정보를 확대하거나 축소함으로써 원래의 모습과는 다르게 보곤 한다.

셋째는 일반화이다. 우리는 경험에서 어떤 특정한 일면으로 전체를 대표하게 하고 나머지에는 주의를 기울이지 않는 경향이 있다. 과거에 어떤 골목길에서 개에게 물렸다면 현재의 골목길에는 개가 없더라도 괜히 무서워하거나 불안해하는 것과 같다. 모든 골목길에는 개가 있는 것처럼 생각하고 행동한다는 것이다. 이것은 과거의 유사한 경험에서 배웠던 것을 바탕으로 새로운 상황에 적절하게 대처하게 해주는 좋은 점도 있다.

문제는 일반화를 잘못하거나 새로운 경험에 대해 받아들이지 않고 폐쇄적으로 반응하는 경우이다. 일반적으로 사람들이 갖는 불합리한 신념 같은 것도 사실은 그러한 일반화의 한 예이다. 앞에서 예를 든, 골목길에 가면 개가 있을 것이라고 생각하고 불안을 느끼는 것은 일종의 비합리적인 신념이라고 볼 수 있다.

(2) 삭제, 왜곡, 일반화를 자주 경험하는 사람들의 특징

삭제, 왜곡, 일반화와 같은 것은 그 자체로는 좋다거나 나쁘다고 할 수 없다. 왜냐하면 그것을 통해 얻는 것도 있고 잃는 것도 있기 때문이다. 만일 입력되는 감각정보를 모두 다 저장하고 하나도 삭제하지 않는다면 아마도 그 많은 정보에 압도당하고 말 것이다.

그러나 불행히도 우리는 자신의 느낌이나 다른 사람으로부터 전해 듣는 중요한 피드백과 같이, 꼭 주목해야 할 내용들을 생략하고 삭제함으로써 중요한 일부의 경험 내용을 제대로 받아들여 기억하지 못하는 수가 있다. 때로는 다른 사람이 당신에 대해서 긍정적인 말과 부정적인 말을 같은 무게로 하는데도 부정적인 말만 듣고 긍정적 말은 삭제해 버리는 일도 생기는 것이다. 마찬가지로 만일 왜곡이 없다면 창조성 역시 억압되고 발휘되지 못할 것이다.

일반화를 할 때 사람들은 나름대로 세상을 이해하고 또 일어날 일에 대해 예측하고자 한다. 따라서 삭제, 왜곡, 일반화를 통해 사람들은 세상을 좋게도 창조할 수 있지만 나쁘게도 창조할 수 있다. 그러므로 연습을 많이 할수록 자기에게 맞는 더욱 좋은 세상을 만들 수도 있을 것이다.

사람들은 지각을 형성하는 방식에서 나름대로의 성향을 갖고 있다. 어떤 사람들은 삭제를 많이 하고, 또 어떤 사람들은 왜곡하기 쉬우며, 어떤 사람들은 일반화를 많이 한다. 삭제를 많이 하는 사람들은 비약적인 사고를 하므로 다른 사람이 이해하기 힘들 수 있다. 그러면서도 그는 '주의 산만함'의 사고특성과 같은 불필요한 부분은 삭제할 수 있으므로 집중력이 뛰어나며 육체적인 불편을 참아 낸다.

경험을 왜곡하는 사람은 끊임없이 상대가 하는 행동과 말을 자기 나름대로 해석하므로 엉뚱하게 보인다. 그들은 전혀 관계없는 상황에 대해서도 인과관계를 적용한다. 특이한 연관성을 만들어서 상대가 하는 말에서 상대의 생각이나 느낌을 추론하기도 한다. 그런 사람들은 매우 창조적이기도 하다. 미술, 음악, 문학은 모두 왜곡을 사용한다.

일반화를 많이 하는 사람은 자신감에 차 있다. 반대로 매우 자신이 없을 수도 있다. 그런 사람에게는 세상이 매우 단순하게 보일 것이다. 그들은 흑백이 뚜렷한 세상에 살고 있으며, 만일 둘 중에서 하나를 택해야 한다면 회색의 그림자는 그곳에 끼어들기가 쉽지 않다. 또한 여러 상황에 대처하기 위해 많은 행동규칙을 갖고 있다.

과학적 법칙이란 것도 따지고 보면 일반화에 해당한다. 과학적 방법은 일반화의 논리가 잘 적용되는 훌륭한 예이다. 실제로 과학에서는 실험을 하고 그 결과를 일반화하는데, 물론 그 과정에서 과학자는 언제나 예외의 경우를 대비해서 수정할 준비를 하면서 일반화를 한다고 할 수 있다.

3 삭제, 왜곡, 일반화 현상 처리를 위한 메타모델 기술

Lewis와 Pucelik(1982)에 의하면 메타모델 반응은 세 가지 범주의 언어학적 분류로 세분되어질 수 있다. 첫째는 내담자의 표층구조, 즉 언어표현에서 누락되거나 왜곡된 형태로 표현된 경험을 탐색하는 과정인 정보수집이다. 둘째는 내담자가 언어로 자신의 경험을 표현하기 위해 자기 자신의 세상모델의 경계선과 제한을 나타낼 때 그 제한선을 확장하도록 돕는 제한확대로 자기탐색을 통해 내담자가 자신의 행동과 지각에 더 많은 선택을 가지도록 도와준다. 세 번째는 내담자가 자기이해와 타인 및 자기세계와의 관계를 어떻게 하고 있는가를 탐색하게 하여 궁극적으로 내담자의 내적성장과 발달을 돕는 의미변화이다. 이 세 가지 범주를 다음에서 보다 구체적으로 탐색하기로 한다(O'Connor & Seymour, 1990).

1) 삭제에 대한 상담자의 반응 : 정보수집

정보수집은 참조색인(referential index), 명사화(nominalization), 미결동사(unspecified verb)가 있다(전경숙, 2002; O'Connor & Seymour, 1990).

(1) 참조색인

먼저 참조색인은 내담자의 언어표현에서 행동을 하거나 행동을 받는 사람과 물건을 참조색인이라 부른다. 메타모델에서 이러한 명사는 말하는 사람이 심층구조에서 정보를 일반화 또는 누락시키거나 왜곡된 정보를 외부로 나타내는 언어의 표상이기 때문에 중요하다. 참조색인에는 네 가지 메타모델 위반이 있다(설기문, 2000; O'Connor & McDermott, 1996). 첫째는 삭제된 참조색인(deleted referential index)으로 내담자가 참조인(referential person)을 문장에서 누락시킨 경우이다. 둘째는 미결된 참조색인(unspecified referential index)으로 특정 사람이나 물건의 이름이 내담자의 언어표현에서 나타나지 않은 것이다. 이런 단어는 '이것', '저것', '그것' 등으로 미결된 참조색인이다. 셋째는 일반화된 참조색인(generalized referential index)으로 어떤 특정 지어지지 않은 범주를 지칭하는 명사나 대명사를 사용하는 것이다. 예를 들면, “남자는 울지 않아”, “여자는 소견이 좁아”이다. 유쾌하지 않은 어떤 상황에서 그 행동의 책임 있는 특정인을 명시하지 않음으로써 직접 대결하는 위험을 회피하기 위한 것이다. 네 번째로 역전된 참조색인(reversed referential index)으로 대화자가 동사의 행동을 하는 것보다 그 문장의 행동을 받을 때 일어난다. 대화자가 그 행동을 맡아서 하는 입장에서 자기 자신을 이동시켜 어떤 다른 사람이 그 행동을 담당할 권리를 가지게 하는 것이다. 그렇게 함으로써 자신은 그것에 대한 책임을 회피하고 자기 자신을 무력한 피해자로 만들게 된다. Lewis는 이런 사람들은 자신을 무력한 자로 볼뿐만 아니라 그 자신이 불평하고 있는 바로 그 일을 자신이 하고 있다는 것을 인식하는데 실패한 사람의 행동패턴이라 말한다. Perls는 이런 언어적 패턴을 ‘투사’라고 표현했다.

(2) 명사화

명사화(nominalization)는 언어학적으로 심층구조에서 진행되는 것을 표층구조의 사건으로 변화시키는 것이다. 명사화가 일어날 때, 상담자가 자신이 경험하는 것에 재연결을 시켜 진행과정에 관계된 자신을 인식하도록 도와주는 것은 아주 중요하다. 상담자는 메타모델 질문을 통해 명사를 다시 동사로 만들어 참여요인을 활발하게 바꾸어 줌으로써 내담자가 활발한 참여자가 되도록 도와야 한다. 이렇게 함으로써 내담자는 그가 활약할 수 있는 선택을 가지고 자기조정을 최대한 쉽게 할 수 있게 된다.

(3) 미결동사

미결동사(unspecified verb)에 대해 살펴보면, 모든 동사는 경험이나 과정을 상징할 뿐이어서 왜곡현상이 생기는 것을 말한다. 예를 들면, 40대 중반의 여자 내담자가 상담자에게 눈물을 훔치면서 “언제나 남편은 나에게 상처만 줍니다.”하고 이야기하였다고 가정하자. 상처를 준다는 것은 미결동사의 좋은 사례가 된다. 이 말을 들은 상담자는 내담자의 내면으로 들어가 정보를 만들어 내거나 직접 물어볼 수 있을 것이다. 만일 질문을 한다면 왜곡을 할 가능성은 많이 줄어들게 된다.

상담자가 내담자의 누락된 정보자료를 만들어 내려고 한다면, 내담자가 남편에게 구타를 당했을 수도 있고 남편이 내담자에게 무리하게 굴어 감정이 상해서 그렇게 말한 것이라고 추측을 할 수도 있을 것이다. 하지만 내담자에게 직접 물어보지 않는다면 오해를 하거나 잘못된 해석을 하게 된다. 이렇듯 미결된 의사소통 패턴은 부정적인 영향을 가져올 가능성이 크다.

위에서 살펴본 바와 같이, 메타모델 정보 수집은 정보가 내담자의 표층구조에서 누락되거나 특정 지어지지 않고 일반화가 일어났을 때는 누가, 무엇을, 어디서, 언제, 어떻게, 구체적으로 등의 메타모델 질문을 사용하여 도전을 한다.

표 6-1 삭제에 대한 상담자의 반응 : 정보수집

명칭과 예문	반 응
• 명사화(nominalizations) 과정 단어, 동사들이 명사화 된 것 “우리 관계는 이제 끝이야.”	“우리가 서로 어떻게 관계하고 있습니까?”
• 비구체적 동사(unspecified verbs) “그는 나를 거부했다.”	“그는 구체적으로 어떻게 당신을 거부했나요?”
• 단순한 삭제(simple deletions) –단순한 삭제 “나는 불편합니다.” –참조 색인의 결여(구체적인 사람이나 일을 언급하지 않음) “그들은 내 말을 듣지 않아요.” –비교 삭제(비교적인 단어를 사용하면서도 비교의 준거를 말하지 않음) “그것은 더 좋습니다.”	 –“무엇 또는 누구에 대해서 불편하다는 말입니까?” –“구체적으로 누가 당신의 말을 듣지 않아요?” “그들은 누구를 말합니까?” –“무엇에 비해서 더 좋다는 뜻입니까” “무엇보다 더 좋은가요?” “어떤 면에서 더 좋은가요?”

2) 일반화에 대한 상담자의 반응 : 제한확대

모형 작동자(modal operator)와 포괄적 수량화(universal quantifier)는 내담자의 세상모델을 확장시키는 과정을 보조하는 수단이므로 중요한 의미가 있다

(Kostere & Malatesta, 1990). 사람이 어떻게 생각하고 느끼는가에 대한 선택을 가질 수 있다면 불편하고 고통스러운 상황에서 행동하고 반응할 것을 조정하는 능력이 가능해진다.

(1) 모형 작동자

모형 작동자에 대해 살펴보면, 양식을 작동시키는 내담자는 자기의 세상모델 경계선을 넘는 것 자체가 자신이 조정할 수 없는 파멸적 위험을 불러일으키는 일이라고 믿고 있다. 상담자는 내담자가 느끼는 이런 감정을 의식으로 끌어들임으로써 내담자 스스로 그것을 시험해 보고 그 타당성을 평가할 수 있게 할 수 있다. 내담자가 제한하는 것에 타당성이 없다는 것을 발견하면 그 경계선을 자신의 세상모델에서 제거할 수 있게 되며 이런 과정은 내담자의 사고와 느낌에 더 많은 선택을 가질 수 있게 하고, 내담자 스스로 의식을 확대하여 유사한 환경에서 다양한 반응을 할 수 있는 대안행동을 개발하게 한다.

모형 작동자에는 필요성의 모형 작동(modal operator of necessity)과 가능성의 모형 작동(modal operator of possibility)이 있다. 전자는 '해야 한다(should)', '하지 않으면 안 된다(should not)'와 같은 명령형으로 드러난다. 예를 들면, 내담자가 "나도 이 나이에 더 예뻐야 하는데."하고 말했다면, 상담자가 사용할 수 있는 적절한 메타모델 반응 기술은 "만일 네가 더 예쁘지 않다면?"하고 질문을 할 수 있다.

이런 메타모델을 기술을 사용한 상담자의 질문은 내담자가 자신이 말한 저변에 깔려 있는 파멸적 위기감을 확대시켜 의식으로 가져오게 한다. 또한 그 양식 작동이 타당하다는 결정이 나면 그 선택한 제한을 유지하게 될 것이며, 성장이나 행동에 방해가 된다면 그 기능적 요소를 탐색하여 새로운 선택을 가지게 하므로 버리게 될 것이다.

내담자는 두 가지의 경우를 같이 생각하지 못한다. 내담자의 선택 결핍성을 암시하거나, 느낌과 행동에 있어서 자신의 참여와 책임감 상실을 지적하는 단어들은 'must', 'have to', 'ought to', 'must not', 'should not' 같은 것이 있다. 후자인 가능성의 양식작동은 내담자의 세상모델에 반대 결과를 초래하는 제한점을 지적하는 것이다. 내담자가 "나는 할 수 없어."라는 말을 할 때 그의 능력이나 영향력이 미치지 못하는 데서 일이 일어나는 것으로 지각하여 말을 하게 된다.

가능성의 양식을 작동하는 것이 드러날 때는 내담자의 세상모델의 한계를 탐색하는 좋은 기회로 삼을 수 있다. "나는 그것을 할 수 없어요."라고 말하는 내담자에게 "무엇이 그것을 할 수 없게 합니까?", "할 수 있다면 무슨 일이 일어날 것 같습니까?"라고 상담자는 그 한계와 그것이 그에게 어떻게 기능을 하며, 어떻게 역기능적으로 행해지는가의 영향을 결정짓는 데 도움을 주게 된다. 이러한 질문은 처리되는 과정에 있어서 무의식적 위협감을 지각하도록 한다. Lewis(1982)에 의하면, 촉감 범주에 속하는 내담자들이 갈등이나 스트레스 상황에서 가능성의 양식작동과 같은 언어표현을 사용하여 그들의 내적 경험을 상황에 맞춘다는 것이다.

(2) 포괄적 수량화

포괄적 수량화는 내담자의 현실지각이 절대상태를 함축하는 단어에서 나타난다. 이것은 내담자가 자신의 삶에서 일어나는 특정 경험을 일반화시키는 것을 말한다. "모든 남자는 여자의 약점을 이용한다."라고 말한 여자는 특정 상황에서 일어난 자신의 불쾌한 하나의 경험, 혹은 몇 가지의 경험을 모든 남자에게 일반화하여 적용시키는 것이다. 이 메타모델 위반에 도전하는 것은 자신의 세상모델이 자신의 세상경험을 제한하고 있다는 것을 자각하게 한다. "나는 결코 올바르게 하는 일이 없어."라고 말할 때 '결코(never)'는 여기서 포괄적 수량화로 일반화된 것이다. 이는 사실에 근거한 것이 아니라 자신을 제한시키는 지각 때문에 불필요한 고통을 겪는 내담자의 세계를 확장시키고 변화시키는 과정이 필요하다. 이와 같이 메타모델 위반에 도전할 때는 상담자는 내담자의 언어표현, 즉 진술을 과장·반복하여 그 비합리성이나 불가능성을 부각시켜 주는 것이 필요하다. 이렇게 제한시키는 단어는 언제나(always), 결코(never), 모든(all), 다(every), 모든 사람(everybody), 아무것(nothing) 등의 언어표현에서 나타난다.

위에서 살펴본 메타모델 제한확대를 정리하면, 내담자의 대화 속에 "나는 ~을 할 수 없어" 혹은 "나는 ~을 해야만 해."가 나타날 때는 "무엇이 못하게 합니까?" 아니면 "그것을 했다면 무슨 일이 일어납니까?" 하고 질문을 한다. 내담자가 예외가 없는 것으로 신념을 드러냈을 때는 "한 번도 그렇지 않은 때는 없었나요?" 하고 메타모델 기술을 사용할 수 있다.

표 6-2 일반화에 대한 상담자의 반응 : 제한확대

명칭과 예문	반 응
• 포괄적 수량화(universal quantifiers) 일부를 전부 또는 전무한 것으로 표현함(영어의 every, everyone, never, noone 등) "그는 내 말을 전혀 듣지 않아요."	"전혀 안 들어? 만약 그가 한 번이라도 너의 말을 들으면 어떻게 할까?"
• 모형 작동자(modal operators) −당위성의 작동자(should, shouldn't, must, must not, have to, need to) "나는 꼭 합격해야 해" −가능성의 작동자(can, can't will, won't, may, may not, possible, impossible) "나는 공부를 할 수가 없다."	"만약 합격하지 않으면…?" "무엇이 당신을 공부하지 못하도록 막습니까?" "만약 공부를 하면 어떻게 되죠?"

3) 왜곡에 대한 상담자의 반응 : 의미변화

의미변화(changing meaning)는 세 번째의 메타모델은 내담자의 말의 논리적 의미에 관계되어 있다. 이 위반에서는 논리적으로 미완성되거나 불가능한 특성이 공통적으로 들어 있다. 이것은 내담자의 세상모델을 탐험하고 확장하는 데 유리한 조건으로 활용될 수 있다. 세 번째의 메타모델에는 마음읽기(mind reading), 원인과 결과(cause and effect), 수행자 상실(lost performance), 복문등식(complex equivalence), 기본 가정(presupposition)이 있다(설기문, 2010; 전경숙, 2012; Kostere & Malatesta, 1990).

(1) 마음읽기

마음읽기는 내담자가 다른 사람의 느낌이나 생각을 확인하지도 않고 알 수 있다고 확신하는 내적 경험을 만드는 것을 의미한다. 이와 같이 다른 사람의 마음에서 일어나는 것을 알고 있다고 전제하는 내담자는 오해의 소지를 가지고 있고 내담자 자신의 목적달성에 방해가 될 수 있다. "나는 남편이 나를 싫어하는 것을 알아요."라고 생각하는 내담자는 이것을 확인하지도 않고 어떻게 남편의 내부에서 일어나는 감정의 진심을 알 수 없다.

내담자가 다른 사람의 감정 상태나 생각을 안다고 진술할 때, 상담자는 내담자로 하여금 상대방의 진의를 파악하도록 메타모델 기술을 사용할 필요가 있다. 내담자 자신이 지각한 것이 정확하지 않다면 자신의 느낌과 생각을 상대방에게 정확하게 이야기하고, 상대방의 대답을 통하여 더욱 분명하게 이해가 될 수 있다. 이런 경우, 상담자는 "어떻게 당신이 그것을 아십니까?"라는 질문을 통해 메타모델 반응을 할 수 있다. 마음읽기는 두 가지 방법으로 작용하고 있다. 하나는 "나는 당신의 생각을 알고 있어."이며, 다른 하나는 "상대방은 내 감정과 느낌을 알아야만 한다."고 믿는 것이다.

이 패턴은 자신의 마음읽기를 다른 사람에게 투사하고 전이시키는 데 사용한다. 이와 같은 내담자의 마음읽기에 메타모델 기술을 사용하여 의미변화를 시도하는 것은 심리치료에 중요한 몫을 차지한다. Lewis(1982)에 의하면, 마음읽기는 시각적으로 의사소통을 하는 내담자에게서 주로 나타난다고 한다.

(2) 원인과 결과

원인과 결과는 극히 보편화되어 있는 고통을 만들어 내는 메타모델 위반이다. 언어나 얼굴표정으로 다른 사람의 마음속에 어떤 결정적인 감정을 경험하게 할 수 있다는 신념이다. 이런 신념으로 반응하는 사람은 어떻게 반응하여야 하는가에 대해서 선택이 없는 사람이다. 예를 들어 어떤 사람이 "너는 나를 미치게 해." 라고 했을 때, 듣는 사람은 달리 어떻게 반응할 가능성이 없다. 마치 말하는 사람은 자신의 감정 상태를 만들어 내면서 자신의 모든 책임을 회피하고 있다. 원인과 결과의 전제에서 잘못된 것은 한 사람에 의한 어떤 행동이 다른 사람의 반응을 완전히 좌우하는 데서 나타난다. 이것 역시 이중속박으로 고통을 초래하게 된다.

첫째는 자기감정을 다른 어떤 사람이 만들어 낸다는 생각은 자기 자신이 자기의 감정과 생각을 조정할 수 없다는 것을 암시해주는 것이다. 이런 자기조정력을 포기함 사람은 편안한 내적 경험을 가질 수 없을 뿐만 아니라 다른 사람이 자기자신의 내면에 좋은 감정을 창조하도록 그 사람에게 의존하고 매달려 있다는 것을 의미한다.

둘째는 다른 사람이 즐거운 감정을 경험하도록 할 수 있을 뿐만 아니라 고통과 슬픔을 경험하도록 만들 수 있는 능력이 있다는 것이다. 이러한 믿음은 내담자 자신이 문제의 원인이며 책임이 있다는 것을 의미한다. 내가 누군가를 슬프게 만들었다면 나는 죄의식을 느끼게 되고, 그 사람이 그 느낌을 어떻게 가지게 되었는지 알아내려고 노력할 것이다. 이러한 신념체계를 가지고 원하는 결과를 다르게 할 수 없다는 것을 발견하게 된다.

우리는 스스로 자기 감정을 만들어 내는 사람이다. 신념구조가 비생산적이거나 불필요한 고통이 된다면, 상담자는 내담자로 하여금 어떻게 느끼고 세상을 어떻게 작동시킬 것인가에 대한 선택을 가지도록 도와주어야 한다. 원인과 결과로서 메타모델 위반은 두 가지 방법으로 메타모델 기술을 사용할 수 있다. 하나는 어떻게 상대방이 다른 사람의 기분을 좌우할 수 있었는가에 대해 구체적으로 이야기하게 하는 것이다. 다음은 질문을 통해 내담자가 세상에 대한 의미를 어떻게 부여하며, 어떻게 다른 사람과의 관계를 의식하고 있는가에 대하여 많은 정보를 제공하게 된다. 여기서 얻은 정보는 내담자의 앞으로 진행될 변화과정에 지대한 영향을 준다.

(3) 수행자 상실

수행자 상실은 내담자의 표층구조에서 어떤 판단이나 기준을 세우는 사람을 밝히지 않고 판단이나 기준이 서술되는 것을 의미한다. 이런 진술들은 세상에 대하여 일반화 과정에서 발생하며 내담자와는 아무런 연관이 없는 것으로 나타난다. 언어적으로 자신을 어떤 판단이나 평가하는 주체에서 제외시킴으로써 그것이 자기 자신의 욕구에서 기인하는 것으로 인식하지 못하고 자신의 세상모델의 한계를 드러내는 것이다. 내담자에게 상담자는 "누가 이 가치판단을 하는가?" 하는 메타모델 기술을 사용해서 질문하여 내담자 자신의 세상모델의 법칙이나 한계를 직면할 수 있게 도울 수 있다. 일단 자신의 '모델'이라는 것이 드러나면 도전을 받게 된다. 특히 그것이 내담자 자신의 삶의 경험을 풍요롭게 하는 데 방해가 되면 메타모델 도전은 더욱 효과가 크다.

(4) 복문등식

복문등식은 서로 다른 두 진술문이 같은 의미를 나타내는 것으로 받아들이는 방식으로 연결될 때 성립된다. 예를 들어, "엄마는 늘 나를 야단치세요.……엄마는 저를 좋아하지 않아요."라는 말은 이에 해당한다. 여기서 야단을 친다는 것과 좋아하지 않는다는 것이 반드시 같은 의미로 연결되는 것은 아님에도 불구하고 그렇게 연결하였기 때문에 복문등식이라고 할 수 있다. 이때 상담자는 메타모델 반응을 하여야 하는데, "어떻게 이 말이 그런 의미로 해석될 수 있는가?"라는 질문으로 복문등식에 도전할 수 있다. 예를 들어, "엄마가 너를 야단치시는 것이 어째서 너를 좋아하지 않는다는 것을 의미하지?", 혹은 "너는 좋아하는 사람에게 야단을 친 적이 없니?"라고 반응할 수 있다.

(5) 기본 가정

우리는 경험을 통해 신념을 갖고 미래의 일에 대해 기대하기 마련이다. 그러므로 신념과 기대 없이 산다는 것은 거의 불가능하다. 또한 매 상황에서 의식하지는 않을지라도 일정한 가정(presupposition)하에 행동을 하게 된다. 그것을 기본 가정이라고 하는데, 우리가 기본 가정을 통해 스스로를 제한하기보다는 오히려 세상의 즐거움, 선택, 자유를 허용하도록 하는 것이 좋다.

우리의 선택을 제한하는 기본적인 가정을 자각할 필요가 있다. 기본 가정은 때로 '왜'라는 질문의 형태로 위장되어 표현되기도 한다. "왜 나를 제대로 도와 줄 수 없나요?"라는 질문은 "당신은 나를 제대로 돕지 않는다."라는 것을 기본 가정으로 삼는 말이다.

기본 가정은 해결될 필요가 있는 또 다른 메타모형 위반을 포함하고 있다. 이때 상담자는 "무엇이 당신으로 하여금 ~한 사실을 믿게 합니까?"라는 질문으로 반응할 수 있다.

표 6-3 왜곡에 대한 상담자의 반응 : 의미변화

명칭과 예문	반 응
• 마음 읽기(mind reading) 타인의 내적 상태를 짐작하여 사실인 것처럼 말하기 "당신은 나를 좋아하지 않군요."	"내가 당신을 좋아하지 않는다는 것을 어떻게 알아요?"
• 수행자 상실(lost performative) 가치판단을 할 경우 그 판단자가 누군지 명확히 하지 않은 채 일반화시킴. "그런 행동을 하는 것은 나빠요."	"옳지 않다는 것은 누구의 말입니까?" "누구의 말에 근거하여 그렇게 말합니까?" "옳지 않다는 것을 어떻게 알지요?"
• 인과율 A〉B(cause and effect) 분명한 근거도 없이 두 가지 별개의 사실을 인과관계로 설명하고자 함. "당신 때문에 화가 나 죽겠어요."	"나의 행동이 어떻게 하여 당신으로 하여금 그렇게 화나는 선택을 하도록 했나요?" "구체적으로 어떻게 내가 당신을 화나게 했나요?"
• 복문등식 A=B(complex equivalence) 두 가지의 경험이나 사건, 일이 별개의 것일 수도 있는데 서로 같은 것으로 동일시 함. "선생님은 늘 저에게 야단을 치세요. 선생님은 저를 좋아하지 않아요."	"선생님이 너에게 야단을 치는 것이 어째서 너를 좋아하지 않는다는 것을 의미하지?" "너는 좋아하는 사람에게 야단을 친 적이 없니?"
• 기본 가정(presuppositions) 어떤 표현 속에 특정한 내용을 사실인 것처럼 가정함. "만약 그가 내가 최선을 다했다는 사실을 안다면 나를 그렇게 부정적으로 평가하지는 않았을 걸…" ※ 세 가지 기본 가정 1. 나는 최선을 다했다. 2. 그가 부정적으로 평가했다. 3. 그는 내가 최선을 다한 사실을 모른다.	1. "당신이 어떻게 하여 최선을 다하는 선택을 했나요?" 2. "그는 구체적으로 어떻게 부정적으로 평가했나요?" 3. "당신은 그가 모른다는 사실을 어떻게 아나요?"

3) 메타모델 위반에 대한 도전 요약

(1) 정보수집

내담자의 의식 밖에서 일어나고 있는 경험에서 삭제나 왜곡된 부분을 의식화시켜 구체적 정보를 찾아내는 과정이다. 보다 구체적인 질문을 함으로써 사실에 대한 정보를 파악할 수 있다. 커다랗게 보이는 문제도 구체적으로 들어가면 큰 덩어리의 문제가 분해되는 작용이 일어나게 된다.

문제를 분해하여 최소한의 단위로 접근해 들어가면 그 안에서 패턴을 찾기 쉬워진다. 혼란 속에서 어떤 공통적인 패턴을 신속하게 찾는 것이 천재들이 하는 행동이라고 한다. 오늘날 과학이 이처럼 고도로 발달하게 된 것은 우주의 큰 신비를 가장 적은 단위로 분리시켜 나온 입자를 연구한 데 있다고 한다.

① 참조 색인(referential index)은 어떤 말이나 표현에서 동사나 행동의 주체나 객체를 분명하게 나타내지 않는다.

- 생략된(Deleted) : 참조할 수 있는 행동의 주체가 빠짐
  "나는 사랑이 필요해요." ⇒ "누구의 사랑이 필요합니까?"
- 비구체화된(unspecified) : 특정 사람이나 사건, 물건이 나타나 있지 않음.
  "나는 그런 일은 싫어요." ⇒ "어떤 일이 싫단 말이죠?"
- 일반화된(universal) : 일반적이고 포괄적인 명사나 명사구로 표현
  "요즘 젊은이들은 버릇이 없어." ⇒ "구체적으로 누가 버릇이 없나요?"
- 뒤바뀐(reversed) : 주체와 객체가 뒤바뀜.
  "그는 나를 사랑하지 않아요." ⇒ "그가 당신을 사랑하지 않는 것을 어떻게 아나요?"

② 명사화(nominalization)는 행동이나 과정에 해당되는 동사를 명사화시켜 부동의 사실처럼 고정시켜 선택의 여지를 없애 버린다.
"우리 관계는 끝이야!" ⇒ "서로 어떻게 관계하여 왔나요?

③ 미결동사(unspecified verbs)는 동사의 구체적이 내용이 나타나 있지 않다.
"나는 기뻐요." ⇒ "어떻게 기쁘지요?"

(2) 제한의 확장

자신의 세계를 제한하는 한계선을 그어 놓는 사람은 필연적이고 절대적인 것에 얽매여 있는 사람이다. NLP에서는 성공한 사람과 성공하지 못한 사람의 차이를 '선택할 수 있는 사람은 성공한 사람이고, 선택할 수 없는 사람은 성공하지 못한 사람이다'라고 사고와 행동의 유연성을 강조한다. 누군가 자신의 세상모델을 확장시킬 때, 느끼는 것이나 생각하는 것, 그리고 깨닫는 방법에 선택이 많아져서 고통스러운 상황을 만나게 되더라도 사고와 행동의 유연성을 발휘하여 문제를 보다 효과적으로 다룰 수 있게 된다. 제한의 확장은 우리들이 표현하는 언어에서 스스로 제한하는 언어에 도전하는 질문으로, 원하는 상태를 향해 나아가는데 선택의 폭을 넓혀 준다.

① 서법기능어(modal operator)

- 당위성의 서법기능어
  "나는 꼭 이겨야만 해요." ⇒ "이기지 않으면 어떻게 되죠?"
  "이번에는 실수하면 안 돼." ⇒ "실수하면 어떤 일이 생기나요?"
- 가능성의 서법기능어 : 가능성이나 불가능성을 말하는 것.
  "나는 그 일을 할 수 없어요." ⇒ "무엇이 그 일을 못하게 하나요?"

② 포괄적 수량화(universal quantifiers)
일부 또는 소수의 사례를 전체로 확대하여 싸잡아 말하는 것이다.
"나는 도대체 제대로 하는 일이 없어. 나는 완전히 무능한 사람이야." ⇒ "당신이 할 수 있는 일이 정말로 하나도 없나요?"

(3) 의미변화

다른 사람의 심층적 경험을 주관적 해석으로 사실을 왜곡시키는 것을 다른 의미로 변화시켜 주는 기술이다.

① 인과관계(cause and effect)는 직접적인 관계가 없는 별개의 두 가지 사건이나 상황을 원인과 결과로 설명하는 것이다.
"아내가 나를 미치게 만들어요." ⇒ "아내의 어떤 행동이 당신을 미치게 만드나요?"

② 마음읽기(mind reading)는 분명한 근거도 없이 상대방의 마음상태를 주관적으로 해석하여 판단하는 것이다.
"내 남편은 나를 더 이상 사랑하지 않아요." ⇒ "남편이 당신을 더 이상 사랑하지 않는다는 것을 어떻게 알았죠?"

③ 수행자 상실(lost performative)은 가치판단의 주체가 없는 상태에서 일반화시키는 것이다.
"일관성이 없는 것은 좋지 않아요." ⇒ "누가 좋지 않다고 생각하나요?"

④ 복문등식(complex equivalence)은 서로 다른 두 진술문이 같은 의미를 나타내는 것으로 받아들이는 방식으로 연결될 때 일어난다.
"엄마는 늘 나를 야단치세요.……엄마는 저를 좋아하지 않아요." ⇒ "엄마가 너를 야단치시는 것이 어째서 너를 좋아하지 않는다는 것을 의미하지?"

⑤ 기본 가정
기본가정(presupposition)은 우리가 매 상황에서 의식하지는 않을지라도 일정한 가정 하에 행동을 하게 되는 것을 말한다.
"왜 나를 제대로 도와 줄 수 없나요?" ⇒ "무엇이 당신으로 하여금 ~한 사실을 믿게 합니까?"

4) 메타모델 기술의 사용 예

(1) 메타모델 위반 도전의 예

- **삭제** : 나는 두렵습니다. ⇐ 무엇이 두렵습니까?
- **명사화** : 내 아내는 내게 관심이 없습니다. ⇐ 어떻게 그녀가 당신에게 관심을 가지기를 원합니까?
- **포괄적 수량화** : 나는 옳게 하는 것이 결코 없어요. ⇐ 한 번도 옳게 한 일이 없어요?
- **모형작동** : 그에게 사실을 말할 수 없어요. ⇐ 만일 하지 않았다면 무슨 일이 일어납니까?
- **원인과 결과** : 당신이 늦기 때문에 슬프다. ⇐ 어떻게 내가 당신을 슬프게 합니까?
- **수행자상실** : 이렇게 하는 것이 옳은 방법입니다. ⇐ 누구를 위해 누가 그렇게 말합니까?
- **마음읽기** : 그에게 최선이 무엇인가 나는 알고 있어요. ⇐ 어떻게 그것을 알았지요?
- **미결 동사** : 그는 나를 무시합니다. ⇐ 구체적으로 어떻게 무시합니까?
- **참조지침 생략** : 그는 나를 좋아하지 않습니다. ⇐ 누가 당신을 좋아하지 않습니까?

(2) 정보자료 수집 예문

- **참조지침 생략** : 일을 다 그르쳤단 말이야. ⇒ 도전 : 누가 뭘 했단 말이지?
- **미정 참조지침** : 그들이 책임 있어. ⇒ 도전 : 특별히 누가 무엇을 할 책임이 있다는 거지?
- **일반화된 참조지침** : 어른들은 엉큼해. ⇒ 도전 : 어떤 어른들이 특별히 엉큼하다는 거야?
- **참조지침 역전** : 엄마는 나를 미워해. ⇒ 도전 : 어떻게 엄마가 미워한 것을

알았지요?

- 명사화 : 우리 결혼은 작동이 잘 안 되고 있어요. ⇒ 도전 : 어떻게 결혼이 작동을 잘 않는다는 거죠?
- 미결동사 : 나는 내 아이들을 사랑합니다. ⇒ 도전 : 당신이 아이들을 사랑한다는 것을 어떻게 나타냅니까?

(2) 제한확대 예문

- 필요에 의한 모형작동 : 나는 일을 해야만 합니다. ⇒ 도전 : 일을 하지 않는다면 무슨 일이 생길 것 같습니까?
- 가능성의 모형작동 : 나는 그것을 할 수 없어요. ⇒ 도전 : 무엇이 하지 못하게 방해합니까?
- 포괄적 다량화 : 아무도 나를 좋아하지 않습니다. ⇒ 도전 : 특별히 누가 좋아하지 않습니까?

(3) 의미변화 예문

- 원인과 결과 : 그가 나를 미워하게 만들었습니다. ⇒ 도전 : 그의 어떤 행동 때문에 당신이 그를 미워하게 되었습니까?
- 마음읽기 : 내 남편은 나를 더 이상 사랑하지 않아요. ⇒ 도전 : 남편이 당신을 사랑하지 않는다는 것을 어떻게 알았죠?
- 투사된 마음 읽기 : 내가 그(남편)를 사랑하는 줄 그는 알고 있어요. ⇒ 도전 : 그가 어떻게 그것을 알지요?
- 수행자 상실 : 인생은 위험해요. ⇒ 도전 : 누구에 의하면 인생이 위험하다는 말이지요?

4 메타모델 연습

1) 통일의 장을 활용한 메타모델 연습

가장 중요한 환경적인 커뮤니케이션과 변화는 상담자와 내담자 사이의 일치다. 그리고 건강하고 효과적인 사람은 그의 능력, 믿음, 가치, 신념 그리고 정체성이나 자신의 존재와 일치하는 행동을 하는 사람이다. 따라서 학습과 변화는 환경, 행동, 능력, 신념, 정체성, 영성의 여러 수준들에서 일어날 수 있다(설기문, 2010).

① **환경차원** : 난 여기서 그것을 할 수 없어요. ⇒ 어디서라면 그것을 할 수 있겠니?
② **행동차원** : 난 여기서 그것을 할 수 없어요! ⇒ 정확하게 무엇을 할 수 없지?
③ **능력차원** : 난 여기서 그것을 할 수 없어요! ⇒ 무엇 때문이지? 또는 그러면 무엇이 필요하지?
④ **신념차원** : 난 여기서 그것을 할 수 없어요! ⇒ 네가 한다면 어떻게 될까?
⑤ **정체성 차원** : 난 여기서 그것을 할 수 없어요. ⇒ 누구라면 할 수 있을까?

2) 자신의 내면 대화에 메타모델 적용하기

메타모델을 적용하기에 가장 좋은 장소는 자기 자신에게 하는 내면 대화이다. 당신은 우선 자신의 내면 대화에 귀를 기울여야 한다. 정확히 당신은 자신에게 무슨 말을 하고 있는가? 많은 사람들은 내면의 대화를 끊임없이 뒤에서 들려오는 잡음으로 생각하고 거기에 실제로 귀를 기울이지 않는다. 마음의 활동에 귀를 기울이는 것은 마음을 평온하게 하는 준비로 명상의 기본이 될 수 있다. 그럼으로써 지각의 문이 열리고 자신을 가로막고 있는 장벽이 조금씩 무너지기 시작한다. 메타모델 질문을 사용하여 자신이 즐겨 사용하는 삭제, 왜곡, 그리고 일반화에 대해 알아보고, 스스로 사기를 저하시키는 비현실적인 비교를 하고 있지는 않는지 인식해 보자.

① "나는 이것을 해야 한다." ⇒ "만일 하지 않는다면 어떻게 될까?"
② "나는 이것을 할 수 없습니다." ⇒ "무엇이 방해하고 있습니까?"
③ "나는 이제 싫증이 납니다." ⇒ "정확히 어떤 방식으로 나 자신을 지루하게 만들고 있는가?"
④ "변화는 어렵다." ⇒ "변화는 어떻게 어려운가?"
⑤ "이 결정은 하기가 어렵다." ⇒ "나는 그것이 결정하기 어렵다는 것을 어떻게 알 수 있나?"
⑥ "아무도 나를 돕지 않을 것이다." ⇒ "아무도? 단 한 사람도?"

3) 메타모델 위반과 도전연습

내담자가 다음 문장을 말했을 때 어떻게 도전할 수 있는가 반응을 하여 보시오.

① 나는 할 수 없어요. ______
② 일을 해야만 한다. ______
③ 나를 좋아하는 사람은 아무도 없다. ______
④ 그가 나를 미치게 했어. ______
⑤ 그는 나를 싫어해. ______
⑥ 인생은 험악한 거예요. ______
⑦ 그 아이가 망쳤어. ______
⑧ 어른들은 다 틀렸어. ______
⑨ 엄마는 나를 미워해요. ______
⑩ 나는 내 아이를 사랑해요. ______
⑪ 기분이 나빴어요. ______
⑫ 나는 참을성이 많아야 해요. ______
⑬ 세상은 괴로운 거예요. ______
⑭ 그가 나를 미치게 해요. ______

활동 과정과 관련하여 자신의 느낌이나 생각 또는 하고 싶은 이야기를 자발적으로 이야기하도록 한다. 토의가 끝난 후에는 오늘의 프로그램을 통해 새롭게 발견한 것이나 그 밖에 각자가 배우게 된 점을 자유롭게 발표하도록 한다. 발표가 끝나면 상담자는 오늘의 전체 활동 내용을 정리하고 간단히 평가한다.

Chapter

07

밀턴모델

인간 세상에는 길이 하나만 있는 것이 아니다. 길은 백가지도 천 가지도 있다.

—사카모토 료마—

1 밀턴모델의 이론적 기초

1) 밀턴모델의 개념과 배경

밀턴모델(Milton Model)은 메타모델과 상반되는 개념으로 모호하고 추상적으로 표현함으로써 포괄적인 해석이 가능하도록 하여 트랜스 상태를 유도하는 언어 표현을 말한다. 그래서 많은 삭제와 왜곡, 일반화로 이루어지는 문장이 된다. 밀턴모델은 저명한 최면치료 전문가 밀턴 에릭슨(Milton H. Erickson)의 최면기법을 NLP창시자인 Bandler와 Grinder가 모델화한 일련의 언어패턴이다. 밀턴모델은 메타모델과 반대되고 보완되는 언어패턴으로서, 우리 안에 숨어 있는 자원을 찾아내기 위하여 트랜스를 유도하고 그 상태를 유지하기 위한 언어를 사용하는 방법이다. 밀턴모델은 메타모델과는 반대로 의도적으로 모호한 언어형식을 사용하여 많은 삭제, 왜곡, 그리고 일반화로 이루어지는 방법이다.

밀턴모델은 다음과 같은 것을 위하여 언어를 사용하는 방법이다.

① 그 사람의 실재에 따라 맞추고 이끌기

② 의식적 마음을 혼란시키고 활용하기

③ 무의식과 자원에 접근하기

2) 밀턴모델의 원리

밀턴모델의 원리는 내담자의 검증 가능한 외적인 경험을 반론할 수 없는 방식으로 서술하는 것이다. 내담자에게 일어나고 있는 감각적 경험을 있는 그대로 묘사하여 치료자가 말하는 대로 상대가 따라오도록 하는 것이 중요하다. 주의를 내면으로 향하게 함으로써 서서히 부여되는 암시에 의해서 내담자를 내적 집중상태로 적절히 유도할 수 있게 한다.

일반적인 용어로 묘사될 때 내담자의 경험을 정확하게 반영해 줄 가능성이 높아진다. 일반적인 암시는 내담자가 보이는 어떤 반응도 포괄할 수 있는 것이 되기에 보다 효과적으로 부드러운 트랜스를 유도할 수 있다. 상담자가 제시하는 몇 가지 언어적 자극에 계속 집중함에 따라 더 깊이 내적 집중상태로 들어가게 된다. 이때 내담자의 경험은 더 주관적인 것이 되며 이것이 스스로에게 피드백 되어 더 깊은 트랜스 상태로 들어가게 된다.

이렇게 NLP 상담자가 모호한 방법으로 언어를 사용하는 것은 하나의 기술이다. 모호한 방식으로 제공되는 암시를 내담자는 자기중심적이고 주관적으로 받아들이며, 그에 상응한 의미부여를 하게 된다. 암시를 줄 때 문장 사이에 부드러운 전환이 이루어지면 더욱 효과적이다. 예를 들어, '~할 때', '~하는 동안에', '그리고'와 같은 전환어(transition)를 사용하여 발생되고 있는 어떤 것을 언급하고 발생하길 바라는 어떤 상태, 즉 트랜스 상태에 연결한다. 이렇게 되면 모호한 진술과 암시의 흐름 속에 부드럽게 연결될 때 암시의 효과는 늘어나게 된다.

2 밀턴모델의 실제

1) 의미탐색

밀턴모델은 메타모델과 반대로 삭제, 왜곡, 일반화들로 가득 찬 문장을 만드는 방법이다. 내용을 최소화한 상태에서 맥락을 제공하는 것이기 때문에 내담자는 자신의 경험을 바탕으로 이야기의 의미를 탐색하고 세부적인 것들을 채워 넣어야 한다. 이러한 일은 무의식적 차원에서 이루어지게 된다. 중요한 것은 내담자가 상담자의 말을 어떻게 받아들이고 어떻게 주관적으로 의미화 하여 해석하는가의 문제라고 할 수 있다.

구체적인 밀턴모델의 의미탐색 과정은 다음과 같다.

첫째 단계, 내담자가 과거의 많은 경험 중에서 적절한 것을 골라내어 그 경험에서 무엇인가를 학습할 수 있도록 기술적으로 애매한 지시를 한다.

둘째 단계, 내담자가 중요한 경험을 골라내게 하고 뭔가 새롭고 중요한 사실을 학습할 수 있도록 모든 내부감각을 동원하여 다시 그 경험을 하게 한다.

셋째, 단계, 내담자의 무의식에게 그 학습이 유용하게 될 미래의 어떤 맥락에서 그것을 사용하도록 요청한다.

2) 의식적 마음의 혼란과 활용

밀턴모델의 중요한 부분은 정보를 누락시켜서 의식적 마음이 기억의 저장고로부터 누락된 정보를 채워 넣느라 계속 바쁘게 만드는 것이다. 여기에서는 메타모델에서 살펴본 메타모델 위반의 사례를 활용한다.

(1) 명사화

밀턴모델에서 명사화는 엄청난 양의 정보를 삭제한다. 동사가 고정 단어화 되므로 일반적으로 추상적인 개념만 남게 된다. 동작이나 움직임 등 구체적으로 언급되는 것이 적을수록 다른 사람의 경험과 일치하지 않을 위험은 적어진다.

- 명사화 예시 : "트랜스가 보여주는 것은 단순한 진리를 완전히 알려주는 것입니다. 당신의 인생에서 당신이 늘 해 왔던 일이죠."

(2) 미결동사

동사의 구체적 내용을 지적해 주지 않고 미결상태로 두는 진술을 사용하는 것이다.

- 미결동사 예시 : "당신은 할 수 있습니다."

(3) 판단

판단은 구체적인 증거에 근거하지 않고 상담자가 자의적으로 판단한다.

- 판단 예시 : "당신이 이완을 잘하고 있는 걸 보니 정말로 좋다."

(4) 비교삭제

비교삭제는 구체적인 비교 대상을 삭제된 상태의 진술을 한다.

- 비교삭제 예시 : "더 깊은 트랜스 상태로 들어가는 것이 더 좋다."

(5) 기본가정

상담자는 기본가정을 통하여 어떤 부분을 기정사실화하면서 그것에 대해서는 도전받기를 원치 않는다는 가정을 깔아 놓는다.

- 기본가정 예시 1 : “당신은 지금 트랜스 상태로 들어가고 싶습니까. 아니면 나중에 들어가고 싶습니까?”(트랜스 상태로 들어갈 것이다. 그것이 시기적으로 언제든)
- 기본가정 예시 2 : “당신은 이완을 하면서 아무것도 기억해 내려고 할 필요가 없음을 즐길 수 있습니까?”(당신은 이완하고 있고, 아무것도 기억하지 않을 것이다)

(6) 수동형 진술

전환어가 부드러운 형태의 인과관계를 만들어 준다면, 수동형 진술인 ‘하게 한(만든)다(make)’는 좀 더 강한 형태의 인과관계를 만들어 준다.

- 수동형 진술 예시 : “밖에서부터 들려오는 모든 소리는 당신을 보다 편안하게 만들고 이완되게 만듭니다.”

(7) 마음읽기

마음읽기는 상대방이 생각하고 있음직한 것을 아는 것처럼 알아주는 것으로, 마음읽기를 막연하고 일반적인 언어로 하게 되면 결과적으로 그의 경험에 맞추어 주고 상대를 이끌어 가는 역할을 하게 된다.

- 마음읽기 예시 : “당신이 지금 당신의 증상과 관련된 과거의 경험을 떠올리고 있습니다.”

(8) 포괄적 수량화

포괄적 수량화는 ‘전부’, ‘항상’, ‘모든’ 등의 차원에서 어떤 사실을 표현하는 것이다.

- 포괄적 수량화 예시 : "그것이 사실이란 것은 모든 사람이 압니다."

(9) 서법기능어

서법기능어란 원래 영어 문법의 용어(서술법, 조동사)이지만, NLP에서는 '반드시 ~해야 한다', '~할 수 있다', '할 수 없다'와 같이 규칙이나 법칙을 암시하는 말을 일컫는 개념으로 사용되고 있다. 서법기능어에는 필수의 서법기능어와 가능성의 서법기능어의 두 가지가 있는데, 이들은 모두 메타모델과 밀턴모델의 주요 언어 패턴이다.

- 서법기능어 예시 : "당신은 아직 트랜스에 들어가려고 서두를 필요가 없습니다."

3 밀턴모델과 무의식

1) 좌뇌와 우뇌

뇌의 앞부분, 즉 대뇌는 두 개의 반구로 나누어져 있으며 정보는 뇌량을 통해서 두 개의 반구사이를 통과한다. 좌뇌는 분석적이고 합리적인 방법으로 정보를 처리하고, 우뇌는 정보를 보다 전체적이고 직관적인 방법으로 다룬다. 즉, 좌뇌는 의식적 차원에서 언어를 이해하는 것을 관장하고 우뇌는 자각되지 않는 수준에서 무심한 방법으로 단순한 의미를 다룬다고 볼 수 있다.

밀턴모델의 문형은 우세한 대뇌반구에 계속해서 과중한 부담을 주어서 의식적으로 마음을 혼란시키는 언어패턴이다. 밀턴 에릭슨(Milton Erickson)은 복잡하고 다층적인 말을 구사하곤 했는데, 내담자는 그가 던진 말의 의미를 탐색하고 이해하고자 하는 일에 집중할 수밖에 없었다. 그 결과 내담자의 좌뇌는 혼란에 빠지고 비판적이고 분석적인 기능을 수행하지 못하게 되면서 트랜스에 들어가게 된다.

2) 밀턴모델을 활용한 트랜스 상태의 유도 방법

Erickson 모형에서는 좌뇌를 혼란·분산시킬 수 있는 방법들이 많이 있다. 발음의 모호성은 서로 다른 의미를 가졌지만 발음이 비슷한 단어를 사용한 것이다.

- 발음의 모호성 예시 : "아버지가방에 들어가신다.", "배를 보면서 배소리를 듣고 또 배의 편안함을 느낀다면 과거보다 마음이 배나 더 편안함을 경험할 수 있을 거예요."
- 구문의 모호성 예시 : "저기 공부하는 학생들을 보라"
- 구두점의 모호성 예시 : "내가 너에게 꼭 하고 싶은 말은 제발 공부 좀 열심히 해라고 자주 말씀하시던 아버지의 뜻을 잊지 말라는 것이다."

3) 무의식과 자원에 접근하기

뇌의 우반구는 서로 다른 실제의 말보다는 음조, 음량, 소리의 방향같이, 말의 내용보다는 전달하고자 하는 말의 맥락에 민감하다. 때문에 특별히 강조점이 달린 메시지는 좌뇌를 우회하여, 즉 의식적 차원에서 인식되는 일 없이 우뇌로 가게 될 것이다. 강조를 하는 데는 많은 방법이 있다.

(1) 말의 특정 부분을 강조하기

어조나 몸짓을 다르게 함으로써 말의 특정 부분을 강조하기는 무의식의 주목을 끌기위해 지시나 질문을 강조하는 과정에서 사용될 수 있다.

- 말의 특정 부분을 강조하기 예시 : "당신은 이 문장을 읽으면서 그 속에 담겨 있는 메시지를 이해하라는 의미를 알아차렸는가?"

(2) 잠입명령

잠입명령(embedded command)은 말하는 내용 중 특정한 부분에서 서로 다른 지시사항을 나타내도록 하기 위해 말을 하면서 머리를 끄덕이거나 움직임으로써 명령으로 작용하는 언어패턴이다.

- 잠입명령 예시 1 : "오빠, 그렇게 날 깊이 사랑해(강세를 떨어뜨림)선 안 돼. 난 오빠가 생각하는 그런 좋은 여자가 아니야."
- 잠입명령 예시 2 : "트랜스에 들어가기 위해 눈을 감으시오."라는 말을 들을 필요는 없다는 것을 기억하세요."

(3) 인용

인용은 이야기 속에서 자신이 전하고 싶은 내용을 누군가가 말하는 형식으로 처리하면서 어떤 방법으로든 그 내용을 드러내게 할 수 있는 언어패턴이다.

- 인용 예시 : "네, 그것을 듣게 된 것이 참 우스웠어요. 2주 전에 제가 길을 가고 있었는데 아주 낯선 사람이 저에게 다가와서 말하더군요."

(4) 부정명령어

부정명령어는 잠재의식이 언어적 부정을 처리하지 않고 무시하므로, 부정명령은 잠재의식 차원에서 보면 긍정명령과 동일한 작용을 한다. 부정문으로 위장한 명령문은 현재의식의 저항을 줄이므로 그 일을 더 지속시키는 결과를 만들 수 있다.

- 부정명령어 예시 1 : "핑크색 판다를 떠올리지 마세요,"
- 부정명령어 예시 2 : "내일이 내 생일인데, 굳이 내가 좋아하는 초콜릿을 사 줄 필요는 없어."

(5) 대화형 요구

대화형 요구(conversational postulates)는 단지 '예'나 '아니오'라는 대답을 요구하는 질문과 같은 형식의 문장이지만 실제로는 특정한 반응을 이끌어 내는 요구에 해당한다고 할 수 있다.

- 대화형 요구 예시 1 : "쓰레기를 밖에 내놓을 수 있나요?"(문자 그대로 상대방이 그 일을 하는데 신체적으로 가능한지의 여부를 묻는 것처럼 보이지만

실제로는 그렇게 해달라고 요청하고 있다.)

- 대화형 요구 예시 2 : "문이 아직도 열려 있니?"(문을 닫아라.)
- 대화형 요구 예시 3 : "상 차릴 준비가 되었니?"(상 차릴 준비를 해라.)

4 밀턴모델의 실습

1) 학습자의 집중력 향상을 위한 실습

밀턴모델을 응용하여 학습자의 집중력을 높이는 예시문이다.

당신이 망설이고 있다는 것을 알아요. … 그리고 망설이는 것은 좋은 일이죠 … 왜냐하면 … 그것은 당신이 많은 것을 학습하고 있다는 것을 의미하거든요. 당신이 학습할 수 있는 모든 것들, 모든 것들 … 은 당신에게 새로운 통찰과 새로운 이해를 제공해주지요. 그리고 당신은 할 수 있어요. 그렇지 않아요? 당신도 알다시피 사람들은 할 수 있어요.
그리고 그것은 다소 괜찮은 것이죠. 당신은 여기에 앉아 있고 나의 말을 듣고 있으며 나를 바라보고 있어요. 그리고 그것은 당신의 무의식도 여기에 있다는 것과 내가 말하는 것을 들을 수 있다는 것을 의미하지요. 그리고 당신은 아마도 이러한 것을 학습할 수 있을 것이며 당신이 스스로 생각하는 것보다 무의식 수준에서 이미 더 많이 알 것입니다. 그리고 내가 다른 사람에게 이것을 배우시오, 또는 저것을 배우시오 라고 말하는 것은 옳지 않으며 그로 하여금 어떤 순서로든 자기가 원하는 방식으로 배우도록 하는 것이 더 나을 것입니다.
당신은 이것이… 신이 이해하는 것이라고 생각합니까?

2) 밀턴모델의 맞추기와 이끌기 실습

밀턴모델의 맞추기와 이끌기는 제2단계로 나누어 실시할 수 있다.

(1) 제1단계

① A가 B에게 네 가지의 진술문을 말한다. 처음의 세 가지 진술문은 감각에

기반을 둔 진술로 하되 B가 미처 인식하지 못하는 영역으로 언급을 함으로써 그가 집중하도록 한다.

예 : 호흡, 컬러, 몸의 움직임, 기온, 몸무게, 소리의 크기와 높이, 옷의 종류와 디자인 등

"당신은 천천히 호흡을 하고 있습니다. 그리고 목소리도 함께 올라갔습니다. 당신은 앉아 있는 자세가 반듯하군요."

"당신은 빨간 옷을 입었군요. 그리고 빨간 색 연필을 갖고 있군요. 당신은 열심히 메모를 하고 있어요."

② 마지막 네 번째의 진술문은 B의 경험에 대한 비감각적인 결론이 되도록 한다.

예 : "…그리고 당신은 멋있습니다."

"…그리고 당신은 유쾌한 추억을 기억할 수 있습니다."

"…그리고 당신은 쉽게 학습합니다."

"…그리고 당신은 더욱 이완됩니다."

③ 위의 과정이 끝이 나면 이번에는 A와 B의 역할을 바꾼다.

(2) 제2단계

① A가 B에 관하여 세 가지의 감각에 기반을 둔 진술문을 말하고 그 다음에는 두 가지의 비감각적 결론을 유도한다.

② B가 A에게 같은 요령으로 실습한다.

Chapter

08

앵커

최면이란 현재의식의 비판적 사고를 우회하여, 받아들일 만한 선택적 사고를 확립하는 것이다.

—Dave Elman—

1 앵커의 기초

1) 앵커의 개념

앵커(anchor)란 배가 정박하기 위해 쓰는 '닻'을 의미한다. 또한 배가 항구에 정박할 때 사용하는 그 닻이다. 암벽타기를 할 때 줄과 사람을 연결하는 고리 역시 앵커라고 부른다. NLP 상담에서 앵커란 특정한 반응을 불러일으키는 특정한 자극을 의미한다. 한 개인이 어떤 경험의 정점에 도달했을 때, 즉 가장 강력한 감정적 상태에 머무는 동안 어떤 특정한 자극이 주어지면 그 감정과 그 자극 사이에 특정한 신경적 연결이 형성된다. 앵커는 우리가 온전히 몰입되어 있을 때 형성되는데 자연스럽게 일어날 수도 있고 의도적으로 설정하여 경험과 자극을 연결할 수도 있다. 과거의 강력한 경험을 다시 경험하면서 그 때의 감정의 정점과 새로운 자극을 연결하여 그 때의 감정을 필요할 때마다 현재 혹은 미래에 불러올 수 있다. 예를 들면, 내가 여행 갔던 그 장소 사진을 보면 마음이 편안하고 행복감이 느껴진다. 자연스럽게 일어나는 긍정적인 앵커의 예로는 좋아하는 사진, 기분을 자극하는 냄새, 사랑하는 사람의 특정한 얼굴 표정이나 목소리 톤 등이 있다.

많은 행동주의 심리학자들은 인간은 조건적 반사에 의해 삶을 영위한다고 믿는다. 그들에 의하면 학습이란 새로운 앵커를 설정하고 그에 반응하는 것이라고 말한다. 어떤 상황에서는 하나의 앵커가 평생 지속되기도 한다. 여기에서 중요한 요점은 어떤 감각양식으로든지 필요한대로 누구에게든지 그들이 바라는 대로 특정한 상태를 앵커할 수 있는 능력을 지니는 것이다.

2) 앵커링의 개념

앵커링은 본래 NLP 기법에서 파생되어진 단어지만, 그 활용의 다양성과 효과의 효율성 때문에 최면, 행동치료, 인지치료 등에서 다양하게 사용되고 있다. 앵커링(anchoring) 기법이란 본래의 의미와 크게 다르지 않다. 배가 항구에 닻을 내리는 것처럼, 하나의 심리 상태를 어떠한 특정한 심리 상태로 닻을 내려 주는 것을 앵커링이라 부른다. 즉, 앵커링이란 것은 긍정적인 심리상태를 조성할 수 있는 기법을 말한다. 종소리만 듣고도 침을 흘리는 파블로프의 개 실험을 바탕으로 하여 만들어진 조건형성이론에서는 자극-반응이라는 두 가지의 개념을 전제로 한다. 여기서 종소리는 자극에 해당하며 침 분비와 같은 특정 반응을 일으키는 촉발인자라고 할 수 있는데, 이것이 바로 앵커링에 해당한다고 할 수 있다.

앵커링은 긍정적인 경험이나 긍정적 내부 상태에 몰입해 긍정적인 변화를 얻을 목적으로 특정의 신호를 의도적으로 사용하는 것을 말한다. 이때 그 신호가 앵커가 되는 것입니다. 앵커링의 핵심은 특정한 신호를 통한 긍정적인 연합에 있다. 이렇게 함으로써 자신의 내면에 행복과 성공의 상태를 조성할 수 있으며, 자신감과 강력한 동기를 불러일으켜 행동 변화를 촉진하게 되는 원리이다.

앵커링은 마음을 다스리는 대표적인 방법 중 하나라고 할 수 있다. 이 기법은 초조함이나 불안감 같은 부정적 정서를 느낄 때 손쉽게 긍정적인 정서 상태로 마음을 바꿀 수 있도록 돕는다.

3) 앵커링의 활용

(1) 상담 및 심리치료에서의 활용

NLP 상담에서 앵커링 기법은 자신감을 키워 줄 뿐 아니라 집중력을 높여 주는 데도 좋은 기법으로 활용될 수 있다. 또한 앵커링은 심리적 외상(post-traumatic stress disorder : PTSD)을 치유하는 데도 활용될 수 있다.

우리는 살아가면서 크고 작은 마음의 상처를 받는다. 그 상처를 의식하고 치유하기 위해 노력하는 사람이 있는가 하면, 자기의 상처가 왜 '상처'가 되는지 잘 모르거나 인식하지 못한 채 고통을 느끼며 사는 사람도 있다. 이는 상처의 크기가 작아서일 수도 있겠지만 상처가 무의식적인 차원에서 생기고 유지되고 마음의 상처가 현실적인 문제와 관련해 직접적인 원인으로 드러나지 않기 때문이다. 예를 들어 심리적 외상이 우울증이나 불안증 같은 정신적인 문제로 발전하지 않는다고 하더라도 보다 행복하고 건강하며 보다 효율적이며 생산적인 삶에서 멀어지게 할 수 있다. 이런 이유로 상담 및 심리치료, 치유 또는 변화를 위해 앵커링 기법이 주목 받고 있다.

(2) 일상생활에서의 활용

우리 일상생활에서 흔히 접하게 되는 심리상태의 하나일 뿐이다. 예를 들어 노랗게 익은 레몬을 먹고 난 후, 레몬을 상상하여 입안에 침이 고이게 되는 경우가 생긴다면 이것은 노란색과 레몬을 맛본 심리 상태와 앵커링 되어 있는 것을 뜻한다. 또한 브람스의 음악을 들으면 마음이 아주 편안해지게 된다면, 이것은 브람스의 곡에 앵커링 되어 있는 것이다.

우리는 이러한 앵커링 기법을 이미 일상생활에서 오래전부터 자연스럽게 사용해 오고 있다고 해도 과언이 아니다. 예를 들어 우는 아이에게 '뚝'이라고 말하고 울지 않게 앵커링을 시켜 놓는다거나, 주먹을 쥐고 '파이팅!'을 외치며 몸의 활력을 불어 넣는 식의 앵커링은 누구나 쉽게 사용하고 있는 것들이다.

(3) 스포츠 활동에서의 활용

스포츠맨은 경기 이전에 간단한, 의례적이면서 습관적인 행동과 같은 것을 한다. 박성현 선수는 양궁 경기에 임하기 전에 독특한 버릇이 있다. 그녀는 경기에서 먼저 활에 화살을 꽂은 후에, 상의 양쪽 끝자락을 한 번씩 살짝 당긴다. 그러고는 상의 깃을 매만진 후에 손가락으로 선글라스를 치켜 올린다. 마지막으로 심호흡을 한 후에 시위를 당긴다. 마음의 평정심과 집중력을 높이고 경기에 대한 자신감을 갖게 된다고 한다.

박태환은 물에 뛰어들기 직전까지 음악을 듣는다고 한다. 그렇게 함으로써 마음의 평정을 유지하기 때문이다. 미국의 타이거 우즈는 경기 시작 75분 전에 경기장에 도착하고 시계 반대 방향으로 8자를 그리며 그린을 돌아 퍼팅을 하며 마지막에서 첫 번째 홀에서 샷을 하는 식의 행동 패턴을 지니고 있다. 그렇게 함으로써 경기에 임하는 각오를 다지고 평정심을 찾는다고 한다.

2 앵커링의 조건과 종류

1) 앵커링의 네 가지 조건

앵커링이 성공적으로 이루어지기 위해서는 네 가지 조건이 필요하다.

(1) 경험의 강도

경험의 강도(intensity of the experience)라는 조건을 충족시키기 위해서는 관측(calibration)이 필요하다. 상대의 변화에 빈틈없이 주의를 기울이는 것을 관측하기(calibrating)라고 한다. 일정한 자극을 줄 때 그때 그 사람의 정서 상태가 강렬해야 효과가 있다. 이것은 상태나 기분이 강렬해야 기억 속에 명확히 저장이 되고 특정한 자극을 앵커로 해서 앵커링에 효과적이기 때문이다. 그런 이유에서 앵커링을 사용하고자 하는 NLP 상담자는 내담자의 상태를 잘 관측하고 경험의 강도를 확인한 후 경험의 강도가 최고조에 이르렀다고 판단되면 앵커링을 시도해야 한다. 경험의 강도를 확인하기 위해 NLP 상담자가 고려해야 할 사항은 다음과 같다.

① 앵커는 내담자가 강력한 상태에 온전히 몰입되어 있을 때 적용되어야 한다.
② 경험이 강력하면 할수록 더 나은 앵커가 형성될 수 있다.
③ 내담자가 특정한 상태가 되는 것을 정확한 감수성과 관찰력을 이용하여 알아차린다.

(2) 앵커링의 타이밍

앵커링의 타이밍(timing of the anchors)은 긍정적이고 리소스풀한 감정의 상태, 즉 감정의 최고점에 있는 5~15초 사이에 앵커링을 해야 효과적이다. 앵커링의 타이밍에 대해 NLP 상담자가 고려해야 할 사항은 다음과 같다.

① 내담자의 상태가 막 시작되려고 할 때 앵커를 하고, 그 상태가 절정에 달하는 것 같을 때 앵커링을 한다.

② 이는 대부분 5초에서 15초 정도의 시간이 걸린다.

③ 이 시간 맞추기가 정확한 앵커링의 초석이 된다.

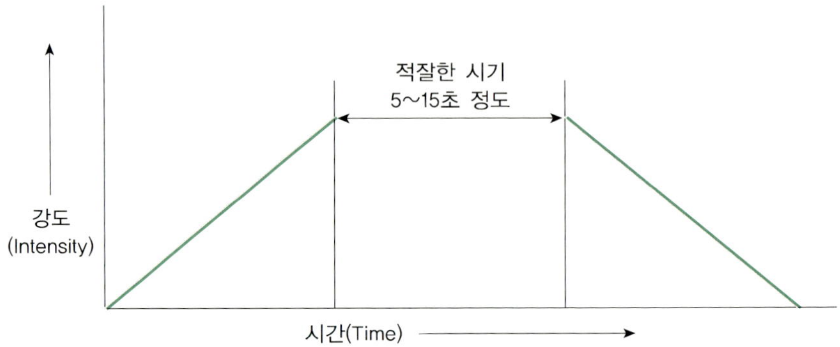

그림 8-1 앵커링의 적절한 시기

(3) 자극의 독특성

악수하거나 사람의 어깨를 만지는 것보다 새끼손가락의 중간 부분을 만지는 것은 훨씬 더 독특한 자극이다. 자극의 독특한 경험이 앵커가 될 확률이 높다. 왜냐하면 흔한 자극은 다른 기억들과 섞여 버려서 앵커로 남지 않을 가능성이 높기 때문이다. 이처럼 자극의 독특성(uniqueness of the stimulus)은 앵커링을 다른 자극과 구별하도록 돕고 앵커링이 필요할 때 자신이 기억하고 있는 앵커를 사용하도록 도울 수 있다. NLP 상담자가 자극의 독특성을 적용하기 위해 고려해야 할 사항은 다음과 같다.

① 악수하기처럼 비록 앵커가 되긴 해도 너무 빈번하고 평범하면 그 효과가 크지 않을 수 있다.

② 앵커는 독특한 위치를 가지고 있어 우연히 건드려 지지 않아야 한다.

(4) 반복성

앵커링의 어떤 상태가 앵커링될 때 그 경험을 오염시키는 것은 아무것도 없어야 한다는 것이 앵커링의 순수성이다. 앵커가 자극을 받으면 그 앵커가 만들어졌던 그때에 가졌던 감정을 정확하게 느끼게 된다. 원하는 상황과 상태가 앵커링되어야 하기 때문에 현재 그 사람의 기분과 상태를 잘 관측하는 것이 필요하다.

앵커링의 순수성을 높이기 위해서 NLP 상담자는 자극의 재생(replication of the stimulus)과 앵커의 빈도(number of times)를 고려해야 한다. 자극의 재생은 앵커는 같은 방식으로 반복되고 강화 되어야 한다는 것을 의미한다. 즉, 계속해서 더해지고 축적될 때 앵커는 점점 강력해 진다. 그리고 앵커의 빈도는 자극의 반복, 즉 자극을 적용하는 빈도를 말한다.

2) 앵커링의 종류

앵커링의 종류는 감각양식, 성질, 용도에 따라 여러 가지로 구분된다. 구체적인 내용은 다음과 같다.

(1) 감각양식에 의한 구분

앵커링은 NLP 표상체계의 중요한 4가지 축이라 할 수 있는 시각적, 청각적, 신체감각적, 후각 및 미각적 체계에 따라 시각적, 청각적, 신체감각적, 후각 및 미각적 앵커링으로 구분할 수 있다.

① **시각적 앵커링** : 얼굴표정, 손동작, 상징물(십자가, 하트모양, 로고, 깃발 등)
② **청각적 앵커링** : 음악, 특정한 소리(목소리), 리듬, 혼잣말 등
③ **신체 감각적 앵커링** : 외적 감각 자극, 특정한 방식의 접촉 등
④ **후각 및 미각적 앵커링** : 냄새, 맛

(2) 성질에 다른 구분

앵커링은 내담자의 긍정적 경험과 관련되어 있는지 혹은 부정적 경험과 관련되어 있는지에 따라 긍정적 앵커링과 부정적 앵커링으로 구분할 수 있다.

① 긍정적 앵커링 : 긍정적인 경험과 관련된 앵커링
- 긍정적인 기분(행복감, 성취감, 만족감, 자신감 등)을 일으키는 앵커

② 부정적 앵커링 : 부정적 경험과 관련된 앵커링
- 부정적인 기분(실망감, 좌절감, 분노, 의욕상실 등)을 일으키는 앵커

(3) 용도에 따른 구분

앵커링은 용도에 따라 긍정적 상태를 불러일으키는 앵커링, 부정적 상태를 제거하기 위해 다수의 긍정적 앵커와 한 가지의 부정적 앵커를 동시에 앵커링하는 방식, 긍정적 상태 조성을 위한 다수의 바람직한 자원들을 유도하는 앵커들을 연속적으로 내리는 앵커링 등이 있다.

① 자원 앵커링(resource anchoring) : 긍정적 상태를 불러일으키는 앵커

② 누적 앵커링(stacking anchoring) : 자원 앵커를 계속 내림으로써 누적시키는 것

③ 붕괴 앵커링(collapse anchoring) : 부정적 상태를 제거하기 위해 다수의 긍정적 앵커와 한 가지의 부정적 앵커를 동시에 내리기

④ 연쇄 앵커링(chaining anchoring) : 긍정적 상태 조성을 위한 다수의 바람직한 자원들을 유도하는 앵커들을 연속적으로 내리기

3 목적에 따른 앵커링

앞에서 언급한 바와 같이, 앵커링의 필수 조건은 먼저 자원이 풍부한 상태가 절정에 도달하고 있는 바로 그때 타이밍이 맞아야 하고 신호가 독특하고 변별력이 있어야 한다. 또한 정확하게 반복하는 것이 쉬워야 하며 분명하고 완전하게 재경험하는 상태와 연결되어야 한다.

1) 자원 앵커링

과거에 경험했던 긍정적인 정서적 자원들을 현재 상황에서 다시 이끌어 내기 위하여 이루어지는 것이 자원 앵커링(resource anchoring)이다(설기문, 2010). 자원 앵커링을 통해서 우리는 자신이 원하는 정서 상태를 선택하여 만들어 갈 수 있다.

(1) 시각적 앵커

어떤 상징적 이미지를 선택할 수도 있다. 실제로 자신감을 느꼈던 순간에 봤던 장면이나 모습을 기억할 수 있다. 당신이 선택한 이미지가 독특하고 그러한 감정을 유발시키는 데 도움을 준다면 그때는 효과가 있다.

(2) 청각적 앵커

이것은 내부적으로 당신 자신에게 말하는 어떤 단어나 구절일 수 있다.

(3) 신체감각적인 앵커

엄지손가락과 다른 손가락을 접촉하는 것이나 특별한 방식으로 주먹을 불끈 쥐는 것이다. 그 앵커가 독특해야 하고 일상적인 것이 되지 않도록 해야 한다. 항상 일어나지 않으면서 다른 상태나 행동에 연관되지 않는 독특한 앵커를 선택해야 한다.

남의 눈에 이상하게 보이거나 너무 거북하게 느껴지지 않는 앵커여야 한다. 물구나무 서는 것은 자신감의 앵커로서 효과가 있을 수 있어도 괴짜로 보일 수 있다.

2) 연쇄 앵커링

하나의 앵커가 그 다음 것을 일으키기 위해서 앵커가 연쇄적으로 작용하는 것을 연쇄 앵커링(chain anchoring)이라고 한다. 각 앵커는 연쇄로 고리를 제공한다. 그리고 그 다음 앵커의 자극신호가 된다.

이것은 마치 도미노처럼 여러 가지의 서로 다른 앵커가 연쇄적으로 옆의 앵커 쪽으로 전달되면서 연결되어 총체적으로 하나의 연결 관계를 이룩하는 앵커링을 말한다. 예를 들면, 좌절감이 느껴질 때, 호기심 상태로 그리고 호기심에서 다시 창의성 상태로 이동하기 위해서는 연쇄 앵커링을 설정할 수 있다. 먼저 호기심을 느꼈던 과거의 시기를 회상하고 그리고 상태 파괴를 한다. 다음으로 창의성을 발휘했던 때를 회상하고 창의성 상태를 느껴 본다. 이제 처음의 좌절감을 느꼈던 경험으로 돌아간다. 그리고 좌절감의 신호가 느껴지는 순간, 호기심 상태인 앵커를 발사하라. 그리고 호기심이 절정에 달할 때 창의성 앵커를 발사하라. 이렇게 함으로써 좌절감에서 호기심을 통하여 창의성으로 쉽게 이동하는 중립적인 연결망이 형성될 수 있다.

3) 붕괴 앵커링

부정적 정서에서 벗어나고 싶을 때 부정적 앵커를 붕괴시킬 붕괴 앵커링(collapse anchoring)을 적용할 필요성이 생기게 된다. 기존의 부정적 앵커를 붕괴시키기 위해서는 원치 않는 부정적인 상태와 원하는 긍정적인 상태를 각각 앵커링을 한 다음, 동시에 두 가지 앵커를 함께 발사할 필요가 있다. 그렇게 하면 잠깐 동안 혼란의 시기가 지난 이후에 부정적인 상태가 저절로 변화하게 된다. 그리고 새로우면서도 다른 상태가 생겨난다.

붕괴 앵커링의 절차는 다음과 같다(설기문, 2010).

첫째, 자신이 통제하기 어렵거나 없애고 싶은 욕구(습관 또는 좋아하는 것)를 떠올린다.

둘째, 마음에 떠오르면 손가락을 든다.

셋째, 왼손(대부분의 오른손잡이의 경우)을 펴고 손바닥이 위로 오게 한다. 그리고 마음으로 떠올린 욕구(또는 구체적인 대상)를 손위에 올려놓는다.

넷째, '하나'부터 '다섯'까지 세는 동안에 점점 욕구가 강해지는 것을 느끼도록 한다.

다섯째, 1에서 10까지의 사이에서 욕구의 강도를 측정한다.

여섯째, 오른손에는 가장 싫어하고 혐오하는 대상물을 떠올린다.

일곱째, '하나'에서 '다섯'까지 세는 동안에 혐오감이 점점 더 강해지는 것을 느끼도록 한다.

여덟째, 1에서 10까지의 사이에서 혐오감의 강도를 측정한다.

아홉째, "하나, 둘, 셋"을 센다. 마지막 "셋!" 할 때 손뼉을 치고 두 손을 맞잡게 한다. 그리고 두 손을 함께 비빔으로써 욕구와 혐오대상물이 뒤범벅이 되고 '짬뽕'되는 것을 충분히 상상하고 느낄 수 있도록 한다. 더럽고 역겹고 징그럽고 구역질이 날 정도로 느끼게 한다. 그래서 이제는 욕구를 생각만 해도 구역질이 나고 싫을 정도가 되도록 느끼고 경험하게 한다.

열째, 이제 손을 털게 한다. 그리고 상담자는 "손을 깨끗이 씻으세요. 그리고 헹구어내고 잘 말리도록 하세요."라고 말하고 마음으로 두 손을 깨끗이 씻도록 한다. 비누로 씻고 물로 헹구는 소리를 마음의 귀로 듣도록 한다.

열한째, 이제 욕구를 느끼기 이전의 시간으로 돌아가 보도록 한다. 이때 상담자는 "마음이 자유롭고 깨끗하고 강력한 시간으로 가보세요. 그리고 그 시간이 떠오르거나 경험되면 손가락을 드세요."라고 말하며 활동을 유도한다.

열둘째, 이제 그 자유감을 경험하도록 한다. 그리고 자신의 가슴을 스스로 안아주도록 한다. 이러한 '가슴 안기'는 마음의 자산(resource states)이다. 언제든 그 자유감, 해방감을 느끼고 싶을 때는 시도할 수 있다. 그 자유감이 색깔로 경험되도록 한다. 이것이 자유의 자산이다.

열셋째, 손을 풀고 욕구가 어느 정도 남아 있는지 보도록 한다. 즉, 다시 처음과 같이 욕구를 왼손에 오게 하고 그것을 상상하게 한다. 그리고 하나부터 다섯까지를 세는 동안에 점점 더 강력한 느낌과 경험을 갖도록 한다. 마지막으로 1부터 10까지 강도를 측정한다. 만약 '0'이라고 한다면 다음과 같이 말해주고 끝을 낸다. 이때 상담자는 "좋습니다. 아주 좋아요. 당신의 문제는 해결 되었습니다. 축하합니다."라고 말하며 변화를 강화한다.

열넷째, 만약 처음보다는 약하지만 '1'이상으로 느끼면, 다시 오른손에 혐오물을 떠올리게 한다. 그리고 하나부터 다섯까지는 세는 동안에 혐오물에 대한 느낌을 더 강하게 갖도록 한다. 마지막에 0부터 10까지의 강도를 다시 측정한다.

열다섯째, "하나, 둘, 셋!" 할 때 손뼉을 치고 두 손을 비빔으로써 오른손과 왼손의 내용물이 혼합되도록 한다. 그리고 그것을 충분히 느끼고 경험하도록 한다. 조금이라도 욕구를 느낄 때는 손바닥을 계속 비비고 혐오감을 느끼도록 한다. 그래서 욕구를 완전히 털어 내도록 한다.

열여섯째, 욕구가 완전히 붕괴된 것을 확인하고 마친다.

열일곱째, 집단원끼리 경험나누기를 하면서 성공했으면 성공의 요인이 무엇이었는지, 그리고 실패했으면 실패의 요인이 무엇이었는지에 대해서 토의한다.

4 앵커링의 실제

1) 앵커링 전 준비 사항

(1) 생리적 상태와 정서적 자유

상담자는 상담 및 심리치료에서 내담자에게 앵커링을 실시하기 전에 내담자의 마음상태, 자원, 자원 충만 상태인 리소스풀한 상태를 확인해야 한다. 이를 구체적으로 살펴보면 다음과 같다.

먼저, 내담자의 마음 상태는 그 당시에 표현되는 모든 생각, 감정 그리고 생리 상태이어야 한다. 우리의 생각은 즉각적으로 우리의 생리적 상태에서 영향을 미치게 된다. 물론 그 반대의 경우도 가능하다.

다음으로 자원(resourse)은 자신에게 힘을 주고 기분 좋게 만들며, 긍정적인 정서를 느끼게 하는 심리나 행동적 특성을 말한다.

끝으로 자원 충만 상태(resourceful state)는 기분 좋고 행복하며 유능감을 느끼는 심신의 상태라고 할 수 있다.

(2) 상태 바꾸기

상태 바꾸기(changing state)혹은 상태파괴(breaking state)는 내담자의 정서적인 상태를 변화시키는 것을 의미한다. 이를 위해 상담자는 내담자로 하여금 어떤 종류의 신체적인 활동을 한다. 즉, 몸을 움직이고, 기억에서 완전히 다른 것으로 관심을 전환시킨다. 또는 창문 밖을 내다보거나 위아래로 뛰어 보게 한다. 방의 다른 쪽으로 달려가서 벽을 만져 보게 하거나, 혹은 몸을 구부리고 발가락을 만져 보게 한다. 움직이는 신체의 감각과 '지금-여기'에서 내담자가 느끼는 것에 주의를 집중하도록 유도한다.

이러한 상태가 되면 내담자는 외부에서 발생하는 일에 단순히 반응하고 그것에 따라가기보다는 오히려 자신이 원하는 상태를 만들기 위하여 스스로에게 영향을 미칠 수 있게 된다. 일상생활에서도 우리는 삶을 살아가면서 때로는 빠르게, 때로는 천천히 지속적으로 서로 다른 감정 상태를 경험한다. 하지만 그 모든 기분 상태를 우리 자신이 보다 구체적으로 우리의 마음이 만들었다고 할 수 있다.

(3) 이끌어 내기

이끌어 내기(elicitation)는 어떤 사람을 특별한 상태로 이끌어 내는 과정이다. 감정 상태를 이끌어 낼 수 있는 가장 간단한 방법은 그러한 감정을 경험했던 과거의 순간을 기억하도록 질문하는 것이다. 이렇게 되면 더 풍부한 표현을 할수록 상대방으로부터 더 풍부한 표현을 이끌어 낼 수 있게 된다.

이 경우에 외부에서 분리된 상태로 자신감 있는 사람을 관찰하는 식으로 표현할 것이 아니라 마치 당신 자신이 그 자신감 상태에 충만해 있는 것처럼 느끼며, 그 경험에 연합하는 것도 중요하다. 예를 들면, 당신이 좋아하는 과일을 먹고 있는 것을 지켜보는 것과 함께 직접 그 과일을 먹고 있다고 상상하는 것이다.

당신 자신에게서 원하는 특정한 상태를 이끌어 내기 위해서는 가능하면 완전하고 생생하게 과거의 그 상태를 경험했던 상황으로 되돌아가도록 한다. 예를 들면, 만약에 상담자가 내담자를 자신감 있는 상태로 이끌어 내고 싶다면 그에게 자신감 있었던 과거의 특정한 시기를 기억하도록 요구해야 한다. 이때 상담자는 내담자에게 스스로가 분명하고 자신감 있는 목소리 톤으로 고르게 호흡하면서 머리는 위를 향하게 하되 자세를 똑바로 하면서 자신감 있는 목소리로 말하도록 한다. 그렇지 않으면 내담자는 자신감과 관련한 말보다는 말 이외의 목소리와 몸짓을 포함하는 비언어적인 메시지를 따르는 경향이 있기 때문이다.

(4) 관측

관측(calibration)은 내담자가 어떤 상태에 있는지, 또는 특정 상태가 다른 상태와 어떻게 차이가 나는지를 인식하고 구별하며 알아내는 것을 의미한다. 즉, 내담자가 시각적, 청각적, 신체감각적으로 나타내는 숨겨진 메시지를 읽는 것을 말한다. 우리는 상대방의 표정이나 몸짓, 숨결 등을 통해서 그 사람의 상태를 파악할 수 있다.

특히 얼굴의 전체적인 색, 뺨의 색, 안면 근육의 움직임 등은 상대방의 상태를 관측하여 관찰하는 데 중요한 측면이 된다. 하지만 관측한 내용도 어디까지나 질문과 답변을 통해 확인해야 하는 가설에 해당하므로 섣부른 판단은 삼가는 것이 바람직하다. 예를 들어, 눈물은 흔히 슬픔을 연상케 하지만 사람은 감동했을 때나 노여울 때 그리고 기쁠 때도 눈물을 흘릴 수 있다. 따라서 상담자는 내담자가 흘리는 같은 눈물이라도 그 눈물이 과연 어떤 눈물인지를 잘 관찰할 필요가 있는 것이다.

여기서 중요한 것은 계측 연습을 많이 하면 할수록 더 능숙해 질 것이다. 어떤 마음의 상태는 차이가 미비하고, 또 어떤 것은 그 차이가 명백하다. 연습을 많이 할수록 미묘한 차이를 탐지하기가 더 쉬워질 것이다.

2) 앵커링 적용 단계

(1) 앵커링 유도문

앵커링을 유도하기 위한 질문은 다음과 같다.

① 당신은 당신이 온전히 __________ 상태에 있었던 때를 기억할 수 있습니까? 특정한 그 순간을 기억할 수 있습니까?

② 지금 다시 그 때로 돌아가서(잠깐 시간을 주고), 그때 바로 그 순간의 당신이 되어 당신의 몸 안으로 들어가서 그때 보았던 것을 당신의 눈으로 지금 다시 직접 보고 그때 들었던 것을 다시 듣고 그때 느꼈던 __________ 감정을 그대로 다시 온전히 느끼십시오.

(2) 앵커링의 4단계

내담자와 래포를 형성하고 신체 접촉(touch)에 대한 사전 허락을 받은 후에 신체의 어느 위치에 앵커할 것인지를 결정한다.

① 과거 경험 불러오기

내담자로 하여금 앵커할 만한 과거 경험을 찾아 생생하게 기억할 수 있도록 유도한다. 이때 상담자는 "온전히 그때의 __________한 상태를 기억할 수 있습니까? 아주 특정한 순간을 기억하실 수 있겠습니까?"라고 질문한다.

다음으로 특정한 느낌을 찾게 할 때 내담자로 하여금 가장 생생하게 살아나는 기억을 불러오게 한 후 충분히 경험하게 유도한다. 이때 상담자는 "당신이 온전히 __________했던 순간으로 들어가 보세요. 자, 이제 그때의 자신의 몸속으로 들어가 당신이 그때 보았던 것을 지금 다시 보고, 그때 들었던 것을 지금 다시 듣고 그때 느꼈던 느낌을 지금 다시 그대로 느끼세요."라고 유도한다.

② 앵커(anchor)

경험의 절정에서 신체의 한 부분을 자극한다. 즉, 내담자가 특정한 상태에 들어가는 순간을 파악하여 절정에 이르기 바로 직전에 미리 앵커링하기로 결정한 신체 부분에 자극을 하여 앵커를 설정한다.

③ 상태 바꾸기(change state)

상태를 바꾸기 위해 전혀 관계없는, 그리고 예기치 않은 질문을 하여 다른 내면의 신경 과정으로 바꾼다.

④ 시험하기(test)

앵커가 효력을 발휘하는지 시험해 본다. 앵커 했던 자리를 다시 자극함으로써 내담자가 같은 상태를 경험하는지 확인한다.

3) 앵커링의 과정

앵커링의 구체적 과정은 다음과 같다.

첫째, 긍정적 경험(자신감, 행복감, 사랑, 기쁨, 평화, 만족)을 떠올리고 그것을 최대로 연합(association)하도록 한다. 충분한 연합이 이루어졌다고 판단될 때 닻 내리기를 시도한다. 이때 과거 경험 중에서 아주 만족스럽고 행복했던(resourceful) 순간을 한 가지 선택하게 한다. 선택한 것을 확인한 후, 내담자로 하여금 그 상태를 대충 설명하게 한다.

둘째, 별도의 내적 상태를 유도한다. 행복했던 리소스풀한 상태로 다시 한 번 가서 그 때의 경험을 아주 생생하게 오감을 통하여 경험하게 한다. 반응이 소극적이면, 보다 구체적인 질문으로 시각, 청각, 촉각, 후각, 미각 그리고 내부대화까지 확인한다.

셋째, 부정적 경험(자존심 상함, 화남, 놀람, 충격 받음, 열등감, 부끄러움 등)을 확인한다. 그러한 것을 경험한 시각과 장소를 확인하고 그 경험을 연합하도록 한다. 이 상태에서 구체적인 신체 감각적인 반응을 떠올리도록 한다. 내담자가 경험을 하는 과정을 말할 때 백트래킹(backtracking)하며 자세히 관찰하여 상태를 확인한다.

넷째, 앵커링 신호를 검증하고 그 결과를 확인한다. 이를 위해 경험이 절정에 도달하기 직전이라고 판단될 때 앵커를 한다. 앵커를 설정할 곳은 미리 정하여 내담자가 당황하지 않게 하며 특정한 곳을 정하는 것이 앵커의 위치와 경험을 잘 살려낼 수 있다.

다섯째, 긍정적 경험에 대한 앵커링을 다시 시도하고 그것을 부정적 경험 상태와 혼합시킨다. 이때 경험이 절정에 이르렀다고 판단될 때는 상태를 바꾸는 단계로 넘어간다.

여섯째, 두 개의 경험이 혼합되어 붕괴될 때 긍정적 경험에 대한 앵커링을 다시 시도한다.

일곱째, 처음의 부정적 경험으로 돌아가서 그것이 긍정적으로 변하는지 아니면 최소한 중성화 되었는지를 확인하고 필요하다면 추가적으로 긍정적 경험을 더 활용한다. 구체적으로 일단 심호흡을 하게 하여 마음의 안정을 찾게 한 후 설정했던 앵커 부위에 자극을 주며 내담자의 빔어(BMIR)를 살펴 가며 같은 경험이 일어나는지 확인해 본다. 만일 앵커의 효과가 살아나지 않으면 2번에서 4번까지 반복하여 확실하게 앵커가 될 때까지 반복한다. 앵커가 확실해지면 후 최면 암시를 덧붙인다.

여덟째, 다시 한 번 상태 바꾸기로 마무리 한다.

4) 자기강화를 위한 앵커링 작업

스스로 자신에게 적용하여 자신감과 용기를 불러일으키는 앵커링 기법은 다음과 같다.

(1) 오른손 작업

다음과 같은 일들에 대해서 생각하여 오감적 차원에서 구체적으로 떠올리고 각각의 장면을 하나씩 순서대로 오른손에 담아 살며시 쥐도록 한다.

① 특별히 기분 좋았던 일 :

② 특별히 인정받았던 일:

③ 활력이 많이 넘치고 힘차게 활동했던 일 :

④ 바라던 일에서 크게 성취를 이루었던 일 :

이제 오른손을 편다. 그리고 손에 들어 있는 내용물 이미지의 모양, 크기, 색깔을 본다. 소리가 있으면 소리를 듣고 촉감도 느껴 본다. 전체적인 느낌이 어떤지 느껴 본다. 그리고 그것이 당신에게 말을 한다면 무엇이라고 말하는지 마음의 귀로 들어본다.

(2) 왼손 작업

왼손 작업은 구체적으로 다음과 같다.

첫째, 자신에 대한 불신과 무능감, 열등감, 못났다고 생각되는 점, 싫어하는 점 등을 하나씩 찾아내어 이미지로 떠올린다. 그리고 그것들은 하나씩 왼손에 담아 살며시 쥔다.

둘째, 왼손을 펴고 그 안에 담긴 이미지를 오감적 차원에서 느껴 본다. 그리고 그것이 말을 한다면 어떤 말을 하는지 마음의 귀로 들어본다.

셋째, "하나, 둘, 셋!" 할 때 마치 한쪽 컵의 물을 다른 컵에 따르듯이 오른손의 내용물을 왼손으로 따르도록 한다. 그렇게 하여 두 가지의 내용물이 혼합되어 서로 같은 색과 모양, 소리, 느낌이 되도록 한다. 이때 느껴지는 느낌을 확인한다.

넷째, 이제 앞의 오른손 작업에서 떠올렸던 좋았던 기억을 다시 떠올려 본다. 그리고 그것을 오른손으로 잡고 주먹을 꼭 쥔 상태에서 연합한다.

다섯째, 그 주먹 쥔 상태를 오감적 차원에서 확인하고 세포에 심는다. 자기 강화가 필요할 때 그 상태를 불러올 수 있게 닻 내리기를 하고 확인해 본다.

Chapter

09

관점 바꾸기

꼭 바뀌어야 할 것은 삶에 대한 자신의 태도이지만 많은 사람들은 자신의 삶 자체가 바뀌기를 바랍니다.

—「누군가에게 무엇이 되어」 중에서—

1 기본 개념

1) 구성과 재구성의 개념

어떤 경험의 의미는 그 경험의 배경이나 구성(frame)에 의해 결정된다. 예를 들어, 속삭임 그 자체에 어떤 특정한 뜻이 정해져 있다고 할 수는 없다. 많은 사람들이 있는 조용한 공간에서 사람들이 속삭이는 것과 어린아이가 엄마의 귀에 대고 속삭일 때 또는 비밀스런 이야기를 하느라 속삭일 때 그 의미는 상당히 다를 것이다. 또한 큰 소리로 말하던 친구가 갑자기 아주 작은 소리로 속삭일 때 우리는 그 속삭임에 조금 전과는 다른 어떤 의미를 부여하게 된다.

재구성(reframing)은 문제의 초점을 어디에 두느냐에 따라 경험을 바꾸게 하는 것을 말한다. 즉, 경험을 해석하는 관점에 따라 부정적 경험을 긍정으로 또는 문제가 되는 상황을 더 이상 문제가 되지 않는 상황으로 바꿀 수 있다는 것이다. 어떤 일에서든 그 당시의 상황(context)이나 의미의 내용(content)을 바꾸면 경험은 달라진다. 이는 사실상 받아들이는 입장 변화(position change)를 이용하여 관점을 바꾸는 기법이다.

관점 바꾸기의 기본적 요령은 문제 상황의 '행동'에서 긍정적 '의도'를 분리시키는 것이다. 의도는 결과와 전혀 다를 수가 있으며 어떤 행위나 행동에 따르는 결과도 상황에 따라 달라질 수 있다.

2) 관점 바꾸기와 의미의 변환

우리 인류는 과거에서부터 현재까지 언제나 의미를 탐색해 왔다. 사건들이 발생하지만, 우리가 그 사건에 의미를 부여하고 우리 삶의 나머지 부분에 사건을 연관시키며 가능성 있는 결과에 대해 평가하고 나서야 그 사건은 중요해진다. 어떤 사건의 의미는 우리가 그 일을 어떤 틀 속에 넣느냐에 따라 달라진다. 틀을 바꾼다면 그 의미 역시 바뀌게 되고 의미가 바뀔 때 당신의 반응과 행동도 바뀌게 된다. 사건에 대한 틀을 다시 짜는 능력, 즉 관점 바꾸기를 잘하는 능력을 통해서 우리는 더 큰 자유를 얻고 선택의 폭을 넓힐 수 있다.

관점 바꾸기와 의미 변환의 예를 살펴보면 다음과 같다. 먼저 비오는 날씨 그 자체는 자연현상에 불과하지만 각자가 경험하는 상황에 따라 다음과 같이 의미가 부여될 수 있다.

① 비옷도 입지 않은 상태로 밖에 나와 있다면 비오는 날씨는 좋지 않은 상황이다.
② 농부인데 가뭄이 계속되어 왔다면 비오는 날씨는 매우 반가운 것이 된다.
③ 야외 파티를 주최하는 사람이라면 비오는 날씨는 좋지 않은 상황이 된다.
④ 어떤 야구팀이 경기에서 거의 지고 있는데 비오는 날씨 때문에 시합이 취소된다면 그것은 좋은 일이 된다.

다음은 유머, 발명가, 농담에 나타난 관점 바꾸기, 혹은 의미 변환의 예들이다.

① 동화에 나타난 관점 바꾸기의 좋은 예는 미운 오리 새끼가 사실은 어린 백조이며, 저주란 것도 실제로는 위장된 축복이었다는 점이다.
② 발명에 있어서 관점 바꾸기의 예를 보면, 어느 날 밤 한 남자가 잠을 자다가 낡은 매트리스 안에 있는 녹슨 스프링의 날카로운 끝부분에 찔려 잠이 깨었다. 오래된 침대 스프링이 무슨 소용이 있을 수 있겠는가? 하지만 그는 그것이 삶은 달걀을 넣는 멋진 컵이 될 수 있을 것이라고 관점 바꾸기를 하였고, 그 아이디어의 힘으로 성공적인 회사를 운영하게 되었다.
③ 유머는 특정한 틀에다 사건을 설정하는 것으로 시작해서 갑자기, 그리고 철저하게 틀을 바꾸어 놓는다. 유머는 어떤 대상이나 상황을 갑자기 다른 맥락에다 갖다 붙이거나 혹은 그것에 또 다른 의미를 부여한다.

2 관점 바꾸기의 종류

관점 바꾸기는 장밋빛 안경을 통해 세상을 봄으로써 모든 것이 '실제로' 좋게 보도록 하는 것은 아니다. 문제는 저절로 사라지지 않고 해결해야 할 문제는 여전히 남아 있지만 문제를 바라보는 방법이 많을수록 문제는 더 쉽게 풀리게 된다. 즉, 관점 바꾸기를 함으로써 일을 보다 잘 처리할 수 있는 여지가 생기게 되는 것이다. 관점 바꾸기에는 S.O.M. 문형, 맥락 관점 바꾸기 및 내용 관점 바꾸기가 있다.

1) S.O.M. 문형

S.O.M.문형(sleight of mouth pattern)은 일종의 관점 바꾸기에 해당하는 것으로서 어떤 일이나 상황을 다른 맥락이나 차원에서 볼 수 있게 함으로써 문제에서 벗어나게 하거나 문제의 해결책을 찾도록 상대방이나 내담자에게 말해 주는 NLP 상담의 기술이다.

S.O.M. 문형의 몇 가지 기법의 예는 다음과 같다.

"일이 잘 안 풀려서 우울해요"

① 일반화 : 아마 통상적으로 기분이 울적해서 그렇지, 당신의 일은 괜찮아요.

② 자신에게 적용하기 : 아마도 당신이 그렇게 생각하기 때문에 자신을 우울하게 만들고 있는지도 몰라요.

③ 가치나 규범 이끌어 내기 : 잘못되어 가고 있다고 생각하는 당신의 일에서 중요한 것이 무엇인가요?

④ 긍정적 성과 : 이 특별한 문제를 극복하기 위한 것이 당신에게는 더 열심히 일할 수 있는 계기가 되겠네요.

⑤ 성과 바꾸기 : 어쩌면 당신은 직업을 바꿀 필요가 있을지도 모르겠군요.

⑥ 추가적 성과 설정하기 : 일이 진행되는 과정에서 유용한 무엇을 학습할 수 있습니까?

⑦ 메타포 말하기 : 걷는 법을 배우는 것과 같군요.

⑧ 재정의하기 : 당신이 우울한 것은 그 일이 당신에게 비합리적인 요구를 하고 있기 때문에 당신이 화를 내고 있다는 의미가 될지도 모르겠군요.

⑨ 구체화 : 당신 일 중 특히 어느 부분이 잘 안 되고 있죠?

⑩ 추상화 : 대체로 일이 어떤가요?

⑪ 반대 예 : 일이 잘 안 풀렸는데도 우울하지 않은 적이 있었나요?

⑫ 긍정적 의도 : 그것은 당신이 일에 마음을 많이 쓰고 있다는 것을 보여주고 있어요.

⑬ 시간의 틀 : 그것은 지나가는 한 단계일 뿐이에요.

2) 맥락 관점 바꾸기

통상적으로 어떤 행동이라도 어딘가에 쓸모가 있는 법이다. 어떤 상황에서도 무가치하고 목적이 없는 것은 거의 없다. 내담자가 '나는 너무 ~해.', 또는 '나는 ~하는 것을 그만두고 싶어.'와 같은 말을 할 때, 상담자가 맥락 관점 바꾸기를 사용하면 효과적이다. 이때 상담자가 다음과 같이 내담자에게 "어떤 때에 이런 행동이 쓸모가 있을까?", "어디에서 이런 행동이 자원(긍정적인 장점이나 문제 해결에 도움이 되는 특성)이 될 수 있을까?"라고 질문한다.

이러한 맥락 관점 바꾸기를 내담자에게 훈련시킨 후 일상생활에서 적용할 수 있도록 하면 내담자의 문제 상황을 극복하는 데 도움이 된다. 즉, 내담자가 자신의 행동에 알맞은 맥락을 찾으면 바로 그 상황에서 그 행동을 마음속으로 적용해 볼 수 있다. 즉, 똑같은 행동이나 사건에 대하여 그 사람이 다르게 반응할 수 있는 다른 상황적 맥락을 통해 의미가 달라지므로 경험이 달라지게 한다. 맥락 관점 바꾸기는 어떤 행동이나 사건에도 긍정적인 측면이 있다는 전제가 들어 있다. 예를 들어 소풍갈 때 비는 학생들에게는 좋지 않은 상황이지만 가뭄이 들었을 때 농부에게는 단비가 되는 것과 같다.

표 9-1 맥락에 따른 행동의 평가 예시

행동	맥락	
	바람직하지 않음	바람직함
옷을 벗음	사람들이 붐비는 고가도로	나체족 캠프
지루하게 하는 일	청중에게 이야기할 때	반갑지 않은 손님을 몰아낼 때
거짓말	친구나 가족	베스트셀러 책을 쓰기 위함
우유부단	일 상	성질을 부려야 할지 말아야 할지 결단을 못할 때 유익

읽기자료 4 우산장수와 짚신장수를 자식으로 둔 어머니 이야기 (1)

옛날에 우산장사와 짚신장사를 하는 두 아들을 둔 어머니가 있었다. 이 어머니는 해가 쨍쨍하는 날이면 우산 파는 아들의 장사가 안 될 것을 걱정해야 했고, 비가 쏟아지는 날이면 짚신을 파는 작은 아들의 장사를 걱정해야 했다. 이 어머니는 해가 떠도 걱정, 비가와도 걱정이었다.
그런데 탁발을 하러 지나가던 스님이 근심과 걱정에서 헤어날 방법을 가르쳐 주었다. 해가 뜨면 작은 아들의 장사가 잘 될 것을 기뻐하고, 비가 오면 큰 아들의 장사가 잘 될 것을 기뻐하라고 말하였다. 이후 그 어머니는 스님이 일러준 대로 과연 그렇게 생각하니 비가와도, 해가 떠도 걱정이 없게 되었다.

읽기자료 5 삼년 고개

어느 마을에 들어가려면 고개를 넘어야 했다. 그런데 그 고개에서 한 번 넘어졌다 하면 삼년밖에 못 산다는 전설이 예부터 전해 내려와 마을 사람들은 그 고개를 삼년 고개라고 불렀다.
어느 날 이웃 마을 잔칫집에 갔다 오던 노인이 삼년 고개에서 넘어진 후, 삼년 밖에 못산다는 걱정에 시름시름 앓고 있었다. 그런데 이 마을에는 신동이라고 불리는 한 지혜로운 소년이 있었는데 노인을 찾아가 해답을 다음과 같이 제시한다.
"한 번 넘어져서 삼 년 살면 두 번이면 육 년이요, 세 번이면 구 년을 더 사시지 않겠습니까."
노인은 그 길로 삼년 고개로 가서 껄껄 웃으면서 구르고 또 굴러 오래오래 살았다고 한다.

3) 내용 관점 바꾸기

내용 관점 바꾸기는 특정 진술에 있어서 그 내용을 다른 것에 초점을 둠으로써 진술문을 다른 의미로 해석하거나 받아들이는 것을 말한다. 이때 어디에 초점을 맞출 것인가가 중요한데, 상담자는 내담자에게 '이것은 어떤 다른 의미가 있는가?' 질문을 통해 내용 관점 바꾸기를 적용할 수 있다.

내용 관점 바꾸기의 구체적인 예는 다음과 같다.

① **정치** : 좋은 경제 수치라고 하더라도 당신이 어느 정당에 소속해 있거나 어느 정당을 지지 하느냐에 따라 그 평가를 달리할 수 있다. 만약 야당이라면 그 수치만 별도로 떼어 오히려 하향적인 추세를 보여주는 예로 취급할 것이다. 그러나 여당이라면 당연히 경제발전의 자료로서 제시할 것이다.

② **높은 금리** : 돈을 빌리는 사람들에게는 나쁘지만 저축을 하는 사람들에게는 좋다.

③ **교통 체증** : 당신이 정체된 상태에 있다면 엄청나게 불쾌하겠지만 정부 관리는 그런 상태를 보고 번영의 표시라고 표현할 것이다.

간단한 관점 바꾸기 하나가 대단한 변화를 주지는 않지만 간단한 관점 바꾸기라 하더라도 그것이 메타포와 함께 일관되게 전달되고 상대방에게 중요한 관심을 불러일으킨다면 대단히 효과적일 수 있다. 예를 들면, '철수는 게으르다.' 대신에 '철수는 잠이 많다.'로 내용 관점 바꾸기를 할 수 있다.

자신이나 다른 사람의 행동 때문에 부정적 경험을 하게 될 때 그 행동이 내포할 수 있는 다른 긍정적 의미를 찾거나 그 행동에서 놓치고 있는 다른 내용을 찾았을 때 그 행동의 의미가 바뀌는 것을 경험하게 된다. 그런 상황에서 우리는 자신에게 "이 행동이 어떤 다른 의미를 지닐 수 있을까?", "내가 이 행동에서 미처 알아채지 못하는 것은 무엇일까?"와 같은 질문을 해봄으로써 어떤 행동 뒤에 숨어 있는 긍정적 의미를 찾을 수 있다.

내용 관점 바꾸기를 위한 다음 표를 완성하여 보자.

표 9-2 내용 관점 바꾸기 연습

내용 관점 바꾸기 전	내용 관점 바꾸기 후
나의 배우자는 언제나 수다를 떤다.	
내 상사는 내 진가를 인정하지 않는다.	
나의 어머니는 언제나 내 일에 간섭한다.	
내 동생은 양보할 줄 모른다.	

4) 말 한마디 재구성

(1) 말 한마디 재구성의 개념

말은 감정을 창출해낼 뿐만 아니라 행동을 끌어내기도 한다. 나아가 행동에서 비롯되는 우리의 경험에 결정적인 영향을 미치게 된다. 습관적으로 사용하는 말, 즉 감정을 묘사하기 위해 빈번히 사용하는 말을 한마디 바꾸는 것만으로도, 말 한마디 재구성(one word reframing)을 통해 생각하는 방식, 느끼는 방식, 심지어는 살아가는 방식에 변화가 일어난다.

동일한 감정에 단지 다른 이름을 붙이는 일만으로 행동방식뿐만 아니라 경험조차도 바뀔 수 있다. 이런 변화시키는 말(transformational vocabulary)을 사용하면 감정의 강도를 조절하는 것이 가능해진다. 말은 감정을 창출해낼 뿐만 아니라 행동을 끌어내기도 한다. 나아가 행동에서 비롯되는 우리의 경험에 결정적인 영향을 미치게 된다.

경험에 어떤 틀(frame)을 씌우는 순간 그 말은 그대로 경험이 되어 버린다. 예를 들면 '지독하기 짝이 없는 일'이 '조금 곤란한 일'이 되고, '논쟁'은 '활발한 토론'이 되고, '일이 이상하게 되었군.'은 '일이 재미있게 되었군.'이 되는 것이다. 자주 사용하는 말이 자신에게 부정적인 영향을 끼친다면 그 말 대신 힘을 주는 말을 사용할 필요가 있다. 감정적인 경험을 바꾸어 주는 말, 즉 변화시키는 말을 효과적으로 사용하면, 자신에게 도움이 되지 않는 감정패턴에서 벗어날 수 있으며, 완전히 다른 느낌을 경험할 수 있다.

(2) 말 한마디 재구성 실습

부정적인 감정을 표현하는 데 습관적으로 사용하던 말을 떠올려 적어 본다. 그런 다음 너무 우스꽝스러워서 평소와는 다르게 행동하거나 감정의 정도를 낮출 수 있는 말과 같이 기존의 말을 대체할 수 있는 표현을 생각해서 적어 본다.

표 9-3 부정적인 표현의 재구성

부정적인 표현	→	재구성 표현
불안한(예시)	→	조금 염려스러운(예시)
1.	→	1.
2.	→	2.
3.	→	3.

변화시키는 말을 사용하여 진부한 표현(좋은 말)을 강력한 표현(더 좋은 말)으로 바꾸면 긍정적인 감정을 고양시킬 수 있다.

표 9-4 진부한 표현의 재구성

진부한 표현	→	강력한 표현
매력적인(예시)	→	눈부신(예시)
빠른(예시)	→	총알 같은(예시)
	→	
	→	

3 6단계 관점 바꾸기

1) 우리를 구성하는 부분들

분아(parts)는 전체로 통합되지 않은 부분으로 자체의 무의식적 마음과 고유의 목적과 의도, 기능 행동 패턴을 포함하는 개념이다. 우리들 내부는 여러 가지 부분들로 구성되어 있습니다. 긍정적이고 의욕적인 행동을 하려고 하는 부분이 있는가 하면, 부정적 또는 소극적이고 완고한 행동을 하게 하는 부분이 있다.

예를 들어, 아이에게 늘 호통을 치는 무서운 아버지도 그 내면에는 '이렇게 혼내고 싶지 않은데'라는 마음이 살아 있다. 그 아버지의 마음속에는 '호통 치는 편이 그래도 교육상 효과적이다.'라는 부분과 '아이를 주눅 들게 하는 것은 그다지 좋지 못하다.'라는 부분이 함께 공존하는 것이다.

이렇게 '그만두고 싶은데 그만둘 수 없다, 하고 싶은데 할 수 없다, 어느 쪽이든 결정하고 싶은데 결정할 수 없다'라고 하는 것과 같이 부분들로 쪼개진 갈등들을 하나로 통합하여 해결하도록 하는 방법이 바로 통합, 혹은 인터그레이션(integration)이다.

대립하고 있는 부분들이 서로를 인정하여 하나가 되면 마음이 양쪽으로 갈라져 갈등하고 괴로워하던 사람들이 새로운 가능성을 찾고 문제를 해결할 수 있게 될 것이다. 분아는 다음과 같은 특성을 지니고 있다.

첫째, 분아는 무의식적 마음의 전체성에 대해 나름의 경계선을 긋거나 블록을 만들기도 한다.

둘째, 분아는 기능적으로 무의식적 마음과 분리되어 있으며, 마치 그것 스스로가 무의식적 마음 위에서 군림하듯이 행동한다. 예를 들면, 분아가 종종 "그런 행동을 한 건 정말 내가 아니야. 그때 내가 왜 그랬는지 몰라."라고 말하는 것이 좋은 예이다.

셋째, 가끔 분아는 주목 받지 못하는 성격, 혹은 자기 인생의 중요한 다른 사람들을 대표하기도 한다. 예를 들면, 분아가 "너 그럴 때 보면 꼭 네 엄마처럼……."이라고 말하는 것이 그 예이다.

넷째, 분아는 자기 나름대로의 지능, 가치체계나 신념을 가지고 있다. 예를 들면, 분아는 때때로 "세상에, 내가 왜 그런 행동을 했지?"라고 말하는 것이 그 예이다.

다섯째, 분아는 강도가 심하게 몰입된 경험인 중요한 정서적 사건, 즉 대부분 다른 사람들과의 관계에서 빚어진 갈등과 불일치를 경험하는 과정에서 만들어진 경계라고 할 수 있다.

여섯째, 분아는 전체 인성에서 불거져 떨어져 나온, 억눌려진 행동을 보호하려고 한다.

일곱째, 분아는 개인에게 있어 뭔가를 어색하게 하는, 불일치를 일으키는 근원이 된다.

여덟째, 분아의 불일치는 목적이나 의도가 기능 또는 행동 패턴과 다른 데서 비롯된다. 행동이나 기능이 가장 높은 단계의 목적과 맞지 않아 자신과 통합되지 않고 내적 갈등을 야기한다.

아홉째, 어떤 분아는 균형을 이루기 위해 정반대의 분아를 전제로 한다. 동전의 뒷면 같은 또 다른 나인 것이다.

열째, 서로 상반된 이러한 두 분아는 최고의 단계에서는 목적이나 의도가 같다. 이 같은 의도와 목적을 찾아내는 과정은 유목화(chunking) 해봄으로써 가능하며 추상명사로 진술된다.

열한째, 이 두 분아는 한때는 더 큰 전체의 한 부분이었다.

열둘째, 분아는 적을수록 바람직하다.

2) 보다 좋은 행동의 발견

모든 행동에는 긍정적인 의도가 있다. 긍정적인 의도란 당신에게 무엇인가 긍정적인 의미가 있다는 것을 말한다. 여러분은 혹시 어떤 일을 하려고만 하면 두통이 생기는 문제를 갖고 있는가? 그렇다면 그 두통에는 무엇인가 긍정적인 의도가 있다. 당신의 두통은 '일을 하는 방식이 부적절하지 않은가? 지금은 그 일을 할 때가 아니다.'라는 메시지인지도 모른다.

'그만두고 싶다, 바꾸고 싶다'며 오로지 문제가 되는 행동, 그것만을 의식함으로써 오히려 점점 그 문제로 빠져드는 경우가 흔히 있다. 그럴 땐 자신이 문제 삼은 행동 대신 할 수 있는 새로운 행동들을 발견하는 게 효과적이다. NLP 상담에는 이렇게 변화하고 싶은 사람들에게 새로운 대안을 찾아 주는 6단계 해결방법을 제시하고 있는데, 그것이 바로 6단계 관점 바꾸기(six step reframing) 기법이다.

6단계 관점 바꾸기는 어떤 사건에 대해 전혀 다른 사고 방식을 적용함으로써 그 사건의 의미를 바꾸는 것인데, 기존의 행동에서 긍정적인 의도를 발견해 내고 그 의도를 충족시키는 새로운 행동을 찾아내는 방법이다.

3) 의도와 행동

관점 바꾸기의 핵심은 의도와 행동의 차이, 하는 것과 그것을 함으로써 달성하고자 애쓰는 것의 차이라고 할 수 있다. 때로는 행동이 원하는 것을 가져다주기도 하지만 성격 중에 있는 다른 분아들과 조화를 이루지 못하는 경우도 있다. 예를 들어 더 나은 보수를 받기 위해 아부하는 경우에 그런 행동을 하는 자신을 증오할 수 있다. 결국 모든 행동 이면에는 언제나 긍정적 의도가 있다고 할 수 있다.

원치 않는 행동을 없애는 것은 노력과 의지로 행동을 중단하는 것이 아닐 수도 있다. 더 효과적인 방법은 성격의 서로 다른 분아들과 좀 더 조화를 이룰 수 있고 진정한 의도를 만족시킬 수 있는 더 나은 방법을 찾는 것이다.

성격 내의 서로 다른 분아들은 연맹관계를 맺고 있다. 그래서 내면의 분아들은 각각 자신의 목표를 이루고자 노력하고 있으며, 이러한 분아들이 잘 정렬되어 조화를 이루어질수록 개인은 더 행복을 느낀다. 다시 말해 우리 성격 안의 분아들은 때때로 서로 갈등하고 균형을 이룬다.

4) 6단계 관점 바꾸기 실습

6단계 원치 않는 행동을 없애는 방법은 노력을 해서 되는 게 아니고 의지로 그런 행동을 중단하는 것도 아니다. 노력과 의지를 사용하는 것은 원치 않는 행동에 관심과 에너지를 보내는 것이라 오히려 그런 행동이 지속되게 하는 역할을 하게 된다. NLP 상담은 원치 않는 행동을 멈추게 하기 위하여 더 나은 대안을 제공하는 것으로 보다 공식적인 재구성 과정을 사용한다. 6단계 재구성은 치료와 인성 개발을 위한 기술이다. 관점 바꾸기는 여섯 개의 단계로 이루어진 특별한 관점 바꾸기의 한 종류라고 할 수 있다. 6단계 관점 바꾸기의 절차를 그림으로 나타내면 다음과 같다.

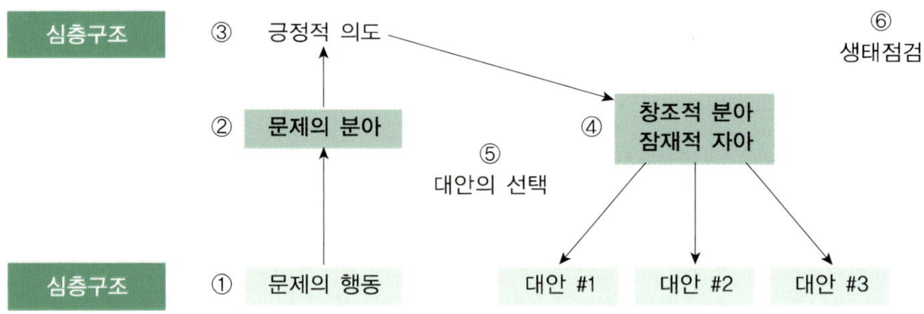

그림 9-1 6단계 관점 바꾸기(Six-Step Reframing) 절차

(1) 1단계

먼저, 바꾸고 싶은 반응이나 행동을 확인한다. 만일 당신이 다른 누군가를 상담하고 있다면 그의 실제 문제 행동에 대해서는 알 필요가 없으며, 그 행동이 어떤 것이냐는 관점 바꾸기 과정에 문제가 되지 않는다. 그리고 그 분아를 없애려고 하는 것이 아니라는 것을 분명히 하여야 하고 만일 그 행동이 아주 불쾌하면 변화가 어려울 수도 있다. 즉, 바꾸고 싶은 반응이나 행동(A)을 확인한 후 무의식과 래포 형성을 통해 분아가 당신을 위해 그동안 애쓴 사실에 감사를 표현하라.

(2) 2단계

그 행동에 책임 있는 분아와 커뮤니케이션을 시작한다. 행동에 책임 있는 분아가 의식 차원에서 지금 나와 커뮤니케이션을 할 수 있을까? 추측은 금물이다. 확실한 신호를 잡아내어야 한다. 행동에 책임이 있는 분아는 무의식의 차원에 있다. 만일 그 분아가 의식의 차원에 있다면 당신은 그것에 대해 관점 바꾸기를 할 필요 없이 그 행동을 바로 멈추게 할 수 있다.

분아들이 갈등상태에 있을 때는 언제나 의식 수준까지 도달하게 될 어떤 증상이 나타난다. 집에서 편안하게 쉬고 싶은데 어쩔 수 없이 바깥에 나가서 일을 해야 한다면 그 때문에 나타나는 가슴이 무겁고 짜증나는 느낌을 조절할 수 있겠는가? 머리를 절레절레 흔드는 것, 얼굴을 찡그리는 것, 어조의 변화와 같은 것은 갈등하는 분아들이 자신을 표현하는 분명한 실제적인 예들이다.

그 행동에 책임 있는 분아에게 이름을 지어 의사소통을 시작한다. A에 책임이 있는 분아는 지금 저와 의사소통을 허락하겠습니까?(무의식에서 보내 주는 신호를 얻게 될 때까지 재차 물어봐라.) A에게 '예'를 위해서는 신호의 강도를 높이고 '아니요'에는 신호 강도를 낮추도록 부탁한다.

(3) 3단계

행동에서 긍정적 의도를 가려낸다. 내면으로 들어가서 그 분아에게 물어본다.

'적어도 같거나, 혹은 당신이 지금 하고 있는 것보다 더 낫지는 않을지라도, 만일 당신에게 이 의도를 달성시켜 줄 수 있는 방법들이 주어진다면 당신은 그것을 기꺼이 시험해 보려고 하겠는가?' 이 시점에서 '아니요'라는 답이 나온다면 당신이 분아가 보낸 신호를 잘못 알았다는 것을 의미하게 된다. 올바른 마음을 가진 분아라면 어떤 분아도 그러한 제의를 거절할 수는 없을 것이다.

행동에서 긍정적 의도를 가려내어 2차적 이득의 확인과 감사를 표현한다. 행동을 해준 것에 대해 A에게 감사하고 다음과 같이 질문한다. '이 행동에 책임 있는 분아가 그 행동에 대한 의도를 내게 알려 주겠습니까?' 그 의도에 감사하고 A에게 다음과 같이 질문한다. '적어도 같거나, 아니면 당신이 지금 하고 있는 것보다 더 낫지는 않을지라도, 만일 당신의 의도를 달성시켜 줄 다른 방법들이 주어진다면, 당신은 그것들을 기꺼이 시험해보겠습니까?

(4) 4단계

같은 목적을 달성시켜 줄 새로운 방법을 만들어 내는 창조적인 분아에게 물어본다. 함께 일하고 있는 분아에게 그 분아의 긍정적 의도를 당신의 창조적이며 자원이 풍부한 분아와 커뮤니케이션하도록 부탁한다. 그러면 창조적인 분아는 같은 의도를 성취시켜 줄 다른 방법을 만들어 낼 수 있을 것이다.

같은 목적을 달성시켜 주게 될 새로운 방법을 만들어 내는 창조적인 분아에게 물어본다. 창조적 분아에게 같은 의도를 만족시켜 줄 다른 방법들을 세 가지 선택할 수 있는지 물어본다. '예'라는 신호를 하도록 요청한다. 작업이 끝나면 창조적 분아에게 감사한다.

(5) 5단계

옛날 행동보다는 새로운 선택 사항을 다음 몇 주에 걸쳐서 사용하는 데 동의할 것인지 X 행동(없애고자 하는 행동)을 하는 분아에게 물어본다. 미래 가보기로서 미래의 상황에서 새로운 행동을 마음속으로 연습해 보는 것이다. 옛날 행동보다는 새로운 선택 사항들을 다음 몇 주에 걸쳐서 사용하는 데 동의할 것인지 A 분아에게 물어본다. 이 단계는 미래 보정으로서 미래의 상황에서 새로운 행동을 마음속으로 연습해 보는 것이다.

(6) 6단계 : 생태 점검(ecological check)

새로운 선택 사항에 반대하는 다른 분아들이 있는지 알아볼 필요가 있다. 새로운 선택 사항은 반드시 모든 관심 있는 분아들의 찬성이 있어야 한다. 그렇지 않으면 어떤 분아가 당신이 하는 일을 방해하게 될 것이다. 만일 반대가 있다면 두 가지 중 한 가지를 할 수 있다. 2단계로 돌아가서 반대하는 분아의 관점 바꾸기를 하거나 창조적 분아에게 반대하는 분아와 협의하는 과정에서 보다 많은 선택 사항을 창출해 보라고 요청하라. 이러한 새로운 선택 사항에도 반대하는 새로운 분아가 있는지 반드시 점검해야 한다는 것을 명심해야 한다.

새로운 선택사항에 반대하는 다른 분아가 있는지 물어 본다. 만일 반대하는 어떤 신호가 나타날 경우, 그 분아에게 정말로 반대하는 것이라면 강하게 나타내 보라고 요청한다. 새로운 선택사항은 반드시 모든 관심 있는 분아들의 찬성이 있어야 한다. 만일 반대가 있으면, 두 가지 중 한 가지는 할 수 있다. 2단계로 돌아가서 반대하는 분아를 재구성하거나, 아니면 창조적 분아에게 반대하는 분아와 협의하는 과정에서 또 다른 선택사항들을 알려 달라고 부탁한다.

Chapter

10

스위시 기법

상처는 물에 닿으면 아팠던 게 더 아파지거든요. 그래서 비가 오면 상처를 안고 있는 사람들은 그렇게 더 아픈 거래요.

—「나의 상처는 돌 너의 상처는 꽃」 중에서—

1 스위시 기법의 기초

1) 스위시 기법의 개념

우리는 우리 자신의 행동이나 습관 중에서 '하고 싶지 않고 그만 두고 싶다.'고 생각되는 것을 그만두고 바람직한 행동을 하고 싶을 때가 있다. 과거의 어떤 부정적 경험으로 불쾌한 기분이나 공포심이 형성되어 그와 유사한 상황에서 언제나 불쾌감이나 공포감이 일어나는 경우가 있을 것이다. 이때 사용할 수 있는 NLP 상담의 기법이 바로 스위시 기법(swish pattern)이다.

스위시 기법은 두 손바닥이 서로 함께 비켜 가듯이 하면서 손뼉을 치는데, 이때 상담자는 내담자가 손바닥의 움직임과 함께 청각적인 소리를 말로 표현하게 한다. 영어에서는 '스위시'라고 하고 우리말에서는 '휘익'이라고 표현한다. 스위시 기법은 결정적 하위양식 변화, 즉 전체의 특성을 결정짓거나 경우에 따라 모든 것을 바꾸거나 변화시킬 수 있을 정도로 강력하고 영향력이 큰 하나의 특성을 사용하는 강력한 기법이다. 없애고 싶은 특정 행동이나 원하지 않는 반응에 잘 작용하며 문제 상태나 문제 행동을 새로운 방향으로 가도록 함으로써 변화시킨다. 이것은 단지 행동을 대체하는 것이 아니라 생성적인 변화를 만들어 낸다.

2) 스위시 기법의 장점

세부감각을 변화시키는 것은 분명 굉장한 일이지만, 어떻게 하면 한 번 변한 것들을 다시 제자리로 돌아가지 못하게 할까 궁금해 하는 사람이 있을 것이다. 그렇다면 그 변화를 보다 더 자동적으로 이루어지도록 하고 더 지속적이 되도록 만드는 방법은 없을까? 이때 사용할 수 있는 것이 바로 스위시 기법(swish pattern)이다.

이것은 우리가 가지고 있는 나쁜 습관이나 문제 상황을 해결하기 위해서 사용할 수 있다. 스위시 기법은 일반적으로 내적 자원감이 없는 감정 상태를 만들어 내는 내부표현을 택하여, 그것을 자원감이 충만한 감정 상태로 만드는 새로운 내부표상을 자동적으로 자극하도록 만들 수 있다. 예를 들어 과음이나 과식하게 만드는 내부표상이 무엇인지 알아내어 스위시 기법으로 더 강력하고 새로운 내부표상을 만들어 낸다. 이렇게 되면 새로운 내부표상을 보거나 듣게 될 때 술이나 음식을 멀리하게 만드는 것이다. 과음을 생각하게 될 때마다 그 두 내부표상을 연결시킨다면 첫 내부표상은 즉각적으로 두 번째 것을 자극하는 신호를 주게 되고, 우리는 그 술을 원하지 않는 감정 상태에 있게 되는 것이다.

스위시 기법의 가장 좋은 점은 일단 그것을 효과적으로 머릿속에 심게 되면 다시는 그것을 생각할 필요조차 없다는 것이다. 그 과정은 의식적인 노력이 없이도 자동적으로 이루어지게 된다.

3) 스위시 기법의 효과

스위시 기법은 특정한 경험의 내부표상 또는 그 경험의 그림을 다른 것으로 대처하는 기법으로 이를 통하여 대체된 내부표상이나 그림은 앵커(anchors)의 역할을 하게 된다. 즉, 이러한 앵커들은 방아쇠(trigger)의 역할처럼 바람직하지 않은 현재의 상태 혹은 행동을 새로운 행동이나 강력하게 이끌리는 미래를 향한 움직임으로 바꾸어 내는 동력이 되게 한다. 스위시 기법은 우리로 하여금 단순히 옛 습관을 바꾸거나 없앨 뿐만 아니라 새로운 행동을 위한 새로운 신경적 선택을 우리 시스템에 프로그래밍 하는 기법이다.

이 기법으로 우리는 바람직한 미래 또는 목표달성을 경험하게 하는 동력(drive)을 갖게 되는 것이다. 스위시 기법의 효과는 다음과 같다.

첫째, 현재 상태, 즉 원치 않는 상태의 그림은 충분히 몰입한 상태로 만든다.

둘째, 바람직한 상태, 혹은 행동의 그림은 처음에는 구체적이고 세세한 사각하위 양식에 초점을 맞추면서 온전히 몰입하여 만들었다가 그 그림에서 빠져 나와 분리된 것으로 만들어 놓는다.

셋째, 결과를 얻는 상태의 그림에서 우리는 몰입되어 있다는 결과를 얻을 때의 느낌을 갖게 될 것이고, 분리되어 있다면 방향과 동기부여를 갖게 될 것이다.

넷째, 매번의 '스위시' 단계마다 상태 깨뜨리기, 패턴 깨뜨리기를 확인하여 잔 다음단계로 넘어가는 것을 방지한다. 각 단계의 진행 중에는 눈을 감게 하고 다음 단계로 넘어가기 전에는 눈을 뜨도록 한다.

2 스위시 기법의 절차

1) 스위시 기법의 일반적 단계

스위시 기법의 일반적 절차는 다음과 같다.

(1) 단계 1

바꾸고 싶은 행동을 찾아낸다. 눈으로 보는 것처럼 그 행동의 내부표현을 머릿속으로 떠올린다. 손톱을 물어뜯는 습관을 고치고 싶으면 손을 올려 손가락을 입으로 가져가 손톱을 물어뜯는 장면을 상상하라.

(2) 단계 2

원하는 변화가 이루어진 것처럼 행동하는 자기 모습과 이 변화가 자신에게 의미하는 바가 무엇인지 그려본다.

손가락을 입으로부터 멀리 가져가서 물어뜯으려던 손가락에 약간의 힘을 주고는 손톱이 깨끗하게 매니큐어가 발라져 있는 장면이나 더 자제력이 있고 더욱 자신감에 찬, 멋진 머리에 옷을 잘 차려입은 자신의 모습을 상상한다. 바람직한 상태의 자신의 모습은 객관화된 것, 다시 말해서 제삼자의 눈으로 자신의 모습을 바라보는 것처럼 되어야 한다. 이렇게 하는 이유는 지금 이미 이루었다는 느낌을 가지기보다 앞으로 계속 변화를 이끌어 내도록 하는 이상적 내부표현을 창출해내기 위해서다.

(3) 단계 3

자원이 부족한 내적 상태의 경험이 자동적으로 자원이 충만한 내적상태(넘치는 경험)로 연결되도록 자극신호를 주어 그 두 개의 화면을 연결(스위시)시킨다.

이 자극신호 스위시 기법에 사로잡히게 되면 손톱을 물어뜯도록 자극신호를 주었던 것도 이제는 자신의 이상적인 모습을 향해 움직이도록 자극하게 된다. 그래서 과거에 자신을 화나게 만들었던 것을 대뇌에서 완전히 새로운 방식으로 처리하게 되는 것이다.

2) 스위시 기법의 일반적 절차

스위시 기법의 일반적 절차는 다음과 같다.

첫째, 먼저 바꾸기를 원하는 행동의 화면을 크고 밝게 만들어서 시작한다. 그리고 그 화면의 오른쪽 아래 코너 부분에 자신이 원하는 행동의 화면 그림을 작은 부분으로 줄여서 만들어 놓는다.

둘째, 매우 빠르게 그 작은 화면의 크기와 밝기를 키워서 자신이 더 이상 원하지 않는 그림의 화면을 다 채워 버린다. 이 과정을 하면서 가장 흥분되고 열광하는 목소리로 “스위시!”라고 외친다. 이렇게 자신감 있는 목소리로 “스위시!”하고 외치는 것은 두뇌에 일련의 강력하고 긍정적인 메시지를 전달하게 된다.

일단 마음속에 그 그림들을 만들어 내고 나면 이 모든 과정은 단지 “스위시!”라고 말하는 시간밖에 걸리지 않는다. 이제 우리 앞에는 크고도 밝게 초점이 맞춰진 우리가 원하는 상태의 생생한 화면이 있다. 조금 전의 문제 상황에 있는 모습은 순식간에 작은 점으로 멀리 사라지게 된다.

스위시 기법의 중요한 열쇠는 속도와 반복이다. 그 작고 어두운 점이 아주 크고 밝게 폭발하듯이 확대되면서 예전의 큰 그림을 깨 버리고 더욱 크고 밝은, 자신이 원하는 그림으로 교체되는 것을 보고 느껴야 한다.

셋째, 이제 원하는 방식으로 일들이 진행되어 나가는 것을 보면서 대단한 느낌을 경험한다. 그리고 잠깐 눈을 떠서 그 상태에서 깨어난다.

넷째, 다시 눈을 감고 스위시 기법을 한 번 더 실행한다. 바꾸기를 원하는 큰 화면을 떠올리고 그리고 작은 화면이 "스위시!"하면서 폭발하듯 확 커지고 더 밝아지게 한다.

다섯째, 잠깐 멈추고 눈을 뜬 후, 다시 눈을 감고 바꾸고 싶은 것을 본다. 원래의 화면과 그것을 어떻게 바꾸고 싶은지 바라본다. 그리고 또 "스위시!"를 한다. 이 작업을 가능한 한 빠르게 여러 번 반복한다.

여기서 중요한 것은 속도를 빠르게 하고 실행을 흥분되고 열광하듯 재미있게 하는 것이다. 우리가 자신의 뇌에 말하는 것은 여기서 보듯이 "스위시!"이다. 반복하고 바라보고 "스위시!", 반복하고 바라보고 "스위시!"를 반복한다. 처음 화면이 자동적으로 새로운 화면, 새로운 감정 상태, 새로운 행동을 만들어 낼 수 있을 때까지 이렇게 반복한다.

여섯째, 이제 처음 화면을 떠올려 본다. 어떤 현상이 일어나는가? 손톱을 물어뜯는 것을 스위시 했다면 손톱을 물어뜯는 것을 상상하려 해도 잘되지 않을 것이다. 실제로 부자연스럽게 느껴진다.

만일 그렇게 되지 않는다면 스위시 기법을 다시 해야 한다. 이번에는 그것을 더욱 선명하고 더 빠르게 하고, 반복 작업을 위해 눈 뜨기 전에 새 화면으로부터 긍정적인 느낌을 잠깐 동안 확실하게 경험한다. 바꾸려고 하는 화면이 충분히 흥분되게 느껴지지 않거나 바람직하지 않을 때에는 그 느낌을 경험하는 것이 힘들지도 모른다. 화면을 아주 매력적으로 만들어, 예전 행동보다 훨씬 더 중요한 정말로 원해 마지않는 것으로 만들어 의욕적이고도 바람직한 감정 상태로 들어가게 하는 것이 매우 중요하다. 어떤 때는 냄새나 맛 같은 새로운 세부감각 요소들을 덧붙이는 것도 도움이 된다.

이 스위시 기법은 두뇌가 가지고 있는 어떤 특성으로 인해 놀랄 만큼 빠르게 결과를 생산해 낸다. 우리의 뇌는 즐겁지 않은 것은 피하고 즐거운 것을 추구하려는 성향이 있다. 더 이상 손톱을 물어뜯을 필요가 없는 화면을 손톱을 물어뜯는 화면보다 훨씬 더 매력적이고 끌리는 것으로 만들어 놓게 되면, 그것은 자신의 뇌에 어떤 행동을 추구해야 하는지에 대한 강력한 자극신호를 준 것이 된다.

우리는 스위시 기법을 심리적 외상이나 두려움, 혹은 좌절 경험을 극복하는 데 적용할 수 있다. 예를 들어, 실패하지 않을까 두려워 잘하지 못하는 어떤 것을 선택하여 화면으로 만들고 그 화면을 원하는 대로 하고 있는 화면으로 만든다. 이때 원하는 것을 하고 있는 화면을 정말로 멋지게 만드는 것이 중요하다. 이제 두 화면을 일곱 번 정도 스위시를 한다. 그리고 두려운 상황을 떠올려 본다. 그리고 느낌이 어떠한지 확인한다. 만약 스위시 기법이 효과적으로 잘 이루어졌다면, 두려운 상황을 떠올리는 순간 자동적으로 원하는 대로 하고 있는 것을 생각하는 것으로 스위치하게 될 것이다.

3 스위시 기법의 종류

1) 크기/컬러 스위시

NLP 상담자는 내담자에게 크기/컬러 스위시 기법을 다음과 같은 순서로 적용할 수 있다.

(1) 사전 작업

크기/컬러 스위시 기법의 사전 작업의 순서는 다음과 같다.

① **변화시키고 싶은 상황(A)** : 원치 않는 행동이나 반응을 하는 상황, 그래서 변화되었으면 좋겠다고 여기는 상황을 생각한다.

____

② **변화된 상황(B)** : 지금과 달리 행동하거나 반응하는 상황을 생각한다. 즉, 변화하고 싶은 모습, 문제를 해결한 상황의 실제를 생각한다.

____

____

(2) 본 작업

크기/컬러 스위시 기법의 절차는 다음과 같다.

① 눈을 감고 충분한 이완 상태를 유지하시오.

② 변화시키고 싶은 상황(A) 속으로 들어가서 연합한다. 문제 되는 장면으로 가되 문제 상황(또는 행동이나 반응) 직전에 무엇을 하는지 어떤 일이 벌어지는지, 그리고 그때의 느낌은 어떤지를 보고 느껴 본다. 아마 그 때의 느낌은 부정적인 느낌일 것이다.

③ **변화된 상황(B)의 강화** : 현재 문제되고 있는, 변화시키고 싶은 상황과 전혀 다른 모습의 변화된 상황을 만들고 상상해 본다. 즉, 이미 바라는 변화를 성취한 모습을 만들고 그 모습의 상이 아주 멋있고 마음에 들도록 분명하고 선명하게 만든다.

④ A장면을 크게 밝게 만든다. 그리고 B장면은 아주 작은 검은색 점으로 만들어 A장면의 왼쪽 아래의 구석에 삽입한다. "스위시" 하는 소리와 함께, 순간적으로 B장면이 아주 밝고 크게 커져서 A장면을 완전히 덮어 버리되 동시에 A장면은 희미해지고 사라지는 것을 본다.

⑤ 눈을 뜨고 화면을 완전히 지운다. 그리고 만족할 때까지 이 과정을 반복한다.

2) 거리/컬러 스위시

NLP 상담자는 내담자에게 거리/컬러 스위시 기법을 다음과 같은 순서로 적용할 수 있다.

① 문제 상황의 모습을 가까운 거리에서 선명한 컬러로 본다고 생각하고 상상한다.

② 변화된 상황의 모습을 멀리 흑백의 모습으로 있다고 생각하고 상상한다.

③ "스위시" 할 때 두 개의 그림이 서로 뒤바뀌게 한다. 즉, 문제 장면이 컬러가 없어지면서 멀리 사라지는 모습이 되고 대신에 컬러로 채색되어 아주 가까이 다가오는 것으로 상상한다.

3) 더블 스위시

NLP 상담자는 내담자에게 더블 스위시 기법을 다음과 같은 순서로 적용할 수 있다.

① 이미 변화된 상황 속으로 들어간다. 그리고 변화된 스스로의 눈과 마음으로 세상을 보고 느낀다.

② 이미 변화된 모습을 다시 작은 검은 색의 점으로 만들어 구석에 놓고 "스위시" 할 때에 그 점이 갑자기 아주 큰 화려한 컬러의 모습으로 바뀌게 한다.

③ 이 과정을 반복한다.

4) 초콜릿 스위시

NLP 상담자는 내담자에게 초콜릿 스위시 기법을 다음과 같은 순서로 적용할 수 있다.

(1) 사전 작업

초콜릿 스위시 기법의 사전 작업의 순서는 다음과 같다.

① **동기 상(image) A** : 아주 좋아하는 것을 즐기는 상을 그리고 연합한다(맛있는 것을 먹는 장면, 취미나 특기에 해당하는 일을 즐겁게 하는 장면 등).

② **과제 상(image) B** : 해야 하는 일이지만 별로 재미를 느끼지 못하거나 마지못해 그것을 하는 장면을 만들고 분리한다(공부하기, 일하기, 일찍 일어나기 등).

③ **환경 확인** : 과제 그림을 즐겁게 하는 상황에서 당신 자신이 내적으로 그렇게 하기를 싫어하거나 거부할 만한 요소가 있는지 확인한다.

(2) 본 작업

초콜릿 스위시 기법의 사전 작업의 순서는 다음과 같다.

① 눈을 감고 충분한 이완상태를 유지한다.
② 마음속으로 한 손에 그림 B를 들고, 그것의 바로 뒤에는 그림 A가 있다고 생각한다.
③ 그림 B의 중앙에 빨리 작은 구멍을 하나 만든다. 그래서 그 구멍을 통해 그림 A를 본다.
④ 구멍이 순간적으로 아주 커져서 A그림 전체를 보고 A그림 속에서의 느낌을 온전히 느끼도록 한다.
⑤ 구멍을 빨리 다시 작게 만든다. 그러나 A그림에 대한 느낌은 그대로 유지한다.
⑥ 이와 같은 과정을 반복하면서 A그림에 수반되는 감정이 B그림에 옮겨가도록 한다.

4 상담 목적에 따른 스위시 기법의 적용

스위시 기법은 상담자가 내담자의 마음에 들지 않는 습관이나 행동반응을 없애고자 할 때 적용할 수 있는 효과적인 기법이다.

1) 스위시 기법 실습

(1) 사전 작업

스위시 기법을 적용하기 위해 필요한 사전 작업은 다음과 같다.
① **문제 상황(A)** : 일상에서 경험하는 문제 행동반응, 문제 상황 한 가지를 생각한다.
② **이상적인 인물(B)** : 당신과 같은 문제가 없는 사람으로서 당신이 호감을 느끼고 닮고 싶은 사람이 누구(또는 어떤 사람)인지 생각하고 그에 대해서 오감적 차원에서 간단히 묘사한다.

(2) 본 작업

스위시 기법을 적용하기 위해 필요한 본 작업은 다음과 같다.

① 눈을 감고 깊은 이완 상태를 유지한다.

② 문제 상황(A)을 생각하고 오감적 차원에서 생생하게 상상하고 그 안으로 몰입한다.

③ B를 생각하고 하위양식을 동원하여 충분히 몰입한다.

④ 다시 문제 상황(A)을 떠올리고 그것을 아주 큰 컬러 사진으로 생각하여 그 속으로 들어가서 충분히 몰입한다.

⑤ 이상적인 인물(B)을 아주 작은 흑백 사진으로 축소하여 A사진 왼쪽 아래 구석에 삽입한다.

⑥ '스위시' 하는 소리와 함께 두 손바닥을 털어 내듯이 칠 때에, 순간적으로 아주 빠른 속도로 A사진이 아주 작은 까만 점으로 줄어들고 반대로 B사진이 확대되어 주인공이 아주 큰 덩치로 커지게 하고 곧바로 인물 속으로 들어가서 오감적 차원에서 느끼고 경험한다.

⑦ 결과를 확인하고 미흡하면 앞의 과정을 몇 번이고 반복한다.

2) 자신감 증진을 위한 스위시 기법

(1) 사전작업

자신감 증진을 위한 스위시 기법을 적용하기 위해 필요한 사전 작업은 다음과 같다.

① 무능한 일(A) : 과거에 자신 없었던 일, 무능했던 일, 그래서 후회되거나 부끄러웠던 일, 또는 앞으로도 그렇게 될 것 같아 불안한 상황을 한 가지를 오감적 차원에서 생각한다.

② 유능한 당신(B) : 당신이 과거에 너무나 자신감 있게 일을 처리하고 멋있게 문제해결을 한 모습을 생각한다. 그 모습을 오감적 차원에서 생각하고 느껴본다.

(2) 본 작업

자신감 증진을 위한 스위시 기법을 적용하기 위해 필요한 본 작업은 다음과 같다.

① 눈을 감고 충분한 이완상태를 유지한다.

② 무능한 일(A) 생각하고 하위양식을 총동원하여 그 속으로 몰입하라.

③ 유능한 당신(B)이 되어 그가 실제로 유능한 상태에서 생각하고 느끼고 행동하는 것처럼 상상하고 그러한 느낌과 그 경험 속으로 몰입한다.

④ B의 모습이 아주 작은 반짝이는 점이 되어 반딧불처럼 공중을 떠다닌다고 생각한다. 그리고 순간적으로, 갑자기 그 점이 실물 크기로 확대되어 당신의 눈앞에 서 있다고 생각한다. 그가 웃으면서 말하고 행동하는 장면을 상상하고 몰입함으로써 그의 상태를 생생하게 상상하고 느낀다.

⑤ 모든 장면을 지우고 빈 마음이 된다.

⑥ 반짝이는 B의 작은 점의 모습을 큰 A 그림의 중앙에 삽입한다.

⑦ "스위시" 하는 소리와 함께 원래의 A의 그림은 순간적으로 아주 작은 점으로 줄어들고 반짝이는 B의 작은 점은 엄청나게 큰 모습으로 생생한 빛깔을 띤 채 확대되어 당신의 눈앞에 나타난다. 그리고 당신은 그 속으로 몰입함으로써 오감적 차원에서 경험하고 느껴 본다. 얼마나 자신감이 상태로 당당한 상태인지를 경험한다.

⑧ 상상 속에서 유능한 당신의 손을 잡아 보라. 실제로 당신의 오른손으로 만지면서 그 느낌을 가지도록 한다. 당신이 손을 만질 때 그 유능한 당신은 언제라도 커지고 살아나서 당신을 향해 웃고 있고 자신감을 느끼게 한다. 그러한 상상을 충분히 하고 느끼고 마음에 입력한다.

⑨ 이상을 당신이 스스로 만족할 수 있을 때까지 반복한다.

3) 공포증 치료를 위한 스위시 기법

공포증은 단 한 번의 경험만으로도 강하고 의존적인 반응으로 발전한 것이라는 맥락에서 성취라고 할 수 있다. 즉, 단 한 번의 경험을 통해 획득되는 학습인 일회학습(one trial learning)이라고 할 수 있다. 예를 들어 좋은 공포반응은 첫눈에 사랑에 빠지는 것이라고 할 수 있고, 부정적 공포반응은 결혼관계가 깨지는 것이다. 심한 공포증을 호소하는 내담자를 돕기 위해 NLP 상담자가 사용할 수 있는 스위시 기법의 절차는 다음과 같다.

① 내담자의 고통스러운 과거 속으로 여행을 시작하기 전 강력하고 안전한 앵커 설정한다. '지금-여기(here and now)' 앵커를 구축할 수도 있고, 내담자가 매우 안전하다고 느꼈던 경험을 생각하고 그것에 연합하게 할 수 있다. 앵커링은 터치에 의해 신체감각적으로 확실하게 한다. 치료자가 터치할 때 내담자가 안전감을 느낄 수 있도록 해야 한다.

② 내담자에게 정지되어 있는 자신의 이미지가 스크린에 그려지는 영화나 텔레비전을 바라보고 있는 자신을 상상하도록 한다. 그것이 잘될 때는 관객의 입장이 되도록 한다.

③ 내담자가 불유쾌한 사건 또는 공포가 생긴 그 최초의 사건이 있었던 때로 시간선을 따라 과거로 돌아간다. 그 사건이 일어나기 바로 전에 안전했던 때에서부터 직접적인 위험의 순간이 지나가고 다시 안전함을 느꼈던 시점에 이르기까지 사건의 내용을 담은 전체 필름을(마음속에서) 상영하도록 한다.

내담자는 이중분리 상태에서 스크린을 통해 과거의 더 어린 자신이 공포경험을 하고 있는 것을 자기 자신이 지켜보는 것을 보게 됨으로써 필요한 정서적 거리를 유지할 수 있게 될 것이다.

그림의 A 위치로부터 스크린을 바라보고 있는 B 위치의 자신의 모습을 지켜보면서 자신의 신체/생리적 상태를 확인하게 한다. 만약 생리적 상태가 공포 상태로 바뀌기 시작하면 즉시 스크린을 지워 버리게 한다. 그리고 스크린 위에 있는 영상의 하위양식을 변화시키도록 한다. 부정적 정서의 강도를 약화시키기 위하여 영상을 더 어둡게, 더 작게 혹은 더 멀리 떨어져 있는 것으로 만들도록 한다.

시간과 강렬한 주의 집중 필요, 상담자의 창의성과 융통성 필요, 정확한 언어를 구사할 필요가 있으며 내담자가 과거의 공포 감정 안으로 빠져들 때 재빨리 지금-여기로 되돌아오도록 하고 편안한 앵커를 다시 설정해서 처음부터 새로 시작하도록 한다.

④ 영화가 끝났을 때 내담자의 오래된 부정적 정서 감정의 재경험을 축하해 주어야 하며, 내담자가 자신의 몸으로 돌아오게 한다. 즉, 시각적 입장을 실제의 신체 위치 쪽으로 통합하게 한다(B에서 A로).

⑤ 내담자 자신이 어린 자아가 필요로 하는 지지와 격려를 해주기 위해 스크린 안으로 들어서는 장면을 상상하도록 한다. "나는 너의 미래에서 왔어. 너는 살아남았고 모든 것이 이제 다 괜찮아! 너는 그런 어려움을 결코 겪지 않을 거야."라고 말하며 어린 자아를 안심시킬 수 있다.

⑥ 어린 상태의 내담자가 이상과 같은 설명을 이해할 때 내담자로 하여금 어린 자아를 스크린에서 나와 자신의 몸 안으로 들어오게 하라. 그리고 회복을 위한 조용한 시간을 갖도록 하고 이미 일어났을 깊은 변화를 통합하도록 하라.

⑦ 미래 가보기를 한다. 내담자가 과거 같았으면 공포를 경험할 수도 있는 미래의 어떤 상황으로 가 보도록 하고 그때도 공포를 느끼게 될지 상상하도록 한다.

읽기자료 6 공포의 부엌이 환상적인 꿈의 장소로(스위시 기법의 적용 사례)

사례 : 정희 씨는 결혼한 지 2년이 되는 30세 된 주부이다. 신혼 무렵 시어머니가 집에 오셨을 때에 요리를 하였는데, 음식도 제대로 못한다는 시어머니의 심한 잔소리를 들어 심하게 굴욕감을 맛보았다. 그 때문에 '시어머니가 오셨을 때는 요리 따위는 절대로 안할 거야.'라고 결심하게 되었다. 그 후 일상생활에서 맛있는 요리를 만들고 싶은 의욕이 없어져 버렸다. 요리를 하려고 하면 그 때의 모욕감이나 친정을 헐뜯는 소리가 들리는 듯 불쾌한 느낌이 몸속에 되살아났기 때문이다.

NLP 상담자는 내담자인 정희 씨에게 다음과 같이 스위시 기법을 적용하였다.

① 정희 씨에게 시어머니에게서 잔소리를 들었을 때의 불쾌한 체험을 기억하게 하였다. 정희 씨가 만든 요리를 시어머니가 드시고 "맛이 왜 이러냐? 도대체 친정어머니는 널 어떻게 교육했길래……."라는 잔소리를 듣고 있을 때의 장면을 기억하고 그때의 굴욕감, 몸에서 느낀 불쾌한 감각도 기억하게 했으며 그 장면을 컬러로 하여 자기의 눈앞에 확실하게 그림으로 만들어 두도록 하였다.

② 이번에는 다른 한 장, 자신이 자원이 풍부한 상태인 리소스풀한 상태의 장면을 생각하여 그리도록 하였다. 그러자 내담자는 "아파트 베란다의 화분에 꽃들이 활짝 피어 있는 것을 물끄러미 바라볼 때에 한없는 풍요로움과 행복감을 느낍니다."라고 말하여서 그 그림을 흑백으로 만들어 멀리

두도록 하였다. 이제 스위시 기법을 적용할 준비, 즉 두 개의 그림을 서로 바꿀 준비가 되었다.

③ 상담자는 내담자에게 "자, 바람이 불어오면 멀리 있는 그림과 눈앞의 그림이 서로 바뀝니다. 바로 앞에 있는 그림이 멀리 날아가서 흑백으로 바뀌어 결국 티끌만한 점이 되어 버립니다. 동시에 멀리 있는 그림은 커다란 컬러 그림이 되어 확 눈앞에 나타납니다."라고 말한다.

④ 상담자가 내담자에게 "하나, 둘, 셋, 스위시!"라고 천천히 다섯 번 정도 반복하였다. 그리고 상담자가 내담자에게 "불쾌한 그림을 생각하여 그려보세요. 어떤 느낌입니까?"라고 물었다. 그러자 내담자가 "아직도 약간 불쾌함이 남아 있어요."라고 대답하였다.

⑤ 그래서 이번에 상담자는 좀 빠른 속도로 3회 정도 반복하였다. 그리고 내담자에게 "먼저 번의 불쾌한 그림을 떠올려 주세요. 어떤 느낌입니까?"라고 묻자, 내담자는 "아무 느낌도 없습니다."라고 대답하였다.

⑥ 이때 상담자는 미래에 대한 체크인 미래보정(future face)을 하였다. 오늘 저녁, 식사를 준비하는 것과 함께 시어머니와 만나는 것을 상상하도록 하여 "그 자리에 자신이 있으면 어떤 기분입니까?"라고 물었다. 그러자 내담자는 "자유롭게 요리를 즐기고 있습니다."라고 대답하였다.

이후 내담자인 정희 씨는 요리를 하려고 생각할 때마다 일어나던 불쾌한 느낌이 없어지고 즐겁게 요리를 만들 수 있게 되었다.

읽기자료 7 섭식장애의 치료(스위시 기법의 적용 사례)

사례 : 지현 씨(가명, 23세)는 음식을 실컷 먹고는 토해 버리고 하는 섭식장애를 가지고 있었다. NLP 상담자는 상담과정에서 내담자는 자신의 몸속에서 '그렇게 살찌면 안 돼!'라는 어머니의 목소리가 들려오는 것을 느낀다고 말했다. 그래서 이 목소리의 위치, 빠르기, 높낮이 등을 바꾸어 어머니의 목소리로부터 받는 영향을 차단할 목적으로 종속모형을 변화시키기 위한 스위시 기법을 적용하였다.

NLP 상담자는 내담자인 지현 씨에게 다음과 같이 스위시 기법을 적용하였다.

① 내담자에게 몸속에서 들리는 어머니의 '그렇게 살찌면 안 돼!'라는 목소리를 귀 기울여 들어보도록 하였다. 그리고 그 목소리를 몸 밖으로 옮겨 내담자의 귀에 들려오는 목소리로 들어보도록 요청하였다.

② 카세트 플레이어의 2배속 재생과 같이 점점 목소리를 빠르게 하고 톤을 높여 갔다. 다음에는 거꾸로 천천히 하고 톤도 낮게 하였다. 이렇게 빠르고 느리게 하기를 3번 정도 반복하였다.

③ 이번에는 내담자의 어머니 목소리가 들리는 위치를 더욱 더 많이 움직였다. 귓가에서 들리고 있던 것을 1미터 정도 떨어진 곳으로 옮기고 거기에서 다시 빠르게 혹은 느리게 한다든지 톤을 높이거나 낮춘다든지 하는 작업을 반복하였다.

④ 내담자의 표정이 밝아져서 상담자는 내담자에게 "어머니가 뭐라고 말씀해 주시면 힘이 되겠어요?"하고 물었다. 내담자는 "너 정도면 괜찮아"라고 말씀해 주시면 좋겠다고 말하였다. 그래서

부드럽고 다정한 어머니의 목소리로 '너 정도라면 괜찮아.'라는 말을 듣게 하였다.

⑤ 처음에는 목소리를 멀리서 듣다가 점점 내담자에게 가깝게 다가와 듣게 하였다. 그리고 귓전에서 확실하게 듣고 마지막에는 자신의 몸속에서 울려 퍼지도록 하였다.

⑥ 상담자는 내담자에게 스위시 기법 적용하여 '그렇게 살찌면 안 돼.'라는 목소리를 '너 정도면 괜찮아.'라는 힘과 용기를 주는 목소리로 바꾸어 줄 수 있었다. 그 후 내담자는 점차 정상적인 식사가 가능하게 되었고 체중도 정상으로 돌아왔다.

Chapter

11

시간선 치료

어른이 된다는 건 상처 받았다는 입장에서 상처 주었다는 입장으로 가는 것. 상처 준 걸 알아챌 때 우리는 비로소 어른이 된다.

—노희경—

1 시간선 치료의 기초

1) 시간선 치료의 개념

1980년대 후반에 미국에서 개발된 시간선 치료(timeline therapy)는 심리치료와 자기개발을 위한 목적으로 활용될 수 있다. 미국의 Tad James 박사는 장기간 NLP와 최면치료를 연구하고 가르치는 가운데 독자적으로 NLP로부터 더 진전된 기법인 시간선 치료 기법을 발전시켰다. 그래서 시간선 치료에서는 NLP와 최면치료의 원리가 크게 응용된다. NLP는 1970년대 미국의 Bandler와 Grinder가 탁월성의 증진과 변화를 목적으로 개발한 혁신적인 심리치료, 자기개발 및 성공 프로그램이다. NLP는 밀턴 에릭슨의 비지시적인 최면치료의 원리와 부합함으로써 최면치료의 지평을 넓히는 데도 공헌하였다.

한편 현대과학에서는 인간의 정신세계를 양자이론과 홀로그램의 원리로 설명하고 있는데, 바로 시간선 치료는 이러한 양자이론과 홀로그램의 원리를 활용한다. 그러므로 시간선 치료는 치료와 자기개발을 위하여 NLP와 최면치료의 원리, 그리고 양자이론의 원리를 활용하는 치료기법이라고 할 수 있다.

2) 시간선 치료의 전제

시간선 치료는 문자 그대로 시간선(time line)을 활용함으로써 치료적 작업을 한다. 시간선이란 '과거-현재-미래를 연결하는 선'을 의미한다. 인간의 현재가 과거의 산물이듯이 미래 또한 현재의 산물이라고 할 수 있다. 그렇기 때문에 인간의 모든 삶은 시간선의 차원에서 이루어진다고 해도 지나친 말이 아니다.

내담자가 현재에 특정한 문제를 경험하고 있다면 그 문제의 근원은 과거에 있기 때문에 시간선 치료를 통해서 그 과거의 경험을 재경험하게 하여 다룸으로써 문제를 해결할 수 있다. 이것이 바로 시간선 치료의 치료 기제이며 전제이다.

시간선 치료에서는 기본적으로 우리의 대부분의 문제는 부정적 정서(negative feeling)와 비합리적 신념(irrational belief)의 결과라고 본다. 따라서 시간선 치료는 과거의 중요한 생활사건에서 경험했던 분노, 슬픔, 불안, 죄책감과 같은 부정적인 정서와 "나는 실패할 것이다.", "나는 쓰레기 같은 사람이다."와 같은 패배적이고 비합리적인 신념 때문에 생긴 현재의 문제를 해결하거나 치료할 뿐만 아니라 보다 성공하는 삶으로 나아가도록 돕는 것을 목적으로 한다. 즉, 현재와 미래의 보다 새로운 자기를 창조할 수 있도록 돕는 것이다.

우리는 일상생활 속에서 그 시간선 뿐만 아니라 시간선 차원에서 이루어지는 모든 경험을 다 기억하지는 못한다. 이러한 한계를 극복하기 위해 시간선 치료에서는 현재의 문제의 근원을 찾아 과거의 초기 경험을 확인하는 무의식 작업이 활용된다. 그러나 이 무의식 작업은 Freud의 정신분석이나 최면상담의 방법이 아니라 NLP 상담의 여러 기법을 활용하기 때문에 비교적 짧은 시간에 보다 큰 효과를 얻을 수 있다.

3) 시간선 치료의 효과

시간선 치료는 내담자가 호소하는 심리적 외상(post-traumatic stress disorder)이나 자기개발에 효과적이다. 특히 내담자의 알레르기, 공포증이나 불안증, 우울증, 죄책감, 마음의 상처 등의 치료에 탁월한 효과를 발휘한다. 그리고 그러한 심리적 원인에 의한 신체화 증상에도 매우 효과가 있다. 이러한 치료적 효과는 NLP 상담의 여러 기법이나 최면치료를 통해서도 얻을 수 있으나 시간선 치료는 기존의 치료 방법보다는 시간적으로나 효과 면에서 훨씬 탁월하다는 데 있다.

시간선 치료의 효과는 개인차가 있지만 대부분 짧게는 10분 이내에 나타나고 길어도 30분 전후의 시간 내에 나타난다. 그 밖에 알레르기와 같은 증상도 시간선 치료에서는 아주 놀라울 정도로 짧은 시간 내에 효과를 나타낸다고 보고되고 있다. 특히 주목할 만한 것은 시간선 치료가 궁극적으로 내담자 안에 있는 치유 잠재력과 기제를 활용하여 자가 치유를 한다는 점이다.

4) 시간선 치료의 특징

시간선 치료는 내담자가 현재 경험하고 있는 심리적 문제는 무의식 상태에서 기억되고 저장되어 있다고 본다. 따라서 내담자의 행동변화도 무의식 상태에서 일어나야 한다고 본다. 그러므로 시간선 치료의 과정은 무의식 상태에서 이루어지며 과거의 부정적인 경험에 대한 영향을 짧은 시간에 완화하거나 없앨 수 있다. 시간선 치료의 특징은 다음과 같다.

첫째, 시간선 치료는 기본적으로 과거에 초점을 둔다. 시간선 치료에서는 과거의 삶을 태어난 이후와 태어나기 이전의 삶으로 나눈다. 태어나기 이전의 삶은 모태에서 수정된 이후의 태아시절과 수정되기 이전으로 구분된다. 그리고 수정되기 이전의 삶은 다시 부모의 혈통과 전생의 삶이라는 두 가지의 줄기 중의 하나로 연결된다. 여기서 부모의 혈통이란 분석심리학적 상담이론의 창시자인 Jung이 제안한 집단무의식과 같은 개념으로, 아버지나 어머니의 삶의 흔적 또는 그 윗대 조상의 흔적을 말한다. 즉, 부모를 포함하는 부계나 모계 조상의 삶의 흔적이 혈통을 통하여 현재의 무의식에 영향을 의미한다. 또한 전생의 삶이란 흔히 최면치료나 전생치료에서 취급하는 전생(former's life)의 삶의 흔적을 말한다.

둘째, 시간선 치료는 기존에 이루어지던 최면치료나 전생치료의 효과까지도 기대할 수 있다. 그러나 이 시간선 치료에서의 전생퇴행 방법은 기존의 전생퇴행과는 다르다. 여기서는 길게 이어지면서도 형식을 갖춘 전생퇴행 유도 기법을 사용하지 않으며 대신에 간단한 유도방식에 따라 전생의 최초 사건을 찾아가기 때문에 상담과 치료 시간이 크게 단축된다는 장점이 있다.

셋째, 시간선 치료는 단순히 과거에만 집착하는 것이 아니라 새로운 미래를 창조하는 일에도 크게 관심을 갖는다는 것이다. 즉, 현재는 과거에 기반을 두지만 미래는 과거의 연장인 현재에 바탕하고 있다고 볼 때 과거가 치료되면 보다 건강하고 성공적인 미래창조가 가능하다고 할 수 있다.

넷째, 시간선 치료의 특징은 무의식 또는 잠재의식을 적극 활용한다는 점이다. 그런 점에서 시간선 치료는 최면치료 및 NLP 상담과 공통점이 있다. 그러므로 최면상담이나 NLP 상담과 함께 시간선 치료를 활용할 수 있는 유능한 전문가가 될 수 있다.

다섯째, 현대 과학의 양자이론과 홀로그램이론에 기초한다는 점이다. 즉, 마음의 작용원리는 전통 물리학적 개념에서가 아니라 양자이론과 홀로그램적 관점에서 이해되며 몸과 마음의 연결성, 즉 심신상관(mind-body connection)의 차원에서 접근되기 때문에 대체의학의 한 분야로도 인정된다. 그래서 마음을 통해서 신체적 증상에 대한 치료가 가능해진다고 하겠다.

2 시간선 치료의 이론

1) 시간선의 개념

시간은 우리가 무엇을 하고 있느냐에 따라 쏜살같이 빠르게 지나가기도 하고 기어가는 것처럼 느리게 느껴지기도 한다. 시간이 실제로 무엇이든 간에 우리가 겪는 시간에 대한 주관적 경험은 언제나 변한다. 시간에는 방향과 거리가 있다. 예를 들면, '나는 어떤 미래도 볼 수 없어', '가까운 미래', '과거의 일들을 되돌아보는 것' 등의 진술은 시간에는 방향과 거리가 있음을 말해 준다.

시간선을 모든 사람에게 동일한 것으로 일반화한다는 것은 어려운 일이다. 그러나 과거, 현재, 미래의 그림을 구성하는 일반적인 방법은 위치로 결정한다. 시간선 치료에서 과거는 왼쪽에 있으며, 먼 과거가 될수록 그림도 더 멀어진다. 미래는 우리의 오른쪽에서 시작하여 그 줄 끝에는 아주 먼 미래가 있게 될 것이다. 그렇다면 '희미하면서 먼 과거'는 어디에 있을까? 시간을 체계화하는 방법은 시각적 방법이 많이 사용되며 눈동자 접근 단서와 연관성이 있다. 시간을 체계화하는 방법의 몇 가지 예는 다음과 같다.

첫째, 과거 지향형의 사람의 시간선이다. 과거가 내담자의 앞에 일직선으로 뻗어 있다면 과거가 내담자의 경험에서 중요하고 영향력 있는 부분이라는 것을 의미한다.

둘째, 미래지향적인 사람의 시간선이다. 내담자가 먼 미래를 크고 밝은 그림이라고 본다면 미래지향적인 사람이다. 이렇게 되면 미래는 내담자가 경험을 아주 매력적으로 만들어줄 것이고 미래를 향해 끌어당기는 역할을 할 것이다. 그래서 미래 지향적인 사람은 문제나 질병에서 빨리 회복되는 경향이 있는 것으로 의학적으로 보고되고 있다.

2) 통과 시간형과 내재 시간형

과거와 미래가 긴 거리가 되는 간격을 두고 떨어져 있고 임박한 상황들이 갑자기 커지기 전까지는 미래가 멀리 있는 것처럼 보이는 경우도 있고 반면에 과거와 미래의 그림들 사이에 충분한 공간이 없어 너무 붙어 있다면 당신은 시간에 대한 압박감을 느낄 수도 있다.

시간선은 치료에서 아주 중요한 역할을 하는데, 만일 내담자가 자신의 미래를 보지 못한다면 많은 기법은 의미가 없게 된다. NLP 상담의 기법들은 과거의 자원에 접근하거나 마음을 사로잡는 미래를 구축하는 데에 시간선을 따라 이동할 수 있는 능력을 전제로 한다. 때로는 이런 작업이 이루어지기 전에 시간선이 구분되어 있어야 한다. 시간형은 크게 통과 시간형(through time)과 내재 시간형(in time)으로 구분된다.

표 11-1 통과 시간형과 내재 시간형

통과 시간형	내재 시간형
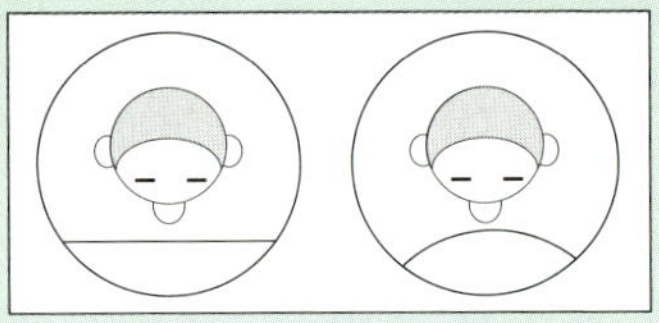	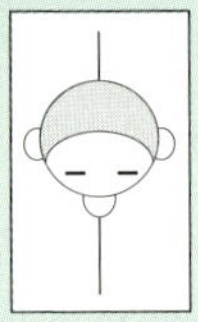
• 시간선이 좌우로 지나가는 앵글 • 유럽 타입의 시간선 • 좋은 연속성을 지님 • 약속, 시간을 잘 지킴	• 시간선이 뒤에서 앞으로 뻗어 나감 • 아랍형 시간선 • 현재 순간에 존재 • 약속, 시간, 마감시간 잘 못 맞춤
서양적(도시적)	동양적(시골적)
왼(오른)쪽에서 오른(왼)쪽	뒤에서 앞으로
과거 / 현재 / 미래	시간은 지금의 일로 경험됨
앞에 있음	모두가 앞에 있지는 않음
순서와 계열	순서와 계열이 없음
과거는 분리되어 기억됨	과거는 연합되어 기억됨

통과 시간형	내재 시간형
시간 계획이 중요함	시간 계획은 중요하지 않음
시간관념이 강함	시간관념이 약함
현재에 머무는 것이 어려움	현재에 초점 맞추기가 쉬움
	현재는 내 안에 있음

3) 시간과 대화하기

우리가 사용하는 언어에 따라서 생각이 제약을 받을 수 있다. 동사의 시제 또한 같은 효과를 낳는다. 즉, 동사의 시제에 따라서 우리의 사고는 영향을 받게 된다는 것이다. 다음은 우리가 흔히 사용하고 있는 동사의 시제가 어떻게 우리의 생각을 제약할 수 있는지를 보여 준다.

① 당신이 산책을 하고 있었던 시간에 대해 생각해 보라(과거 진행형) : 당신이 연합되어 있는 동영상을 떠올리도록 만들 것이다.
② 산책을 했던 지난번에 대해 생각해 보라(과거) : 분리된 상태, 즉 정지된 그림을 떠올릴 것이다.
③ 산책을 할 시간에 대해 생각해 보라(미래) : 여전히 분리된 상태로 떠오를 것이다.
④ 당신이 산책 하고 있을 시간에 대해 생각해 보라(미래 진행형) : 당신의 생각은 연합된 동영상이 되어 있을 것이다.

불안을 호소하는 내담자가 다른 두 명의 상담자를 찾아간다고 가정해 보자. 먼저 한 상담자는 내담자에게 "그래서 당신이 불안을 느꼈군요? 그런 식으로 계속 느껴 온 건가요?"라고 진술한다면, 내담자가 불안을 느끼는 경험에서 벗어나게 해 주고 불안한 느낌을 과거에다 갖다 놓는다. 또 다른 상담자는 내담자에게 "그래서 당신이 불안한 거군요? 어떤 것들이 당신을 불안하게 만들까요?"라고 진술한다면, 내담자를 불안의 느낌 속으로 들어가게 하여 미래에 불안을 느낄 수 있게 프로그램을 입력시키는 역할을 하게 된다.

4) 시간선 치료의 과정

시간선 치료가 이루어지는 전체적인 전개과정을 대략적으로 소개하면 다음과 같다.

(1) 시간선 찾기

이것은 내담자의 개인 시간선의 방향과 위치를 찾아내는 것을 말한다. 시간선에는 크게 내재 시간형(in time)과 통과 시간형(through time)이 있는데 이들 시간형에 따라서 내담자의 성격이나 행동성향이 다르기 때문에 시간형을 알면 내담자를 이해하는데 도움이 된다. 시간선의 유형에 따라서 과거의 기억을 저장하거나 조직화하는 패턴이 달라지기 때문에 치료적 장면에서 시간선을 파악하는 것이 중요하다.

(2) 근본원인 또는 최초사건 알아내기

이것은 부정적 정서나 제한적 신념을 갖게 된 근본 원인 또는 최초 사건(first event)이 무엇인지 혹은 언제인지를 알아내는 것을 말한다. 최초 사건은 생후, 태아시절, 혈통, 전생으로 구분될 수 있다. 혈통은 어머니 쪽 혹은 아버지 쪽으로 구분할 수 있으며 최면상담을 할 수 있다.

(3) 변화 및 치료 작업

시간선 작업을 통해서 최초 사건의 흔적을 없애거나 수정하는 변화 및 치료 작업을 실시한다. 이때 본격적인 시간선 치료가 이루어진다.

(4) 시간선의 방향과 위치 변경시키기

내재 시간형을 통과 시간형으로, 또는 통과 시간형을 내재 시간형으로 바꾸는 것을 말한다. 이렇게 시간선을 바꾸면 개인의 성격이나 행동성향 또한 변화된다.

(5) 미래 창조하기

미래에 실제로 실현될 수 있는 목표나 바라는 바를 미래의 시간선에 삽입하는 것을 말한다. 시간선 치료는 기본적으로 과거의 근본원인을 찾아서 제거하는 것이기도 하지만 동시에 긍정적인 미래를 만들고 창조해 나가는 과정이기도 하다. 특히 치료의 마지막 단계에서는 이렇게 미래 창조하기를 실시함으로써 긍정적이고 적극적인 삶의 자세를 심어 준다.

3 시간선 치료의 실습

1) 시간선 찾기의 유형

(1) 시간선 찾기 I

시간선 찾기 I(elicitation of timeline)은 내담자가 트랜스 상태가 아닌 의식 상태에 있을 때 하게 되는데, 이때 중요한 것은 잠재의식의 신뢰와 협조를 구한 후에 이 작업을 하는 것이다. 이를 위해 상담자는 다음과 같이 진술할 수 있는데, 이때 내담자가 보이는 모든 비언어적 행동에 주의를 기울인다.

"만약 당신의 무의식에게 과거가 어디에 있으며 미래가 어디에 있을지에 대해서 질문을 한다면 아마도 당신은 '그것은 오른쪽에서 왼쪽으로, 또는 뒤에서 앞으로, 또는 위에서 아래로, 또는 다른 어떤 방향으로 지나가거나 연결된다고 생각한다.'라고 말할 것이다. 그런데 중요한 부분은 우리의 무의식이 아니라 의식이다. 만약 상담자가 당신의 과거가 어디에 있느냐고 묻게 된다면 당신은 어떤 방향을 가리키겠는가? 당신의 무의식에게 미래는 어디에 있느냐고 묻는다면 당신은 어떤 방향을 가리키겠는가?"

이때 주의해야 할 점은 상담자가 내담자로 하여금 시간선을 찾도록 도울 때, 내담자가 어떤 반응을 보이더라도 그것을 존중하고 수용해야 한다는 것이다. 왜냐하면 내담자가 가리키는 시간선은 그 자신의 고유의 것이고 그를 위한 것이기 때문에 그의 표현을 존중하고 수용하데 가치판단을 해서는 안 된다.

(2) 시간선 찾기 II

시간선 찾기 I이 효과가 없을 경우에 이 방법을 사용할 수 있다.

첫째, "당신은 1주일 전에 일어났던 일을 기억할 수 있습니까?"라고 묻는다.

둘째, "좋아요. 그 기억은 어디에서부터 오는지 알 수 있을까요?" 또는 "그 기억이 어느 방향으로 갈지 알 수 있나요?"라고 묻는다.

셋째, 위의 첫째, 둘째의 과정을 1개월 전, 1년 전, 5년 전, 10년 전과 같이 물으면서 반복한다.

넷째, 이제 위의 첫째, 둘째의 과정을 미래방향, 즉 1개월 후, 1년 후, 5년 후와 같이 물으면서 반복한다.

다섯째, "이제 그러한 과거와 현재가 하나의 '선'과 같은 형태로 연결된다는 점을 알 수 있을까요?"라고 묻는다.

2) 시간선 찾기 테스트

시간선 찾기 테스트(first test of elicitation)는 다음과 같은 과정을 거친다.

먼저, 상담자는 다음과 같이 진술하여 시간선 찾기 테스트를 진행한다.

"이제, 당신은 방금 지적했던 방향을(또는 당신이 생각하는 과거의 기억이나 미래를) 지금 마음속에서 떠올려 볼 수 있나요? 당신은 그것이 하나의 선의 모습으로 생각된다는 것을 알고 있습니까?"

위의 상담자 질문에 내담자가 '아니오'라고 대답한다면, "그럼 지금이라도 선으로 생각을 해보세요."라고 진술한다. 만약 여전히 내담자가 '아니오'라고 대답한다면, 상담자는 "당신의 과거는 당신이 살았던 위치를 중심으로 구성되고 그려지나요?"라고 되묻는다.

만약 내담자가 '예'라고 대답한다면, 내담자는 "이 과정의 목적상으로 볼 때, 그것이 하나의 연결된 선의 형태로 쭉 뻗었다면 그 선의 모습은 어떻게 보일까요?"라고 묻는다.

이때 시간선 치료를 진행하는 상담자는 시간선 치료가 시각적 과정일 뿐만 아니라 청각적, 신체 감각적으로도 이루어질 수 있음을 기억하는 것이 중요하다.

둘째, 상담자는 다음과 같은 진술로 시간선 치료의 과정을 진행한다.

"좋아요. 이제 제가 '선'이라고 말할 때 그것은 단지 시각적인 것만을 의미하지는 않습니다. 왜냐하면 잠시 후에 당신에게 그 선 위로 떠올라서 날아가라고 할 것인데, 떠올라 간다는 것은 바람에 떠오르거나 목욕탕 물에서 떠오르는 것과 같이, 소리로서의 의미도 있을 것이고 시각적인 의미도 있을 것이기 때문입니다. 당신이 시간선 위에서 어떻게 떠오르든 좋습니다. 그러므로 이제 당신은 자신의 시간선 위로 떠올라서 그곳에 머무르면서 뒤쪽의 과거로 날아갈 수 있겠습니까? (잠시 침묵 후) 당신은 지금 그 곳에 있습니까? 그리고 이젠, 당신의 미래로 떠올라 나가세요.(잠깐 멈춤) 당신은 그곳에 있습니까?" 이제 더 높이 떠올라 가세요. 아래로 보이는 선이 1~2cm 정도의 길이만큼 작아 보일 정도로 아주 높이 올라가세요.(잠시 침묵 후) 좋아요. 이젠 현재로 되돌아오세요. 그리고 현재의 시점으로 내려와서 이 방안으로 들어오세요.(잠시 침묵 후) 어땠나요?"

상담자가 시간선 찾기 테스트를 할 때 주의해야 할 점은 이러한 절차를 내담자가 시간선 위로 가기 전에 실시해야 한다는 점이다. 이 실습은 무의식적 신뢰와 협조를 증가시킨다.

3) 시간선 찾기의 진행

(1) 질문

상담자는 내담자에게 "당신의 무의식을 위해서 오늘 부정적 정서를 제거하고 당신이 그것을 의식적으로 인식할 수 있어도 좋을까요?"라고 질문한다.

(2) 최초 사건 찾기

상담자는 내담자의 최초 사건을 찾기 위해 다음과 같이 진술할 수 있다.

"이 문제의 근본 원인, 즉 만약 당신이 그것과 단절될 때, 당신의 문제가 사라질 수 있게 할 최초 사전은 무엇입니까? 만약 당신이 알 수 있다면 그 사건은 당신의 출생 이전인가요, 아니면 출생 동안이나 출생 후일까요?"

그 후 다음과 같이 출생 이전, 모태, 모태 이전, 전생, 혈통, 출생 후 등에 대해 질문한다.

- 출생 이전 : "모태 안인가요? 아니면 그 전인가요?"
- 모태 : "몇 개월인가요?"
- 모태 이전 : "그때가 전생인가요 아니면 혈통을 따라 거슬러 가나요?"
- 전생 : "몇 생 이전입니까?"
- 혈통 : "몇 대 이전입니까?"
- 출생 후 : "만약 나이를 알 수 있다면 그때가 몇 살 때쯤인가요?"

상담자는 이때 내담자가 "근본 원인이 무엇인지를 모르겠습니다."고 말한다면 "저는 당신이 모른다는 것을 잘 압니다. 그러나 만약 무엇이든지 마음에 떠오르는 생각이 있으면 잡으세요. 무의식적 마음을 신뢰하세요."라고 진술하며, 만약 내담자가 혈통과 전생을 이야기한다면, 먼저 말하는 것부터 시작하고 뒤의 것을 나중에 한다.

또한 상담자는 내담자의 변화를 인정해 준다. 즉, 내담자에게서 일어나는 변화를 알아주고 눈으로 확인될 만큼의 큰 변화가 생리적으로 나타나면 "아주 큰 변화였죠, 그렇죠?"와 같이 말해 준다.

(3) 부정적 정서 다루기

상담자는 내담자가 시간선 위에서 자신의 눈을 통해서 볼 수 있도록 이끌어 준다. 구체적인 절차는 다음과 같다.

첫째, 상담자는 내담자에게 "당신의 시간선 위로 떠올라 날아가세요. 그리고 과거로 날아가서 과거 방향을 향하여 제1의 위치인 그 위치로 가되 그 곳에 도착했을 때 사건에 주목하고 저에게 도착했음을 알려주세요."라고 말한다.

둘째, 상담자는 내담자에게 "이젠 제2의 위치, 즉 사건 바로 위쪽으로 날아가서 사건을 아래로 내려 보도록 하세요. 무의식에게 당신이 그 사건으로부터 얻을 수 있는 교훈, 즉 당신으로 하여금 쉽고 편하게 당신이 겪고 있는 부정적 정서를 없앨 수 있게 하는 교훈이 무엇인지 물어보세요. 당신의 무의식의 마음은 그 교훈을 보존함으로써 당신이 미래에 그 교훈을 필요로 할 때 그 순간에 당신에게 도움을 줄 것입니다."라고 말한다.

셋째, 상담자는 내담자에게 "이제 제3의 위치로 날아가서 당신이 사건 위에 있되 사건이 생기기 바로 직전의 위치에서 현재 방향을 향하여 아래로 내려다보세요. (사건을 야기 시킨 일련의 어떠한 사건들이 있더라도 그 사건의 직전에 있도록 한다.) (잠시 침묵 후) 이제, 정서는 어디 있나요?"

다섯째, 상담자는 만약 내담자의 부정적 정서가 사라지지 않는다면 다음과 같이 관점 바꾸기를 한다. "사건의 내부, 즉 제4의 위치로 내려가서 사건을 당신 자신의 눈을 통해서 보되 정서를 체크하세요. 아직 정서가 남아 있나요? 혹은 모조리 사라졌나요? 이제! 좋아요, 다시 제3의 위치로 되돌아 올라가세요."

여섯째, 상담자는 내담자에게 다음과 같은 진술로 정서의 명칭을 정하고 상태파괴를 한다. "제3의 위치에 잠시 머무르다가 조금 전 제2의 위치에서 얻었던 교훈을 간직하면서 현재의 순간으로 최대한 빨리 되돌아오세요. 그때 사건 위에서 모든 경험한 부정적 정서가 현재 순간으로 사라지도록 하세요. (내담자가 마쳤을 때) 이제 현재의 순간으로 내려오세요. 그리고 이 방안으로 되돌아오세요.(상태 파괴)"

일곱째, 상담자는 시간선의 현재 위치에 있는 내담자에게 시간선 치료가 잘되었는지 점검한다. "당신은 옛 정서를 느끼곤 하던 과거의 사건을 기억할 수 있나요? 과거로 가서 혹시 여전히 옛 정서를 느낄 수 있을지 확인해보세요. 아마도 당신은 느끼지 못할 것입니다. 좋아요. 현재로 되돌아오세요."

여덟째, 상담자는 시간선 치료를 마친 내담자가 미래에 치료 성과가 잘 나타나는지를 확인하는 미래보정(future face)를 한다. "미래의 어느 시기로 가보세요. 그곳에서 당신은 과거 같았으면 틀림없이 적절하지 못한 부정적 정서를 느꼈을 것입니다. 그러나 이제 그 미래의 시점에서 여전히 과거와 같은 정서를 느낄 수 있을지 없을지를 확인해보세요. 아시겠죠? 그래요. 이제 현재 순간으로 되돌아오세요."

(4) 불안 다루기

상담자가 시간선 치료에서 내담자의 불안을 다루게 되는데 그 과정은 다음과 같다.

첫째, 상담자는 내담자에게 "시간선 위로 날아올라 가세요. 그리고 당신이 불안하게 생각하는 사건을 성공적으로 완수하고 난 15분 후의 미래 시각으로 나가세요."라고 말한다.

둘째, 상담자는 내담자에게 "좋아요. 이제 뒤돌아서 시간 선을 따라 현재를 바라보세요. 이제 불안은 어디 있습니까?"라고 진술한다.

셋째 상담자는 내담자가 현재로 돌아오도록 유도하고 바람직하다면 평소에 무엇에 대해서 불안해하였는지에 대해서 생각해 보도록 한다.

상담자는 내담자의 불안이 사라지지 않는다면 다음과 같이 관점 바꾸기를 하고 추가적으로 불안이 여전히 남아 있다면 그것은 아직까지 사라지지 않은 두려움의 결과일 수 있기 때문에 불안의 문제를 취급하기 위해서는 항상 두려움을 먼저 제거하는 것이 중요하다.

"당신이 동기부여가 되기 위해서는 불안이 있는 것이 중요하다고 여기는 당신 내의 분아가 존재한다는 점을 저는 압니다. 그리고 저도 당신이 적절히 동기부여되는 것이 중요하다는 사실에 동의합니다. 문제는 불안은 당신의 몸을 위해서 좋지 않다는 것입니다. 당신이 스스로에게 동기부여하고 또 불안이 없어지도록 할 수 있는 다른 방법들이 있을까요?"

3) 시간선 치료의 실습 사례

상담자는 교실 바닥에 수성 페인트로 5m 정도의 화살표로 된 선을 그리고 화살표의 앞쪽의 미래, 가운데 현재, 뒷부분을 과거라고 표시한다. 화살표의 앞쪽이 미래, 가운데가 현재, 화살표의 뒤쪽이 과거가 된다.

① 두 사람이 짝을 짓는다. A는 B의 안내에 따라 과거나 미래를 체험한다. A는 먼저 자신의 타임 라인이 어디에 있는지를 확인합니다. 전후좌우로 충분한 공간이 있는 장소에 선다.

"과거에 일어난 일을 기억할 때, 그것은 어느 방향에 있는 것으로 느낍니까?"
"미래의 일을 상상할 때, 그것은 어느 방향에 있는 듯이 느낍니까?"
지금 서 있는 곳이 현재이므로 아까 확인한 과거의 위치와 지금 서 있는 장소와 미래의 위치를 연결하는 선이 A의 시간선이다.

② B는 A에게 질문한다.
"당신의 바람직한 상태는 무엇입니까?"
A는 '자신이 원하는 결과'를 한 가지 정한다.

③ B는 A에게 세 가지 질문을 한다.
"당신이 원하는 결과는 실현 가능합니까?(행동 수준)"
"당신은 그것을 실현하기 위한 능력을 가지고 있습니까?(능력 수준)"
"당신은 그것을 실현하기에 어울리는 사람입니까?(신념 수준)"
이러한 질문 가운데 한 가지라도 '아니오'가 나오면 처음에 정한 '원하는 결과'를 다른 것으로 바꾸고 다시 한 번 처음부터 새로 시작한다.
대답이 세 가지 모두 '예'라면 다음으로 진행한다.

④ B가 "미래 쪽으로 향하여 다시 한 번 원하는 결과를 자신이 확인해 주세요.", "천천히 미래 쪽으로 향하여 원하는 상태가 실현되는 곳까지 나아갑시다."라고 안내하고 A와 함께 걷기 시작한다. B는 도중에서 A에게 질문한다. "지금 무엇을 하고 있습니까?", "거기는 어디입니까?", "누구와 함께 있습니까?", "어떤 상태입니까?", "무엇이 들립니까?", "몸의 느낌은 어떤 느낌입니까?"
A는 도중의 상황을 이야기한다.
B가 "바람직한 상태가 실현되는 곳까지 더욱 더 진행하여 주세요."라고 안내하고 그곳의 위치를 확인해 둔다.

⑤ B는 "그러면, 천천히 원래의 위치로 되돌아와 주세요." 함께 현재의 위치까지 되돌아온다.

⑥ B가 "지금까지의 인생에서 대단히 리소스풀한 체험을 하였던 시점으로 천천히 되돌아온다. 타임 라인을 과거의 방향으로 걷되 앞에 있는 미래를 향한 채로 천천히 뒷걸음질하여 그 체험을 하는 곳에서 멈추어 주세요."라고

하며 A가 멈추어 선 곳에서 B는 "지금 어떤 체험을 하고 있습니까?"라고 질문을 한다.

⑦ B는 A가 그 체험에 잠겨 리소스풀한 상태에 있는 것을 잘 관측하고 A의 신체부위(팔 또는 무릎)에 앵커링한다.

⑧ B는 "더욱 더 과거에 있었던 리소스풀한 체험을 한 곳으로 돌아갑시다."라고 하며 함께 세 가지 리소스풀한 체험의 위치로 돌아가 각각의 체험에 잠겨 앵커링한다.

⑨ B는 "그러면 과거의 리소스풀한 체험을 하나씩, 다시 한 번 체험합시다."라고 하며 오래된 순서로(세 번째의 위치에서부터) 시간선을 천천히 현재를 향하여 진행하면서 세 가지 체험 각각의 위치에서 멈추고 B는 A의 체험을 반복하면서 앵커링한다.

⑩ 현재의 위치까지 돌아와서 B는 "어떤 느낌입니까?"라고 하며 앵커링으로 리소스풀한 상태를 체크한다. B는 "천천히 한 걸음씩 나아가면서 미래 쪽으로 진행하여 주세요."라고 하며 앵커링을 지속하면서 함께 나아간다. B는 A가 먼저 번에 멈추어 선 곳에서 "어떤 상태입니까?"라고 질문하고 A는 대답한다. 먼저 번의 대답과 달라도 괜찮다.

⑪ A가 원하는 결과를 실현한 곳까지 나아가면 앵커링을 한다. B는 "지금 원하는 결과를 실현한 느낌을 충분히 체험해 주세요."라고 하며 A가 충분히 체험한 것을 끝까지 잘 관측한다. B는 "심호흡을 하고 자신이 포즈를 정하여 지금의 감각을 앵커링하여 주세요."라고 하면 A는 그때까지 B가 해 준 앵커링을 자신의 한층 더 큰 앵커링으로 바꾸게 된다.

활동을 모두 마친 후, 활동 과정과 관련하여 자신의 느낌이나 생각 또는 집단원들에게 하고 싶은 이야기를 자발적으로 이야기하도록 한다. 토의가 끝난 후에는 오늘의 프로그램을 통해 새롭게 발견한 것이나 그 밖에 각자가 배우게 된 점을 자유롭게 발표하도록 한다. 발표가 끝나면 상담자는 오늘의 전체 활동 내용을 정리하고 간단히 평가한다.

Chapter

12

메타포와 메타 프로그램

옳은 건반을 누르면 사람들은 무엇이든지 말할 수 있다. 잘못된 건반을 누르면 아무것도 할 수 없다. 그 미묘한 차이는 건반의 선택에 달려 있다.

—조지 버나드 쇼—

1 메타포

1) 메타포의 개념

메타포(metaphor)는 유사한 특성을 지닌 사물이나 관념으로 전달하기 힘든 뜻을 표현하는 어법이다. 이것이 사고의 과정으로 진화하면, 서로 다른 요소들을 연결 지어 새로운 것을 만들어 내는 창조적 메타포가 된다. 또한 메타포는 내담자의 변화와 치유의 과정을 돕는 가장 우아한 도구 중 하나로, 메타포의 주요 목적은 내담자의 변화에 필요한 자원을 접하게 하는 이야기를 전달해 주어 그의 경험을 보정하고 유인하는 것이라 할 수 있다(전경숙, 2012). 메타포는 상담자의 이야기를 듣는 내담자의 현실을 보정하는 하나의 기본적 환상으로, 메타포의 가치는 의식적 저항을 우회하고 문제에 관해서 수렴적 사고를 하며 창작성을 자극한다는 데 있다. 그런 이유로 메타포에 의한 사고는 의식과 무의식, 좌뇌와 우뇌의 가교 역할을 한다.

“예술의 창조적 근원이 무엇이냐?”는 질문에 아리스토텔레스는 메타포라고 대답하면서, 메타포는 A를 모두가 알고 있는 A'나 A"로 연결시키는 것이 아니라 전혀 다른 C나 Z로 연결하는 것을 말한다. 삼국지의 중요한 등장인물 중 한 사람인 조조는 날카로운 분석과 예상치 못한 전략 전술로 시대를 풍미했던 인물이다. 이런 조조가 메타포의 대가였다는 사실을 아는 이는 그리 많지 않다. 그런 조조의 메타포를 이해하는 유일한 인물이 있었으니, 그가 바로 참모 양수였다.

어느 날 조조는 부하들에게 정원을 만들라고 명령했다. 며칠 후 다 만들어진 정원을 둘러본 조조는 정원 입구의 문에 ‘活(활)’이라는 글자를 써 놓은 후 돌아갔다. 많은 사람들은 그 말을 잘 이해하지 못했지만 유일하게 양수만이 “문(門)’에 활(活)이라는 글자가 있으니 闊(넓을 활)이 아닌가?”라고 하며, “승상(조조)께서 정원이 너무 넓다고 생각하신 모양이니 크기를 줄이게.”라고 말했다.

또한 어느 날 조조는 부하와 함께 있는 자리에서 술 한 병을 선물 받았다. 조조는 한 모금 마신 후 병에다 합(合)자를 써 놓은 뒤 부하들에게 줬다. 이에 대해 양수는 “합(合)이라는 글자를 나누어 써 보면 일인일구(一人一口)가 되니, 모두

한 모금씩 나눠 마시게"라고 말했다.

또 다른 메타포의 예시를 보면, 어느 날 위대한 왕 앞에 장님들과 코끼리 한마리가 모여 있었다. 왕은 장님들에게 코끼리를 만져 보고 그게 무엇인지 설명해보라고 한다. 한 장님은 코끼리의 다리를 만지고 코끼리는 거대한 기둥 같다고 했으며, 어떤 장님은 코끼리의 상아를 만지고 코끼리는 딱딱한 돌과 같다고 말했으며, 또 다른 장님은 코끼리의 코를 만지며 코끼리는 강한 근육덩어리라고 했다. 어느 것도 틀린 것은 없지만 어느 것 하나 완벽한 정답은 없다. 이것이 인간이 보는 진리이다. 모두 틀린 것은 없지만 그 누구도 제대로 보지 못하고 있다. 그리고 실질적으로 인간은 장님이 아니고 눈을 감고 있기 때문에 진리의 참된 모습이 보이지 않는 것이며, 수행을 통해서 눈을 뜨면 진리의 참된 모습이 보이게 된다. 이것이 바로 메타포이다. 진리가 어떤 것인지, 인간이 어떤 것인지, 제대로 설명하는 것은 매우 어려운 일이다. 하지만 메타포를 사용해서 이것은 이것이라고 말할 수 없는 것을 표현할 수 있다.

이러한 메타포를 자유자재로 활용하는 것, 즉 다른 것을 연결 짓고 합치고 그것을 다시 쪼개는 과정은 창의적 사고의 기본적인 특성이다. 조조 역시 일반적인 글자에 전혀 다른 의미를 연결시켰다. 그런 점에서 그는 매우 창의적인 인물이라고 할 수 있다.

메타포에는 단순한 비유나 직유, 긴 이야기 그리고 우화가 포함되어 있다. 메타포는 간접적으로 의사를 전달하는데, 특히 복잡한 메타포는 의식을 분산시켜서 무의식으로 하여금 의미와 자원을 탐색할 수 있도록 촉진하는 역할을 한다. 메타포를 만들어 내는 일은 음악을 작곡한다든지 동화를 읽어 주는 것과 같다. 음악의 선율은 좌뇌를 거치지 않고 바로 무의식에 닿게 되며, 동화가 갖고 있는 정보는 실제 세계에서는 쓸모가 없지만 내면의 세계에서는 의미 있게 처리된다.

2) 메타포의 종류

메타포에는 상징(symbolism)과 동형성(isomorphism)의 두 가지 종류가 있다(전경숙, 2012).

(1) 상징

상징은 한 가지 참조 지침을 다른 것에 대치하는 것을 의미한다. 메타포는 이야기의 주체가 마치 다른 상황에서 일어나는 것처럼 되어 있다. 즉, 내담자와 내담자가 처한 상황이 이야기 속의 주인공처럼 비유되어 전개된다. 이처럼 상징은 주인공, 대상 및 상황이 내담자의 현실의 어느 면을 지적하는 것같이 전개되며, 내담자에게 간접적이거나 암시적 메시지를 주게 된다. 이 상징은 앵커링의 유형으로 내담자의 지각과 문제 상황에 맞춰지고 이끄는 역할을 한다. 예를 들어, "옛날에 어린 공주가…….", "한 왕이 정원에 다른 나라 왕으로부터 선물 받은 귀중한 한 그루 나무를 심었는데…….", "한 스님이 길을 가다가……." 등의 3인칭의 용어로 표현될 수 있다.

(2) 동형성

동형성은 심적 현상과 생리적 현상은 그 실질적 내용은 다르지만 구조와 특성상으로는 서로 일대일의 대응이 있다는 심리학적 이론에 기초하고 있다. 우리는 새로운 환경을 대할 때 과거에 자신이 살아왔던 상황과 유사한 습관적 행동을 하게 된다. 이런 것은 음식을 먹고 말을 하며 낯선 사람을 대하는 등의 행동으로 나타난다. Freud의 정신분석에서 중요한 개념인 전이(transference)도 상담과정에서 내담자가 의미 있는 타인들에게 대하는 것처럼 행동하는 동형성의 행동적 산물이라고 할 수 있다. 그런 이유에서 내담자가 하는 행동은 그가 경험하고 살아왔던 것을 조직화하는 방법상의 메타포가 될 수 있다.

당대 최고의 정신과 의사인 밀턴 에릭슨은 성생활 때문에 부부관계가 어려워진 사람을 치료하는 데 동형성을 사용하였다. 그는 두 부부가 좋아하는 요리에 대해 이야기하는 것을 보고 성생활이 평행선을 가고 있다는 것을 알았다. 남편은 감자와 고기를 좋아하기 때문에 메인 코스에 바로 들어가는 것을 좋아하는 반면, 아내는 애피타이저와 디저트를 좋아하였다. 밀턴 에릭슨은 두 사람이 모두 만족할 수 있도록 메인 요리와 애피타이저를 같이 나올 수 있는 식단을 짜 주었다. 부부는 밀턴 에릭슨의 의도를 몰랐지만 얼마 지나지 않아 성생활이 극적으로 좋아졌다는 것을 알고 놀라움을 감추지 못하였다.

내담자	상 징→	아기새
새로운 상황에 적응하려는 노력	동형성→	날갯짓을 배우려 애쓰는 모습

그림 12-1 상징과 동형성

3) 메타포의 적용

(1) 메타포의 특성

메타포는 우리가 경험하는 어떤 사고, 감정, 사건을 의미가 같은 다른 상황으로 연결시켜 상징하는 언어적 표현이다. 메타포는 경험할 수 있고 이해가 가능하지만 그 뜻을 분명하게 규정하지 않기 때문에 직관을 향한 여운을 깊게 남길 수 있다. 메타포의 특성을 살펴보면 다음과 같다(전경숙, 2012).

첫째, 메타포는 어떤 행동이나 사건, 사고, 감정을 다른 장소나 사건에서의 경험과 연결시켜 유사성과 동질성을 제시하는 것이다.

둘째, 메타포는 같은 것으로 보이는 두 개의 다른 장면을 많은 설명 없이 유추하는 것이다.

셋째, 메타포는 경험할 수 있고 이해 가능하지만 정확하게 규정할 수는 없는 것이다.

넷째, 메타포는 직접적 의식의 관찰을 허용하지 않는 논리를 벗어난 특수 감각적 깨달음이다.

다섯째, 메타포는 한 가지 사건에 대한 어떤 감정이나 생각을 다른 어떤 것에 연결시켜 암시하는 것이다.

여섯째, 메타포는 지각, 사고, 행동을 구조화하여 원하는 상태나 결과를 얻기 위해 필요한 것이다.

메타포는 내담자의 지도의 범위를 확대하고 전환시키기 위해 사용되는데, 여기에는 의도하는 숨은 의미가 들어 있어야 한다. 상담자는 내담자의 문제에 맞도록 메타포를 디자인할 수 있어야 한다. 예를 들면, "세월은 물과 같다.", "산다는 것은 아픔도 슬픔도 모두 삼키고 가야 할 기나긴 여정이다.", "우리의 결혼 생활은 전쟁 같다." 등의 표현이다. 이미 알고 경험한 어떤 것에 관계를 지어 어떤 다른 것을 이해하게 하는 힘을 가지고 있다. 또한 내담자가 어떻게 지각하고 사고하고 행동해야 할 것인지를 구조화시켜 준다.

메타포는 상담 현장에서 성취, 성공 기대, 집중력 유지, 행동 조성, 자원 찾기, 마케팅, 행정, 관계 관념 묘사, 명확한 개념, 아이디어 제공, 사고와 협동, 대안 찾기, 교정 등을 위해 활용될 수 있다.

(2) 상황 설정

상담자는 메타포를 활용하기 전에 상황을 설정해야 한다. 상담자는 줄거리 짜기와 의사전달을 어떻게 할 것이며 단계별로 어떻게 조직하여 내담자의 사고, 감정, 행동 중 무엇에 반응할 것인지 확인한다. 이를 위해 필요한 구체적인 사항은 다음과 같다.

첫째, 내담자의 문제 상태와 원하는 상태를 확인하며 원하는 상태에 도달하기 위해 더 적절한 표상을 찾는다.

둘째, 내담자의 언어에 맞추어 표상체계를 확인하고 메타포를 내담자의 언어적 표상체계에 맞추어 제작한다. 이때 언어는 VAKD로 나타낼 수 있다.

셋째, 내담자의 상태를 재연하여 보여 주며 목적을 표현하는 방법으로 상황을 재연할 수 있어야 한다.

(3) 메타포 구성

내담자가 학습하여야 하는 필수 개념을 메타포로 구성하여야 할 때 고려하여야 할 점은 다음과 같다.

① 현재 상태와 원하는 상태는 무엇인가?

② 이야기에 개입된 의미 있는 인물은 누구인가?
③ 문제를 해결하기 위해 무엇을 어떻게 진행하고 있는가?
④ 무엇이 문제의 해결을 방해하는가?
⑤ 무엇이 원하는 것을 얻게 할 수 있는가?

(4) 메타포 디자인

메타포를 디자인하기 위한 절차는, 먼저 상담자는 내담자가 말한 문제 이야기의 내용에서 명사를 모두 찾고 동사, 부사, 형용사를 통해 모든 과정을 확인한다. 이어서 메타포의 내용을 선정하고 내담자의 세상 틀 안에서 만나게 한다. 이때 내담자 문제의 초점을 이야기의 주인공으로 전환한다. 그리고 이야기 상황에서 내담자를 위한 자원에 접근하고 추정한다. 상담자가 메타포를 디자인할 때 고려하여야 할 사항은 다음과 같다.

① 줄거리는 심리적이어야 하고 내담자의 경험과 엇비슷해야 한다.
② 내담자의 현재 상태와 원하는 상태를 조사하여 메타포가 현재 상태에서 원하는 상태로 나가는 여행담이 되도록 한다.
③ 내담자가 흥미를 가질 만한 이야기를 위한 정황을 선택해서 문제 속에 있는 요소를 겉으로 봐서는 다른 것처럼 보이지만 같은 관계를 갖고 있는 요소로 대치한다.
④ 현재의 상태와 비슷한 형태로서 전략을 통해 문제의 해결, 즉 원하는 상태에 이르게 하는 이야기를 만든다.
⑤ 이야기는 논리적으로만 작동하는 좌뇌의 불필요한 감시를 벗어나 원하는 내용은 무의식에 전달된다.

(5) 원하는 결과 확인

상담자는 내담자가 자신의 문제를 해결한 후 원하는 결과를 확인하기 위해 다음과 같은 질문을 할 수 있다.

① 무엇을 어떻게 의사소통하기를 원하는가?

② 수행하기 쉽게 단계를 어떻게 나눌 것인가?
③ 내담자는 기본 표상, 동사, 시제, 시간 중 무엇에 반응할 것인가?
④ 내담자의 가치 기준은 무엇인가?
⑤ 내담자의 언어패턴(어조, 속도, 몸짓 등)은 무엇인가?

(6) 메타포의 전달

상담자는 내담자의 문제를 해결할 수 있도록 내담자의 인생과 감정 선택에 영향을 줄 수 있어야 한다. 메타포는 내담자의 사고, 행동, 정서 등에 대해 특정한 어떤 것을 지적하지 않으며 결론을 내리는 것이 아니다. 따라서 매우 유추적이어서 어떤 모순이 있을 수도 있으나 정확히 규정하는 것이 아니기 때문에 내담자는 그 의미를 유추하기 위해 오랜 시간 그 내용을 생각하게 된다. 따라서 변화에 대한 효력이 매우 강하다. 예를 들어, 영화 「달마야 놀자」에서 재규가 큰스님께 "스님은 왜 저에게 이렇게 잘해 주십니까?"라고 여쭈니, 큰 스님은 "네놈이 밑 빠진 독을 물에 던진 것처럼 나는 밑 빠진 네놈을 내 마음에 던졌을 뿐이야."라고 말한다. 이후 재규는 이 말을 계속해서 생각한 후 깨달음을 얻게 된다. 메타포를 전달할 때 고려하여야 할 사항은 다음과 같다.

① 밀턴모델을 사용하여 내담자를 보정하고 유인한다.
② VAKD에 기초한 언어를 활용하여 전달하며 내담자의 세상모델에 일치하는 이야기를 들려주어야 한다.
③ 이야기의 사실이 연속적으로 이어지게 하되 이야기는 물처럼 자연스럽게 흘러가야 한다.
④ 내담자를 연합 상태로 유지시키면서 의식을 집중하도록 이끌어 간다.

4) 메타포의 실습

세 명(A, B, C)이 짝을 이루어 메타포를 실습한다(전경수, 2012).

① A가 자신의 문제나 신념, 성공이나 실패, 좋아하는 사람, 싫어하는 사람에 대해 의미 있는 이야기를 한다.

② B와 C는 중요한 것이 무엇인지에 대해 맞추기(보정)를 한다. 즉, 그것이 무엇을 의미하는지, 혹은 그 경험이 무엇과 같은지에 대해 물어보고 A를 자리를 떠나 나가도록 한다. 그리고 B와 C는 A가 이야기한 중요한 한 부분을 정하여 메타포를 만든다. 예를 들어, A가 "사회 초년생으로 직장생활을 하는 것이 어렵다."라고 했으면, B는 "막 초등학교에 입학하여 적응을 하는 것처럼 말이지요?"를, C는 "애벌레가 커져서 나비가 되려고 애를 쓰며 몸부림을 하는 것 같다는 것이지요?" 등으로 할 수 있다.

③ 준비된 메타포를 가지고 A에게 전달하기 위하여 래포를 형성한다.

④ A의 내면에서 맞추기(보정)가 이루어지는 비언어적 미세단서를 점검한다. A가 준비가 되었으면 A에게 "중요한 것이 무엇이라고 하셨지요?"라고 질문을 하여 문제를 의식하게 한다. B와 C는 자신이 만든 메타포로 A에게 전달하고, 보정이 되는지를 알아보기 위해 미세단서를 확인한다.

⑤ 세 명이 교대로 메타포 창작하기를 실습한다. 특히 이러한 메타포가 자신의 심금을 울리는 것인지 파악하고 경험에 대해 빔어를 중심으로 확인한다. 이 과정에서 내용과 전달의 관계가 힘을 가지게 되며, 즉각적이고 직선적이며 본능적으로 표현되어야 한다.

2 메타 프로그램

1) 메타 프로그램의 기초

(1) 메타 프로그램의 개념

메타 프로그램(meta program)은 지각의 필터로 사고, 감정, 행동 반응을 결정짓는 무의식적 내부 프로그램이자 틀이며 인지적 여과장치라고 할 수 있다. 즉, 어떤 정보를 여과시킬 것인가를 결정하기 위해 사용하는 양식들이라고 할 수 있다. 이러한 메타 프로그램을 통해 세상의 정보를 적절히 여과함으로써 자기에게 맞는 스스로의 지도를 창조하도록 돕는다. 사람들은 자신의 메타 프로그램에 따라서 동일한 경험 속에서도 서로 다르게 그 경험을 소화하거나 해석하고 평가하며 기억하게 된다. 메타 프로그램은 기본적으로 틀이기 때문에 내용과는 무관하며 일종의 일반화에 해당하면서도 동시에 삭제와 왜곡이 동시에 작용하기도 하는 틀이다.

개인이 각종 정보와 자신의 경험을 받아들이고 처리하는 기준이 되는 틀이자 패러다임이라고 할 수 있는 메타 프로그램은 동기나 의사결정과 같은 핵심 영역에서 중요한 역할을 한다. 따라서 메타 프로그램은 좋고 나쁜 것이 아니라 원하는 성과에 따라 도움이 되는 메타 프로그램의 유형을 아는 것이 중요하다.

(2) 단순, 혹은 복합 메타 프로그램의 개념

메타 프로그램은 종류가 20여 가지가 넘을 정도로 다양하다. 메타 프로그램도 크게는 단순 메타 프로그램과 복합 메타 프로그램의 두 가지로 구분할 수 있다. 예를 들면 성격을 구분하는 네 가지의 기준틀이 단순 메타 프로그램이 될 수 있다. Freud로부터 시작된 인간 성격에 대한 개념과 이론적 탐색이 Jung으로 이어지면서 성격유형에 대한 이론이 발달하게 되었다. 그리고 융의 이론은 다시 미국의 Myers로 계승되어 MBTI(Myers-Briggs Types Indicator)라는 성격유형검사로 발전하게 되었다. MBTI에서 설명하는 성격유형은 NLP에서 그대로 사용될 수 있을 정도로 NLP의 성격유형이론과 잘 조화를 이루고 있다.

NLP 변화모형에서는 크게 네 가지 종류의 틀로 이루어진 성격구별 기준이 있는데, 그것은 외적 행동, 내적 과정, 내적 상태, 적응반응의 네 가지이다. 이것은 다음과 같은 차원에서 MBTI의 성격유형과 합치된다. 즉, NLP의 외적 행동에는 MBTI의 내향성(I)과 외향성(E)으로 구분되는 유형이 포함되며 내적 과정에는 직관형(N)과 감각형(S)이, 내적 상태에는 사고형(T)과 감정형(F)이, 마지막으로 적응 반응에는 판단형(J)과 인식형(P)이 각각 포함된다.

한편 복합 메타 프로그램에는 무려 20여 가지의 유형분류 틀이 포함되는데 이들은 각각 개인의 성향을 구분하여 이해할 수 있는 기준을 제시하고 있다. 메타 프로그램들은 인간 행동을 예측하고 이해할 수 있는 방향이나 틀을 제공해주기 때문에 기업체를 비롯한 조직에서의 선발, 인사관리, 분류를 위한 일에 효과적으로 활용될 수 있다.

(3) 탁월성의 차이 : 메타 프로그램

탁월성의 차이(distinctions of excellence)는 바로 메타 프로그램의 차이라고 할 수 있다. 인간의 반응이 얼마나 다양한지 인식하는 가장 좋은 방법은 그룹을 상대로 이야기해보는 것이다. 이를 통해 사람들이 같은 이야기에도 얼마나 다르게 반응하는지 알 수 있다. 유머를 말해도 어떤 사람은 큰 소리로 웃는데 조금도 반응하지 않는 사람도 있다. 이처럼 사람들은 동일한 메시지에 왜 다르게 반응하는 것일까? 왜 어떤 사람은 물이 든 잔이 반이 빈 것으로 보고 또 어떤 사람은 반이나 차 있는 것으로 볼까? 왜 어떤 사람이 특정 메시지를 듣고 활기가 넘치고 의욕적이 되는데 다른 사람은 똑같이 같은 얘기를 듣고도 전혀 반응을 보이지 않는 걸까?

조지 버나드 쇼의 인용문은 정확히 맞는 말이다. 어떤 사람에게 옳은 건반으로 말을 걸면 우리는 어떤 것이든 할 수 있다. 하지만 잘못된 건반으로 말을 걸면 아무것도 할 수 없다. 강력한 영감을 주는 메시지, 가장 교훈적인 생각, 뛰어난 지성적 비평도 지적으로나 감성적으로 이해되지 않는다면 아무런 의미도 없는 것이다. 우리가 일상생활에서 설득력의 전문가 혹은 커뮤니케이션의 전문가가 되고 싶으면 옳은 건반을 어떻게 찾아야 하는지를 알아야 한다. 그 과정은 메타 프로그램을 통해서 이루어진다.

메타 프로그램은 사람이 정보를 처리하는 방법에 대한 건반과 같다. 그것은 사람이 어떻게 내부표현 시스템을 형성하고 행동을 결정하는 것을 돕는 강력한 내부 패턴이다. 메타 프로그램은 우리가 무엇에 주목해야 하는지를 결정하는 데 사용하는 일종의 내부 프로그램이다. 현재 의식이 한 번에 집중할 수 있는 정보량의 한계 때문에 우리는 정보를 왜곡하고 삭제하고 일반화한다.

우리의 뇌는 컴퓨터가 하는 것과 마찬가지로 정보를 처리한다. 엄청난 양을 받아서 우리가 이해할 수 있는 형태로 구성하는 것이다. 컴퓨터는 특정 과업을 수행하도록 만드는 소프트웨어가 없이는 아무것도 수행할 수 없다. 메타 프로그램은 우리의 두뇌 속에서 마찬가지로 작용을 한다. 무엇에 집중하고, 어떻게 경험하고, 어떤 방향으로 우리를 이끌고 갈 것인지, 그 구조를 제공한다. 어떤 것이 재미있고 어떤 것이 재미없는지, 어떤 것이 잠재적인 축복이 되고 어떤 것이 잠재적인 위협이 될지 결정하는 기반을 제공한다. 컴퓨터와 통신하기 위해 소프트웨어를 알아야 하는 것처럼 다른 이들과 효과적으로 의사소통하려면 그의 메타 프로그램을 이해해야 한다.

2) 메타 프로그램의 유형

사람들은 일정한 행동 패턴을 갖고 있다. 그리고 그런 행동을 만들어 내기 위해 경험을 조직화하는 패턴을 가지고 있다. 그런 정신적 패턴을 이해하면 자동차를 사도록 만드는 것이든 상대방을 정말 사랑하고 있다는 것을 이해시키는 것이든 관계없이 우리의 메시지를 제대로 전달할 수 있다. 상황이 아무리 변해도 어떤 것을 이해하고 사고를 체계화하는 방법에는 일정한 구조가 있다. 이것이 바로 메타 프로그램이다. 여기서는 메타 프로그램의 유형에 대해 살펴보기로 한다(설기문, 2010; 전경숙, 2012).

(1) 삶의 접근 방법 : 주도 vs 회피

첫 번째 메타 프로그램은 어떤 것을 지향하는 것과 피하려는 것을 포함하고 있다. 모든 인간의 행동은 즐거움을 얻으려거나 고통을 피하려는 어떤 행동으로 분류할 수 있다. 우리는 뜨거운 난로로부터 화상을 입는 고통을 피하기 위해 적당한 거리만큼 유지하고 즐거움을 얻기 위해 더운 여름에도 운동을 한다. 어떤 사람은 운동하는 것을 좋아하기 때문에 1km쯤 되는 거리를 걸어서 출근한다. 어떤 이는 자동차 타는 것에 두려움으로 걸을지도 모른다.

삶의 접근 방법과 관련된 메타 프로그램은 각자 다를 수 있는데, 양극의 어느 것이 더 좋거나 나쁠 수 있는 것이 아니다. 다만 어떤 것이 어떤 특정 상황에서 더 효과적일 수 있다는 것이다. 예를 들면 신입사원을 모집하는데 새로운 사업을 추진하기 위해 찾는 사람과 회계 관리를 맡기기 위해 찾는 사람은 달라야만 한다. 전자는 메타 프로그램의 유형이 주도적인 사람이어야 하지만 후자는 신중하고 보수적이며 회피형의 사람이어야 할 것이다.

메타 프로그램의 작용 과정은 절대적인 것이 아니다. 모든 사람이 어떤 것은 추구하고 또 어떤 것은 탈피하려고 한다. 모든 사람이 어떤 특정 메타 프로그램에 더 강한 성향을 가지고 있다고 할지라도 어느 누구도 각각의 자극에 다 같은 반응을 하는 것은 아니다. 어떤 이들은 활력이 넘치고 호기심이 많으며 위험한 것도 마다하지 않는다. 그런 사람들은 자신을 자극하는 무언가를 향해 움직일 때 가장 편안함을 느낀다. 반대로 어떤 사람들은 주의 깊고 신중하며 방어적이다. 그들은 세상을 좀 더 위험한 장소로 본다. 그들은 즐거움을 추구하기보다 위험하고 위협적인 것들을 피하는 행동을 택한다. 사람들이 어느 방향으로 움직이는지 알기 위해 집, 자동차, 직업 또는 그 밖의 다른 것에 대해 무엇을 원하는지 질문함으로써 어떤 메타 프로그램이 작동하는지 유추할 수 있다.

이러한 메타 프로그램에 관한 정보는 어떻게 활용될 수 있을까? 예를 들어 물건을 파는 사람이라면 그 상품이 무엇을 주는지 아니면 무엇을 주지 않는지 두 가지로 홍보할 수 있다. 자동차를 빠르고 모양이 잘 빠지고 매력적이라는 것을 강조해서 판매할 수도 있고, 기름이 적게 들고 유지비가 적게 들고 사고가 나도 안전하다는 것을 강조해서 판매할 수도 있다. 우리가 이용하는 전략은 우리가 만나고 있는 사람의 전략에 전적으로 달려 있다. 어떤 사람과의 관계에서 잘못된 메타 프로그램을 이용한다면 당신이 원하는 성과를 달성하기는 어려울 것이다.

자동차는 같은 길을 달려 앞으로도 뒤로도 갈 수 있고 왼쪽으로도 오른쪽으로도 갈 수 있다. 단지 가고자 하는 방향에 달려 있는 것이다. 학습에 있어서도 이와 같은 메타 프로그램이 작동한다. 가령 부모가 자녀로 하여금 학교 공부에 더 많은 시간을 보내게 하고 싶다고 할 때, 자녀에게 “너는 공부를 더 많이 해야 돼. 아니면 대학에 갈 수 없어.”, “삼촌을 보렴. 삼촌은 공부를 안 해서 대학도 못 가고 결국 주유소에서 기름이나 넣으며 평생을 살아야 될 거야. 그게 네가 바라는 인생이니?” 하고 말할 수 있다. 이 전략이 얼마나 효과가 있을까? 그것은 자녀에게 달려 있다. 자녀가 싫은 것을 회피하는 데 동기가 부여되어 있다면 아마 효과가 있을 것이다. 그러나 즐거움 추구형의 아이라면 어떨까? 자신을 즐겁게 만드는 것, 매력적인 것이라는 생각에 동기를 부여받은 아이라면 회피하게 하려는 이야기를 가지고는 자녀의 행동을 바꾸지 못할 것이다.

우리는 얼굴이 파랗게 질릴 때까지 상대방에게 잔소리를 할 수 있다. 그러나 그것은 잘못된 건반으로 말하고 있는 것이다. 앞의 사례에서 보면, 이것은 마치 부모가 영어로 이야기하고 있는데 자녀가 중국어로 듣고 있는 것이다. 부모 자신의 시간뿐만 아니라 자녀의 시간도 낭비하고 있는 것이다. 사실 즐거움을 추구하는 사람들은 고통 탈피형에 맞는 방법으로 이야기하는 사람에 대해서 자주 화를 낸다. 그런 자녀에게는 "이것을 하게 되면 네가 원하는 어떤 대학이라도 갈 수 있단다."하고 이야기해서 아이가 더 잘 동기를 부여받도록 하는 것이 바람직하다.

(2) 통제 중심 : 내부 vs 외부

두 번째 메타 프로그램은 내부 판단 기준과 외부 판단 기준에 관한 것이다. 어떤 사람에게 언제 성취감을 느꼈는지 물어보면 어떤 사람들은 그 증거를 밖에서 찾는다. 직장 상사가 그의 등을 두드리며 일을 잘했다고 이야기하고 봉급이 인상되고 동료들에게 주목받고 찬사를 받는다. 이런 종류의 외부적 승인을 얻게 될 때 그는 일이 잘된 것인지 안다. 이는 외부판단 기준을 갖고 있는 것이다.

또 다른 사람들은 그 증거가 안에서 나온다. 일을 잘했을 때 이들은 그냥 안에서 오는 느낌으로 안다. 만일 내부 판단 기준형인 사람이라면 모든 종류의 건축상을 모두 다 수상할 수 있는 건물을 설계할 수 있더라도, 스스로 특별하다고 느끼기 전에는 어떤 외부의 승인도 그를 설득하지 못할 것이다. 반대로 윗사람이나 동료들로부터 별 볼일 없는 반응을 얻는 일을 했다 하더라도 그것을 잘한 일이라고 느끼게 되면 다른 사람들의 생각보다 자신의 본능을 더 신뢰하게 될 것이다. 이는 내부 판단 기준을 갖고 있는 것이다.

가령 우리가 어떤 사람을 세미나에 꼭 참석시키기 위해 설득시키고 있다고 가정하자. 우리는 "이 세미나에 꼭 참석해야 돼. 정말 훌륭한 세미나야. 나도 갔었고 친구들도 갔었잖아. 모두 대단하다며 좋아하더라고 며칠 동안 그 애기만 했지. 정말 대단했어. 모두들 그 세미나가 인생을 변화시켰다고 그랬어." 하고 말할지 모른다. 듣는 사람이 외부 판단 기준형 사람이라면 그를 설득시킬 수 있을 가능성이 높다. 사람들 모두가 그렇게 말한다면 그는 아마 그 말이 사실이라고 생각하게 될 것이다.

그러나 내부 판단 기준형 사람이라면 어떨까? 그에게 다른 사람들이 말한 것을 이야기해서는 설득하는 데 큰 어려움을 갖게 될 것이다. 그에게는 아무 의미가 없을 것이다. 그것은 그에게 고려되지 않는다. 우리는 그가 알고 있는 것에 호소해서만 그를 설득시킬 수 있다. 그에게 "작년에 갔던 세미나 기억하지? 몇 년 만에 가장 통찰력이 넘치는 교육이었다고 나한테 말한 거 생각나? 그것과 비슷한 세미나를 알고 있는데, 내 생각에 네가 직접 가보면 그때처럼 대단한 경험을 하게 될 것 같아. 어떻게 생각하니?" 하고 이야기한다면 효과가 있을 것이다. 이것은 그의 언어로 이야기하고 있기 때문이다.

메타 프로그램은 주변 상황과 노력에 연결되어 있다. 어떤 일을 10년이나 15년 동안 해 왔다면 그는 아마 강한 내부 판단 기준형이 되었을 것이다. 그렇지 않고 초보자라면 그 상황에서 무엇이 옳은지 또는 아닌지에 대해 그만큼 강한 내부 판단 기준을 갖고 있지 않을 것이다. 이 말은 어떤 것을 선호하거나 습관을 형성하는 것은 시간을 두고 이루어지는 경향이 있다는 것이다. 이처럼 메타 프로그램도 마찬가지이다. 우리는 어떤 한 가지 방법만 갖고 있는 것이 아니며 우리는 변화할 수 있다.

대부분의 지도자들은 내부와 외부 중에서 어떤 판단 기준을 갖고 있을까? 진정 뛰어난 지도자는 강한 내부 판단 기준을 갖고 있는 경향이 있지만 외부로부터도 정보를 효과적으로 받아들일 줄 안다. 즉, 뛰어난 지도자는 판단기준 혹은 통제 중심의 메타 프로그램에도 어떤 이상적인 균형이 있다.

(3) 우선순위 : 자기중심 vs 타인중심

세 번째 메타 프로그램은 자기중심적으로 분류하는지 타인 중심적으로 분류하는지에 관한 것이다. 어떤 사람은 인간의 상호 작용을, 개인적으로 자신에게 어떤 의미가 있는지의 관점에서 바라보고, 어떤 사람은 자기 자신과 다른 사람을 위해 무엇을 할 수 있는지의 관점에서 바라본다. 물론 사람들은 이쪽이든 저쪽이든 항상 극단적인 것은 아니다. 자기중심적으로만 생각한다면 자기만 아는 이기적인 사람이 될 것이다. 타인 중심적으로만 생각한다면 순교자가 될 것이다.

만일 당신이 인사부에서 직원 채용을 담당하고 있다면 입사 신청자들이 자기중심과 타인중심 중 어느 부류에 속하는지 알고 싶어 할 것이다. 얼마 전에 한 대형 항공사에서는 고객 불만 사항의 95%가 5%의 직원들로부터 나온다는 것을 알아냈다. 이 5%의 사람들은 지극히 자기중심적인 사람들이었다. 그들 대부분은 다른 사람이 아니라 자기를 돌보는데 관심이 많았다. 그들은 좋지 않은 직원들이었는가? 그럴 수도 있고 아닐 수도 있다. 똑똑하고, 열심히 일하고, 취미에 맞는지는 몰라도 분명히 업무 성적은 좋지 않았다. 그들은 잘못 배치된 좋은 직원들이었을지 모른다.

그 항공사는 어떻게 대처했을까? 항공사는 그들을 타인중심적인 사람들로 교체했다. 회사는 입사 신청자들을 그룹으로 모아 인터뷰하면서 지원 동기에 대해 물어보았다. 대부분의 사람들은 여러 사람 앞에서 말한 답변에 의해 평가받을 것이라고 생각했는데, 사실은 그들이 청중으로 있을 때의 행동에 의해 평가받았다. 즉, 인터뷰실 강단에서 얘기하고 있는 사람을 가장 잘 주목하고 가장 많이 눈을 마주친 사람, 가장 많이 미소 짓고 동의를 보인 사람들이 가장 높은 평가를 받았다. 반면에 거의 주목하지 않고 다른 사람이 말하는 동안 자신의 세계에만 빠져 있던 사람들은 자기중심적이라는 평가를 받아 채용에서 제외되었다. 이런 인사 채용의 결과로 회사에 대한 불만족 비율이 80% 넘게 떨어졌다. 이 사례는 메타 프로그램이 비즈니스에서 어떻게 활용될 수 있는지를 보여주는 좋은 본보기가 된다.

사람들이 무엇으로 동기가 부여되는지 모른다면 어떻게 그들을 평가할 수 있을까? 충원해야 할 자리에 필요한 기술, 학습 능력, 내부 조직구조 측면에서 볼 때 누가 적임자인지 어떻게 판단할 것인가? 능력 있는 많은 사람들이 현 업무에서 자기 능력을 최고로 활용하고 있지 않기 때문에 좌절감에 빠져 인생을 낭비하고 있다. 어느 상황에서는 마이너스인 것이 다른 상황에서는 가치 있는 자산이 될 수 있는데 말이다.

항공사 같은 서비스 업계에서는 분명 타인중심적인 사람이 필요하다. 하지만 회계 감사원을 고용해야 한다면 분명히 자기중심적인 사람을 원할 것이다. 여러분은 자기 일을 지적으로 잘하는데 정서적으로는 문제가 있는 사람을 상대해본 경험이 있을 것이다. 예를 들면 지극히 자기중심적인 의사는 진단에 있어서는 총명한 사람일지 모른다. 그러나 환자를 아낀다는 느낌을 주지 않으면 유능한 의사가 될 수 없다. 사실 그런 사람은 진료보다는 연구를 하는 것이 더 나을 것이다. 사람을 적재적소에 배치하는 것이 회사들에겐 가장 큰 문제 중 하나다. 그러나 취업 신청자가 어떻게 정보를 처리하는지 제대로 평가할 수 있다면 해결될 수 있는 문제다.

여기서 유의해야 할 점은 모든 메타 프로그램이 같은 과정을 통해 만들어지는 것은 아니라는 것이다. 어떤 것을 추구하는 것이 회피하는 것보다 더 나을까? 아마 그럴 것이다. 사람들이 자기 중심적이기보다 타인 중심적이라면 세상은 더 멋진 곳이 될까? 아마 그럴 것이다. 하지만 우리는 인생을 소망하는 대로가 아니라 있는 그대로 다루어야 할 것이다.

우리는 자식들이 회피형 사람이 되기보다 추구형 사람이 되기를 바란다. 아이와 효과적으로 대화하고 싶으면, 세상이 어떻게 되어야 한다는 우리의 생각에 맞춘 방법대로가 아니라. 아이에게 맞는 효과적인 방법으로 대화해야 한다. 열쇠는 아이를 가능한 한 주의 깊게 관찰하는 것이다. 아이가 말하는 것을 들으면서 어떤 은유적 표현을 사용하는지, 신체는 무엇을 나타내는지, 어느 때 집중하고 어느 때 지루해 하는지 알아내는 것이다.

사람들은 그들의 메타 프로그램을 지속적으로 계속해서 나타내고 있다. 사람들의 성향이 무엇인지, 현재 어떤 것에 중심적인지를 알아내기 위해 집중적인 연구가 필요한 것은 아니다. 사람들이 자기중심적인지 타인 중심적인지 알아내기 위해 그들이 다른 사람에게 얼마나 많은 관심을 보이는지 살펴볼 필요가 있다. 사람들 쪽을 향해 기대고 서서 그들이 말하는 것에 관심을 갖고 지켜보는가? 아니면 등을 돌리고 지루해하며 아무런 반응을 보이지 않고 있는가? 모든 사람은 때때로 자기중심적이 된다. 물론 그렇게 하는 것은 중요하다. 중요한 것은 우리 자신이 어떤 행동을 주로 하느냐 하는 것과 우리의 내부정보 처리 과정이 원하는 결과를 생산해내는 데 도움이 되느냐 하는 것이다.

(4) 분석 유형 : 긍정 vs 부정

네 번째 메타 프로그램은 긍정형과 부정형이다. 이 메타 프로그램은 학습하고 이해하기 위해 정보를 어떻게 분류하는지를 결정한다. 어떤 사람들은 공통점을 찾아내어 반응한다. 그들은 사물을 바라보고 공통점을 찾는다. 그런 사람들은 긍정형이다. 또 다른 긍정적인 사람들은 공통점을 예외적인 것과 함께 찾는다.

다른 이들은 부정형에는 두 가지 유형의 사람이 있다. 한 가지 유형은 세상을 바라볼 때, 사물들이 얼마나 다른지를 본다. 그런 사람은 비교 대상을 보면서 모두 다르고 서로 다른 관계를 갖고 있다고 생각한다. 또 다른 유형은 차이를 보되 예외를 함께 본다. 이런 사람은 같은 것을 보되 예외적인 것을 함께 보는 긍정형 사람과 같다. 먼저 차이를 보고 공통점을 찾는다.

어떤 사람이 긍정형인지 부정형인지 알아보려면 어떤 종류이든 대상이나 상황 사이의 관계에 대해 질문하는 것이다. 그리고 그가 먼저 유사점에 주목하는지 차이점에 주목하는지 알아내면 된다. 공통점을 찾는 긍정형 사람들과 차이를 찾는 부정형 사람이 같이 있으면 어떤 일이 일어날까? "모두 다 비슷해." 하고 얘기하는데 어떤 사람은 "아니야, 모두 다 달라!" 고 말한다. 긍정형 사람들의 논리는 선의 굵기가 다 정확히 같지 않을지 모른다거나 세 개 모두에 있어서 각도가 정확히 같지 않다는 것이다. 그렇다면 누가 옳은 것인가? 물론 둘 다 옳은 것이다. 그것은 모두 어떻게 인식하느냐에 달려 있다. 그러나 부정형 사람들은 항상 차이를 찾아내기 때문에 사람들과 래포를 이루는 데 자주 어려움을 겪는다. 그들은 다른 부정형 사람들과는 쉽게 래포를 이룰 수 있다.

통계 조사에 의하면, 조사 대상의 약 35%가 부정형 사람들이라고 한다. 그러나 부정형 사람들은 그렇지 않은 사람들이 볼 수 없는 것을 보기 때문에 매우 가치 있는 사람들이다. 그들은 심지어 기분이 좋을 때에도 부정으로 시작한다. 그리고 곧 즐겁지 않은 길을 발견한다. 그렇지만 그들의 비평과 분석적인 감지력은 여러 분야에서 중요한 역할을 한다. 이경규 감독의 영화 「복수혈전」과 같이 흥행하지 못한 영화를 생각해 보자. 영화 장면들의 뒤를 볼 수만 있다면 아마 긍정적 내부 판단 기준과 창의력 넘치는 사람들, 환상적인 목표만을 추구하면서 피해가야 할 것은 보지 않는 한 무리 사람들을 발견할 것이다. "잠깐만, 이건 어떻게 하지?" 하면서, 창의적인 사람들의 긍정형 내부 판단 기준에 적절한 방법으로 지적할 수 있는 부정형 사람이 그들에겐 절대적으로 필요했던 것이다.

같은 일만 반복하는 자리에 알맞은 사람을 고용할 때 차이를 찾는 부정형 사람을 선택할 것이 아니라 같은 것을 추구하는 긍정형 사람을 찾아야 한다. 하지만 융통성과 지속적인 변화를 요구하는 자리에 알맞은 사람을 찾을 때, 같은 것을 찾는 사람을 고용할 것인가? 분명히 아닐 것이다. 이런 차이점은 사람들이 오랜 기간 동안 만족하며 일할 수 있는 직업을 찾아내는 데 매우 유익하다.

긍정형 사람과 부정형 사람에게 같은 설득 방법을 쓸 수 있을까? 그들에게 같은 종류의 일을 맡길 수 있을까? 두 아이가 각각 다른 유형인데도 같은 방법으로 대해야 할까? 물론 아닐 것이다. 그렇다고 해서 각자의 성향이 바뀌지 않는다는 것은 아니다. 사람은 파블로프의 개가 아니다. 사람은 자신의 전략을 어느 정도 수정할 수 있다. 하지만 그것은 어떻게 해야 할지 그 방법을 누군가가 그들의 언어로 얘기해줄 때에야 가능하다.

평생 동안 부정형으로 살아온 사람을 긍정형으로 바꾸는 데에는 엄청난 노력과 인내가 필요하다. 하지만 우리는 이 작업을 덜 까다롭고 실질적으로 할 수 있도록 도와줄 수 있다. 그것이 우리가 다른 유형의 사람들과 함께 살아가는 하나의 비결이다. 반면에 긍정형 사람들은 모든 것을 일반화하려는 경향이 있기 때문에 좀 더 많은 차이를 찾는 것도 유익하다. 긍정형 사람들이 어려웠던 과거와 현재의 차이점을 인식하는 것도 도움이 될 것이다. 이렇게 차이점에도 주목하다 보면 그 차이들로 인해 삶의 행복을 향유할 수 있다.

긍정형 사람과 부정형 사람이 함께 행복하게 살 수 있을까? 물론 서로가 서로를 이해한다면 가능하다. 그렇게 되면 차이점이 생겨도 상대가 나쁘다든지 잘못되었다고 인식하지 않고 다르다는 것을 수용하게 된다. 우리가 상대방과 래포를 형성하기 위해 완전히 비슷한 사람이 될 필요는 없다. 다만 사물을 인식하는 데 차이가 있다는 것을 기억하고 서로 어떻게 존중하고 감사할 수 있는지를 배울 필요가 있다.

(5) 시간 틀 : 장단기 vs 과거·현재·미래

다섯 번째 메타 프로그램은 사람에게 어떤 것을 납득시키는 데 필요한 것이 무엇인가에 관한 것이다. 설득전략은 두 가지 부분이 있다. 단 한 번의 입증으로 그것을 믿는가 아니면 지속적으로 입증하여야 믿는지에 대한 것이다. 무엇이 어떤 사람을 지속적으로 설득시키는지 알아내려면 먼저 그를 설득하는 데에 어떤 감각적 구조물이 필요한지 찾아내야 한다. 그리고 그런 자극을 얼마나 많이 필요로 하는지 알아내야 한다.

누군가의 설득 메타 프로그램을 알아내려면 다음과 같은 질문을 던져 본다. "어떤 사람이 일을 잘하는지 못하는지 당신은 어떻게 알 수 있습니까? a) 그들이 하는 것을 보거나 관찰해야 합니까? b) 그들이 얼마나 일을 잘하는지 들어봐야 합니까? c) 그들과 함께 일을 해봐야 합니까? d) 그들의 능력에 대해 무엇을 읽어봐야 합니다." 이에 대한 답은 한 개 이상이 될 수도 있다. 어떤 사람이 일 잘하는 것을 보고, 다른 사람들로부터 그가 일을 잘한다는 얘기를 들으면 그가 괜찮은 사람이라고 믿을 수 있다. 다음 질문은 "당신이 그 사실을 믿으려면 얼마나 자주 그가 일 잘한다는 것을 입증해야 합니까?"이다. 여기에는 네 개의 답이 있을 수 있다. a) 즉시(예를 들어, 그가 일을 잘한다는 사실을 입증하기만 하면 당신은 그를 믿는다.), b) 여러 번(두 번 이상), c) 일정기간 동안(말하자면 몇 주 동안, 한 달, 1년), d) 지속적으로. 마지막의 경우는 그가 잘하고 있다는 것을 항상 매번 입증해야 한다.

Covey의 『신뢰의 속도(the speed of trust)』에서 강조하고 있는 것처럼 어떤 조직이든지 조직의 구성원들과의 관계에서 가장 중요한 요소는 신뢰와 래포다. 경영자가 직원들을 아끼는 사람이라는 것을 안다면, 그들은 회사를 위해 일도 더 열심히 잘할 것이다. 하지만 경영자를 신뢰하지 않게 되면 회사를 위해 일하지는 않을 것이다. 신뢰를 형성하는 방법은 각기 다른 사람들의 다른 욕구에 관심을 쏟는 것이다.

어떤 사람들은 인간관계를 한번 만들면 계속 유지한다. 당신이 공정하고 그들을 아끼는 사람이라는 것을 안다면 당신이 배반하지 않는 한 지속될 수 있는 끈끈한 관계를 만들어 낼 수 있다. 그러나 이것이 모든 사람에게 적용되는 것은 아니다. 어떤 사람들은 그 이상의 것을 필요로 한다. 친절한 말이나 인정하는 말을 쓴 메모, 여러 사람들 앞에서 지지한다는 것을 보여주는 일, 또는 중요한 업무를 맡기는 일 같은 것이 필요하다.

마찬가지로 뛰어난 세일즈맨은 일단 한번만 팔면 영원한 고객이 될 수 있는 사람이 누구인지 알고 있다. 어떤 고객은 다시 팔기 위해 6개월은 지나야 하는 반면에 다른 고객은 상품을 두세 번 보고나서 사겠다고 결정한다. 물론 세일즈맨의 '우수 고객', 다시 말하면 수년 간 당신의 상품을 이용해온 사람 중에는 당신이 방문할 때마다 그것을 왜 이용해야 하는지 다시 알고 싶어 하는 사람이 있다. 그는 매번 설득되어야 한다.

이 같은 과정은 개인적인 관계에 있어서 더 강하게 적용된다. 어떤 사람에게는 당신의 사랑을 한 번만 입증시켜 주면 영원히 입증한 것이 된다. 다른 사람에게는 매번 입증해야 한다. 이런 메타 프로그램을 이해하게 되면 우리는 그들을 효과적으로 설득할 수 있는 비밀을 알아낸 것과 같다. 그를 설득하기 위해 무엇이 필요한지를 사전에 알고 있는 것이다. 그리고 이제 우리는 매번 입증해야 하는 사람에 대해서도 화가 나지 않는다. 그가 그렇게 요구할 것이라는 점을 이미 예상하고 있기 때문이다.

(6) 동기 부여 : 가능성 vs 필요성

여섯 번째 메타 프로그램은 가능성 사고형과 필요성 사고형이다. 누군가에게 지금 다니고 있는 직장에 다니는 이유를 물어보라. 어떤 사람들은 원하는 것보다는 무엇이 필요한가에 의해 주로 동기가 부여된다. 그들은 해야 하기 때문에 한다. 무엇이 그들에게 가능한가에 의해서는 행동을 취하지 않는다. 그들은 무한히 다양한 경험을 찾지 않는다. 현재 있는 것과 이용할 수 있는 것만을 택하며 인생을 보낸다. 새 직장, 새 집, 새 차, 심지어 새 배우자를 필요로 할 때에도 그들은 현재 가능한 것 안에서만 수용한다.

다른 사람들은 가능성을 향해 동기가 부여된다. 무엇을 해야 하는가보다는 무엇을 원하느냐에 더 의욕적이 된다. 필요성에 의해 동기가 부여되는 사람은 이미 알려진 것과 확보된 것에 관심을 갖는다. 가능성에 동기가 부여되는 사람은 알려져 있지 않은 것에도 관심이 많다. 그는 발전할 수 있는 것, 기회가 개발될 가능성이 있는 것을 알고 싶어 한다.

가령 당신이 스마트폰 공장 품질관리사라고 가정해 보자. 가능성에 대한 감각은 좋은 것이지만, 그 상황에서 가장 필요한 것은 필요성에 대한 감각이다. 우리는 정확히 무엇을 필요로 하고 임무를 완수하기 위해 무엇을 확인해야 하는지 알 필요가 있다. 가능성에 의해 의욕적이 되는 사람은 그런 일을 하게 되면 아주 지겨워할 것이다. 반면에 필요성에 의해 의욕적이 되는 사람은 그런 일에 완벽하게 적응할 것이다.

필요성에 의해 동기가 부여되는 사람은 다른 장점도 갖고 있다. 어떤 직업에 있어서는 영속성이 장점이 된다. 그런 일을 할 사람을 고용할 때는 오랫동안 같이 일할 사람을 찾아야 한다. 가능성에 의해 동기가 부여되는 사람은 항상 새로운 기회, 새 직장, 새로운 도전을 찾는다. 그가 더 많은 잠재력을 줄 것 같은 다른 일을 찾아내면 그는 떠날 가능성이 많다. 그러나 필요성에 의해 동기가 부여되는 사람은 그렇지 않다. 그는 필요한 일을 찾게 되면, 일이라는 것이 인생에 꼭 필요한 것이기 때문에 지속적으로 한다.

꿈꾸는 듯한 눈을 갖고 있고 좀 잘난 체도 하며 위험도 감수하려는 가능성을 믿는 사람을 필요로 하는 일도 많이 있다. 만일 기업이 완전히 새로운 분야로 확장하고 있다면 가능성 사고형의 사람을 채용하고 싶을 것이다. 고정적이고 지속적인 것에 크게 가치를 두고 있는 일들도 있다. 이런 일들은 필요성에 의해 동기가 부여되는 사람을 필요로 한다. 우리 자신의 메타 프로그램이 무엇인지 아는 것도 마찬가지로 중요하다. 그래야 직장을 찾을 때 자신이 필요로 하는 것을 가장 잘 채워 줄 수 있는 것을 선택할 수 있다.

가능성과 필요성에 관한 메타 프로그램은 부모가 자녀의 동기를 부여시키는 데도 같은 원리가 적용될 수 있다. 가령 교육의 장점과 좋은 대학에 진학해야 한다는 것을 강조하려 한다고 하자. 만일 자녀가 필요성에 의해 움직이는 아이라면 그에게 좋은 교육이 왜 필요한 것인지 보여줘야 한다. 자녀에게 학위가 절대적으로 필요한 직업들에 대해 이야기해줄 필요가 있다. 훌륭한 엔지니어가 되려면 수

학의 기초가 왜 필요한지 또는 좋은 선생님이 되려면 왜 언어적 기술이 필요한지 설명해줄 수도 있을 것이다.

만일 자녀가 가능성에 의해 동기가 부여된다면 다른 접근 방법을 택해야 한다. 가능성에 의해 동기가 부여되는 자녀는 해야 하는 의무적인 일에는 싫증을 낸다. 따라서 좋은 교육을 받은 사람들에게 열려 있는 무한한 가능성을 강조한다. 이때 부모는 자녀에게 배우는 것이 어떻게 가능성을 열어 주는지 설명하고, 머릿속에 탐험하게 될 세계나 광활하게 펼쳐진 새로운 차원, 발견하게 될 새로운 것들을 이야기해줄 필요가 있다. 이처럼 원하는 결과는 같더라도 사람들에게 동기를 부여하는 방식은 이처럼 다른 것이다.

(7) 업무 유형 : 혼자 vs 같이

일곱 번째 메타 프로그램은 사람의 일하는 스타일이다. 모든 사람은 나름대로 일하는 전략을 갖고 있다. 어떤 사람은 독립적으로 일하지 않고는 행복해하지 않는다. 다른 사람들과 같이 일하는 것을 아주 힘들게 생각하고 감독 하에서는 일을 잘하지 못한다. 그러나 다른 사람들은 그룹으로 함께 일해야만 최고의 성과를 올릴 수 있다. 그들의 이런 전략을 협동적이라고 한다. 그들은 어떤 일을 맡게 되더라도 책임을 나누고 싶어 한다. 또 어떤 사람들은 그 두 가지 사이의 중도 전략을 취하고 있다. 그들은 과업에 대해 독자적인 책임을 지고 있으면서 다른 사람들과 함께 일하기를 선호한다. 그들은 책임을 지고는 있지만 혼자서는 아니다.

우리가 직원들이나 자녀들로부터 가장 많은 것을 얻어내려면 그들 각자의 전략, 가장 효과적으로 일하는 방법을 알아내야 한다. 아주 머리가 좋은 직원인데 골치 아프게 하는 경우를 생각해보자. 그는 언제나 자기 방식대로 일을 처리해야만 한다. 피고용인이라는 것이 적성에 맞지 않을는지 모른다. 우리가 그런 환경을 제공하지 않으면 그는 머지않아 아마 그렇게 할 것이다. 이런 가치 있는 직원이 있다면 그 사람의 재능을 극대화할 수 있는 방법을 찾아야 한다. 그리고 가능한 한 많은 독립권을 주어야 한다. 그를 어떤 팀의 일원으로 만든다면 그는 모든 사람을 미치게 만들 것이다. 그러나 가능한 한 독자적인 권한을 많이 준다면 그는 무한한 가치를 입증해 보일 것이다.

협력적인 분위기에서 최고의 성과를 발휘하는 사람들이 있다. 그들은 피드백과 인적 교류를 통해 성공한다. 이렇게 훌륭한 일꾼을 새로운 독립 사업 책임자로 발탁하겠는가? 그들의 재능을 최대한 이용하고 싶으면 그렇게 하지 않을 것이다. 승진도 시키고 그의 재능을 최악이 아닌 최고로 활용할 수 있도록 새로운 근무 경험을 제공해야 한다.

마찬가지로 중도형 전략을 가지고 있는 많은 사람들은 팀의 일원이 되길 바라지만 그들 자신의 일은 혼자 스스로 해야 한다. 어떤 조직에서도 이 세 가지 전략을 모두 필요로 하는 일이 있다. 중요한 것은 사람들로 하여금 최고의 능력을 발휘하게 할 수 있도록 하는 감각을 갖는 것과 그들이 성취해 낼 수 있는 일을 찾아 주는 것이다.

3) 메타 프로그램의 활용

(1) 메타 프로그램 탐색

다음과 같이 스스로에게 물어보자. 인간관계에 있어서 무엇을 원하십니까? 어떤 분야에서 성공했다는 것을 어떻게 압니까? 이 달에 한 것과 지난달에 한 것 사이에는 어떤 관계가 있습니까? 어떤 것이 사실이라고 납득하려면 그것을 얼마나 자주 입증해야 합니까? 좋아하는 일을 한 경험을 하나 얘기해 주시겠습니까? 그것은 당신에게 왜 중요한 것입니까?

이런 질문을 하는 동안 그 사람은 우리를 주목하고 있었는가? 그 사람은 우리의 반응에 관심이 있었는가, 아니면 다른 것에 집중하고 있었는가? 우리가 검토한 메타 프로그램을 성공적으로 알아내기 위해서는 단 몇 개의 질문만 하면 된다. 만일 원하는 정보를 얻지 못하면 얻을 때까지 질문을 수정한다.

커뮤니케이션을 할 때 자주 발생하는 문제를 해결하기 위해서는 상대방의 메타 프로그램을 파악해서 커뮤니케이션을 조절해 가는 것이다. 예를 들어 사랑하고 있는데도 사랑을 받는다고 느끼지 못하는 사람, 전혀 효과적이지 않은 방법으로 격려해주는 상사, 도와주려고 하는데 반응을 전혀 안 하는 사람의 경우, 우리는 그를 움직이고 있는 메타 프로그램을 알아낼 필요가 있다. 그리고 자신의 행동과 반응 그리고 그 상대방의 행동과 반응을 탐색할 필요가 있다. 예를 들면 우리는 사랑하는 사람과의 관계에 있어서 단 한 번의 입증이면 되는데, 우리의 파트너는 그것을 계속해서 요구한다. 또는 일들이 얼마나 흡사한가를 보여주는 제안서를 꾸미는데 윗사람은 그것들이 얼마나 다른지에만 관심이 있다. 어떤 사람에게 무엇을 조심해서 피하라고 주의를 주는데 그는 자신이 추구하는 것만 듣는 데에 관심이 있다.

무엇이든 우리가 잘못된 건반으로 얘기하게 되면 그 메시지는 잘못되게 된다. 그렇게 되면 회사 간부가 직원들을 상대할 때와 마찬가지로 부모가 자녀를 다룰 때도 큰 문제가 된다. 예전에는 다른 사람들이 사용하는 기본전략을 인식하고 관찰할 수 있는 예민한 감각을 키우지 않았다. 다른 사람에게 메시지를 제대로 전달하는 데 실패했더라도 그 내용을 바꿀 필요는 없다. 대신에 우리는 대화하려 하는 사람의 메타 프로그램에 맞게 대화 방식을 수정할 수 있는 융통성을 발휘해야 한다.

(2) 메타 프로그램의 활용 시 주의할 사항

여러 개의 메타 프로그램을 함께 사용하게 되면 효과적으로 커뮤니케이션을 할 수 있다. 앞에서 살펴본 메타 프로그램의 분류 원칙은 중요하고 강력한 수단이다. 중요한 점은 우리가 인식하는 메타 프로그램의 수는 우리의 민감성, 자각, 그리고 상상에 의해 제한된다는 것이다. 어떤 것이든 성공으로의 열쇠 중 하나는 차이를 만들어 낼 수 있는 능력이다. 메타 프로그램은 사람들을 어떻게 다뤄야 할지 결정할 때 매우 중요한 도구이다. 가능성을 향해 배우는 자세를 취하고 주변 사람들을 관찰하는 습관을 가질 필요가 있다. 상대방이 갖고 있는 세상을 인식하는 특정 패턴에 주목하고, 다른 사람들도 비슷한 패턴을 가지고 있는지 분석해본다. 이런 방법을 통해 우리는 모든 유형의 사람들과 효과적으로 대화하는 데 힘이 되는 '메타 프로그램 식별 능력'을 향상시킬 필요가 있다.

예를 들어 어떤 사람들은 주로 느낌에 의해 판단하는 반면 다른 사람들은 논리적인 사고로 판단한다. 어떤 사람들은 구체적인 사실과 숫자에 의해서만 판단한다. 먼저 그들은 세부적인 사항들이 제대로 될 것인지부터 알아야 한다. 그러고

나서 더 넓은 그림에 대해 생각할 것이다. 다른 사람들은 먼저 전체적인 개념이나 생각에 의해 납득한다. 그들은 전체적인 것에 반응한다. 큰 그림부터 보기를 원한다. 그들이 그것을 좋아하게 되면 그때 자세한 것에 대해 생각하게 될 것이다.

또한 어떤 사람들은 시작하면서부터 달아오른다. 그들은 새로운 아이디어를 떠올릴 때 가장 즐거워한다. 그러고는 곧 관심을 잃고 다른 것으로 관심을 돌린다. 반면에 다른 사람들은 다 끝마칠 때까지 그 일에 고정적이다. 책을 읽는 것이든 일을 하는 것이든 관계없이 무엇을 하더라도 끝장을 보아야 한다.

(3) 다양한 메타 프로그램의 활용의 중요성

메타 프로그램이 제공하는 또 다른 것은 균형에 대한 모델이다. 우리는 메타 프로그램을 이용할 때 어떤 한 전략 또는 다른 전략을 따르게 된다. 어떤 메타 프로그램에 대해 우리는 어느 한쪽보다는 다른 한쪽에 약간 더 기대게 될지 모른다. 또 다른 메타 프로그램에 대해서는 다른 것보다 어느 한쪽에 더 기울게 될지 모른다. 하지만 이런 전략 중 어느 것도 바꾸지 못할 것은 없다. 우리에게 힘을 주는 감정 상태로 들어가는 결정을 할 수 있는 것과 마찬가지로, 우리가 하는 것을 방해하기보다는 도울 수 있는 메타 프로그램을 선택할 수 있다. 메타 프로그램이 하는 역할은 우리의 뇌에서 지울 것을 말해 주는 것이다. 예를 들어 즐거움 추구형이라면 피해야 할 것들은 지우고 있는 것이다. 고통 회피형이라면 추구할 수 있는 것들을 지우고 있는 것이다. 우리의 메타 프로그램을 바꾸기 위해 해야 하는 것은 보통 때 지우는 것들을 인식하는 것이다.

자신을 자신의 행동과 혼동하거나 다른 사람을 그들의 행동과 혼동하는 실수를 하지 않기 위해 다양한 메타 프로그램을 사용할 필요가 있다. 가령 어떤 사람이 "나는 유나를 알아. 그녀는 이것, 이것, 이것을 하지."하고 말한다면, 그는 유나를 모른다. 그는 유나의 행동을 통해서 유나를 알게 된 것뿐이다. 그러나 우리가 우리의 행동이 아닌 것처럼 그 사람도 그의 행동이 아니다. 만일 그가 모든 것으로부터 회피하려는 사람이라면 아마 그것은 그의 행동 패턴일 것이다. 그것이 싫으면 바꿀 수 있다.

(4) 메타 프로그램 바꾸기

메타 프로그램을 바꾸는 방법에는 두 가지가 있다.

첫째, 중대한 감정적인 사건(significant emotional events)을 통해서다. 의미 있는 타인이라고 할 수 있는 부모가 끊임없이 무언가로부터 멀어지려 하고 잠재력을 충분히 성취하지 못하는 것을 자녀가 보고 자랐다면, 그것은 우리가 추구형 또는 회피형이 되도록 영향을 미칠 수 있다. 만일 우리가 필요성에 의해서만 판단하는 메타 프로그램을 갖고 있는데, 회사에서는 가능성에 도전할 역동적인 사람을 찾고 있었기 때문에 아주 좋은 자리를 차지할 기회를 놓쳐 버렸다면 자신의 메타 프로그램을 바꾸려고 시도하게 될 것이다. 만일 우리가 모든 것을 추구하는 사람인데, 그럴듯해 보이는데 투자했다가 피해를 당했다면 그것은 아마 우리가 다음에 오는 기회를 바라보는 시각에 영향을 줄 것이다.

둘째, 메타 프로그램을 바꿀 수 있는 다른 방법은 의식적으로 새로운 메타 프로그램을 채택하기로 결심하고 그렇게 하는 것이다. 우리들 대부분은 어떤 메타 프로그램을 사용하는지에 관심이 없다. 변화를 향한 첫 걸음은 변화가 필요함을 인식하는 것이다. 우리가 현재 하고 있는 것을 정확히 인식하게 되면, 새로운 선택과 이에 따르는 변화를 위한 기회를 갖게 된다.

앞에서 살펴본 바와 같이, 메타 프로그램은 두 가지 차원에서 사용되어야 한다. 먼저 다른 사람들과 우리의 커뮤니케이션을 관찰하고 안내하는 도구로 사용되어야 한다. 사람의 신체가 그 사람에 대해 우리에게 수없이 많은 것을 알려주는 것처럼, 나와 상대방, 기업, 국가와 같은 조직의 메타 프로그램은 무엇이 그 개인이나 조직의 동기를 부여하는지를 잘 알려준다. 다음으로 개인의 변화를 위한 중요한 도구로 사용되어야 한다. 우리는 행동 그 자체가 아니기 때문에 우리가 자신에게 반대되는 행동 양식을 가지고 있다면 우리가 해야 할 일은 그것을 바꾸는 것이다. 메타 프로그램은 개인적인 관찰과 변화를 위해 가장 유용한 도구이며 또한 가장 유익한 커뮤니케이션 도구들에 대한 열쇠라 할 수 있다.

참고문헌

김영순 역(2010). 만화로 보는 NLP. 서울: 학지사.

김형신 역(2001). NLP 커뮤니케이션 1시간에 업그레이드하기. 서울: 시유시.

설기문 역(2000). NLP의 원리. 서울: 학지사.

설기문(1997). NLP 워크샵 초·중급과정 자료집. 한국 NLP 연구회.

설기문(2002). NLP와 건강. 서울: 학지사.

설기문, 이차연, 남윤지, 정동문, 권원달, 김행신(2010). NLP 입문. 서울: 학지사.

손승아, 안경숙(1997). 창의성 증진을 위한 뇌기능 향상방안. 서울여자대학교 대학원 논문집, 5, 301-315.

심교준 역(2001). 인생을 위한 NLP. 서울: 한언.

이우성 역(1999). 무한능력. 서울: 시공 아카데미.

이윤주, 양정국(2007). 은유와 최면. 서울: 학지사.

전경숙(1996). 새 심리치료 개론 신경언어프로그래밍. 서울: 하나의학사.

전경숙(2002). 주관적 경험을 통한 인간이해 심리치료. 서울: 학지사.

전경숙(2012). NLP 기본과 원리. 서울: 학지사.

Alder, H.(1998). *NLP for managers : How to achieve excellence at work*. London: Piatkus Books.

Andreas, C., & Andreas, S.(1987). *Change your mind and keep the change : Advanced NLP submodalities interventions*. Utah: RealPeople Press.

Andreas, S.(1996). *NLP : The new technology of achievement*. Florida: Quill.

Andreas, S.(1999). Neuro-linguistic programming: Changing points of views. *The Family Journal, 7(1)*, 22-28.

Bandler, R.(1985). *Using your brain for a change : Neuro-linguistic programming*. Utah: Real People Press.

Bandler, R., & Grinder, J.(1985). *Reframing : Neuro-linguistic programming*. Utah: Real People Press.

Beaver, D.(1998). *NLP for lazy learning: Superlearning strategies for business and personal development*. London: Harper Collins.

Biswal, R., & Prusty, B.(2011). Trends in Neuro-Linguistic Programming(NLP) : A Critical Review. *Social Science International, 27*(1), 41-56.

Brooks, M.(1991). *The power of business rapport: Use NLP technology to make more money, sell yourself and your product, and move ahead in business.* London: Harper Collins.

Cain, S., & Maxwell, M.(2001). *When what you've got is not what you want: Use NLP to create the life you want and live it to the full.* New York: How to Books Ltd.

Cameron-Bandler, L., Gordon, G., & Lebeau, M.(1989). *NLP home study guide.* Colorado: NLP Comprehensive.

Childers, J. H.(1985). Neuro-linguistic programming: Enhancing teacher-student communications. *Journal of Humanistic Education and Development, 24(1)*, 32-39.

Childers, J. H.(1986). Neurolinguistic programming in the context of group counseling. *Journal for Specialists in Group Work, 11*(4), 221-227.

Davis, S. L. R., & Davis, D.(1983). Neuro-linguistic programming and family therapy. *Journal of Marital and Family Therapy, 9*(3), 283-291.

Dilts, R.(1983). *Roots of neuro-linguistic programming*. California: Meta Publication.

Dilts, R.(1990). *Changing belief system with NLP*. California: Meta Publication.

Dilts, R.(1990). *Changing belief systems with NLP*. California: Meta Publication.

Dilts, R.(1998). *Modeling with NLP*. California: Meta Publication.

Dilts, R., Delozier, J. A., & DeLozier, J.(2000) *Encyclopedia of systemic neuro-linguistic programming and NLP new coding*. Scotts Valley, CA: NLP University Press.

Dimmick, S.(1995). *Successful communication through NLP : A trainer's Guide.* Vermont: Ashgate Publishing Company.

Dorn, F. J.(1983). Assessing primary representational systempreference for neurolinguistic programming using three methods. *Counselor Education and Supervision, 23*(2), 149-156.

Dorn, F. J.(1983). Determining the reliability of the NLP eye-movement procedure. *American Mental Health Counselors Association Journal, 5*(3), 105-110.

Forman, B. D.(1986). *Neuro-linguistic programming in couple therapy.* Paper presented at the Annual Conference of the American Association for Marriage and Family Therapy, Florida(ERIC Document Reproductive Service No. ED285068).

Fromme, D. K., & Daniell, J.(1984). Neurolinguistic programming examined : Imagery, sensory mode, and communication. *Journal of Counseling Psychology, 31*(3), 387-390.

Hall, M.(1976). *Spirit of NLP*. Wales, UK: Crown House Publishing.

Harman, R. L., & O'Neill, C.(1981). Neuro linguistic programming for counselors. *Personnel and Guidance Journal, 59*(7), 449-453.

Harris, C.(1999). *The elements of NLP*. London: Element Books Ltd.

Harris, C.(2001). *Networking for success: The NLP approach to a key business and social skill*. Northern Ireland, England: Oak Tree Press.

Harry, A.(1996). *NLP for managers how to achieve excelle*. London: London Bridge.

Harry, A.(1996). *NLP for trainers : Communicating for excellence*. Ontario, CA: McGraw Hill Book Co Ltd.

Hickman, D. S., & Jacobson, S.(2001). *The power process: An NLP approach to writing*. Wales, England: Crown House Publishing.

Jago, W.(2001). *Schooling problems solved with NLP*. London: Trafalgar Square.

John, J., & Emerick, J.(1997). *Be the person you want to be : harness the power of neuro-linguistic programming to reach your potential*. Rocklin, CA: Prima Publishing.

Johnson, R.(1996). *40 Activities for training with NLP*. Darmonth, England: Gower Pub Co.

Johnson, R., & Eaton, J.(1999). *Business applications of NLP: 30 Activities for training*. Darmonth, England: Gower Pub Co.

Kamp, D.(1996). *The excellent trainer: Putting NLP to work*. Darmonth, England: Gower Pub Co.

Knight, S., & Dilts, R.(1999). *NLP solutions: How to model what works in business to make it work for you*. London: Nicholas Brealey.

Kostere, K. M., & Malatesta, L.(1989). *Get the results you want: A systematic approach to NLP*. Portland, OR: Metamorphous Press.

Krugman, M.(1985). Neuro-linguistic programming treatment for anxiety : magic or myth? *Journal of Consulting and Clinical Psychology, 53*(4), 526-530.

Kuroda, K.(2012). Is it possible to reconcile the conflict between linguistics and NLP?-Where is the true limit of statistically based NLP? Can we overcome it with knowledge-based NLP? Japanese Society for *Artificial Intellige, 27*(3), 326-332.

Lakin, D.(2000). *The unfair advantage: practical applications of psychological selling skills(NLP)*. Portland, OR: Lakin Associates.

Lee, J.(2000). Teaching NLP for conflict resolution. *Law Teacher, 34*(1), 58-76.

Lewis, B. A., Pucelik, F., & Antos, L.(1990). *Magic of NLP demystified: A pragmatic guide to communication and change*. Portland, OR: Metamorphous Press.

Linden, A., & Perutz, K.(1998). *Mindworks : Unlock the promise within: NLP tools for building a better life*. New York: Berkley Pub Group.

Linden, A., & Spalding, M.(1994). *The Enneagram and Nlp : A Journey of Evolution*. Portland, OR: Metamorphous Press.

Malatesta, L., & Cameron-Bandler, L.(1991). *Maps, models, and the structure of reality: NLP technology in psychotherapy*. Portland, OR: Metamorphous Press.

Masters, B. J.(1991). The NLP swish pattern: An innovative visualizing technique. *Journal of Mental Health Counseling*, 13(1), 79-90.

McDermott, I., & Shircore, I.(1999). *Manage yourself, manage your life : vital NLP techniques for personal well-being and professional success*. London: Piatkus Books.

McDermott. I.(2001). *Brief NLP therapy*. Thousand Oaks, CA: Sage Publications.

McLaren, I. R.(2001). *Communication excellence : using NLP to supercharge your business skills*. Wales, England: Crown House Publishing.

Milliner, C. B., Bretto, D. C., & Grinder, J.(1990). *Framework for excellence : A resource manual for NLP*. Portland, OR: Metamorphous Press.

Milliner, C. B., Bretto, D. C., & Grinder, J.(1994). *Leaves before the wind : leading edge applications of NLP*. Portland, OR: Metamorphous Press.

Millrood, R.(2004). The role of NLP in teachers' classroom discourse. *ELT Journal, 58*(1), 28-37.

Molden, D.(1996). *Managing with the power of NLP : Neuro-linguistic programing for personal competitive advantage*. London: Financial Times Prentice Hall.

Molden, D.(2000). *NLP business masterclass*. London: Financial Times Prentice

Hall.

Moyes, H.(2013). Theory and practice of NLP *coaching. Perspectives, 17*(4), 148-149.

O'Connor, J.(1999). *Leading with NLP: essential leadership skills for influencing and managing people*. Osceola, WI: Motorbooks International.

O'Connor, J.(2001). *NLP and sports*. New York: Thorsons Pub.

O'Connor, J., & McDermott, I.(1996a). *Principles of NLP*. New York: Thorsons Pub.

O'Connor, J., & McDermott, I.(1996b). *An introduction to NLP neuro-linguistic programming : psychological skills for understanding and influencing people*. New York: Thorsons Pub.

O'Connor, J., & McDermott, I.(2001). *Way of NLP*. New York: Thorsons Pub.

O'Connor, J., & Prior, R.(1995). *Successful selling with NLP : The way forward in the new bazaar*. New York: Acacia Press.

O'Connor, J., & Seymour, J.(1990). *Introducing neuro-linguistic programming : The new psychology of personal excellence*. London: Harper Collins.

O'Connor, J., & Seymour, J.(1994). *Training with NLP*. New York: Thorsons Pub.

O'Connor, J., McDermott, I., & Melson, E.(1996). *NLP and health : using NLP to enhance your health and well-being*. New York: Thorsons Pub.

Parr, G. D.(1986). The effectiveness of neurolinguisitc programming in a small-group setting. *Journal of College Student Personnel, 27(4)*, 358-361.

Parratt, S.(1997). Neurolinguistic programming: Add it to your tool chest of interpretive techniques. *Legacy, 8(3)*, 28-34.

Phillips, W. S.(1993). *Connecting : sales rapport thru NLP*. Portland, OR: Metamorphous Press.

Reese, M.(1989). *How to walk what you talk: Your personal NLPdevelopment manual*. Washington, DC: Southern Inst Pr.

Reupert, A., & Maybery, D.(2005). Applying Ericksonian languaging and NLP Principles to educational settings. *Australian Journal of Clinical and ExperimentalHypnosis, 33*(1), 24-35.

Robbins, A.(1986). *Unlimited power : New science of personal achievement*. New York: Simon & Schuster.

Robbins, A.(1997). *Unlimited power: The new science of personal achievement.*

New York: Fireside.

Roberts, M.(1999). *Change management excellence: putting NLP to work in the 21st century*. Wales, England: Crown House Publishing.

Sandhu, D. S.(1991). *Application of neurolinguistic programming for treatment and relapse prevention of addictive behaviors*. Paper presented at the Annual Convention of the American Association for Counseling and Development, Kentucky(ERIC Document Reproductive Service No. 346406).

Schultz, J. H., & Luthe, W.(1959). *Autogenic training*. New York: Grune & Stratton.

Sharpley, C. F.(1987). Research findings on neurolinguistic programming: Nonsupportive data or an untestable Theory? *Journal of Counseling Psychology, 34(1)*, 103-107.

Shutova, E.(2010). Models of metaphor in NLP. Association for Computational Linguistics. *Annual Meeting Conference Proceedings, 48*(1), 688-697.

Stajner, S.(2012). NLP Methodology for investigating language change. *Annales Litteraires, 902*, 219-232.

Torres, C. K., & Judy. H.(1983). *Neuro-linguistic programming : Developing effective communication in the classroom*. Paper presented at the Annual Meeting of the Association of Teacher Educators, Orlando(ERIC Document Reproductive Service No. ED228203).

Truter, I.(2007). Neuro-linguistic Programming(NLP). *SA Pharmaceutical Journal Incorporating Pharmacy Management, 74*(5), 46-49.

Valentino, A. J.(1999). *Personality selling: Using NLP and the enneagram to understand people and how they are influenced*. London: Vantage Point Pub.

Wilson, G. I.(2010). Perspective on Neurolinguistic Programming(NLP). *Police Chief, 77*(12), 40-52.

Wright, C.(1989). *Basic techniques: introductory level NLP workbook*. Wales, England: Crown House Publishing.

Yemm, G.(2006). Can NLP help or harm your business? *Industrial and CommercialTraining, 38*(1), 12-17.

Young, P.(2001). *understanding NLP*. Wales, England: Crown House Publishing.

저자 소개

김종운

동아대학교 대학원에서 교육상담 전공으로 박사학위를 받았다. 미국 Indiana University 상담 및 교육심리학과 연구원, 부산광역시 영도구 청소년상담복지센터 소장, 부산경남울산상담학회장, 한국상담학회 윤리위원장, 한국교정상담학회 부회장 겸 학술위원장, 2010~2013년 중등임용시험 출제위원을 역임하였다. 현재는 한국최면상담학회 회장, 법원행정처 전문심리위원을 맡고 있으며 동아대학교 교육학과 교수로 재직 중이다. 한국카운슬러협회 수련감독급 학교상담전문가, 한국최면상담학회 수련감독전문상담사, 한국상담학회 학교 및 교정상담전문가, 정신보건상담사 1급, 여성가족부 1급 청소년상담사 등 다수의 자격증과 문화관광부 우수학술도서로 선정된 『학교따돌림의 지도와 상담』(공역, 동문사, 2006), 『교직실무』(공저, 동문사, 2008), 『인간관계 심리학』(공저, 학지사, 2011), 『다문화상담의 새로운 접근』(공역, 시그마프레스, 2012), 『학교집단상담의 이론과 실제』(공저, 동문사, 2012), 『학습상담』(공저, 학지사, 2013), 『학교폭력의 예방과 대책』(저, 학지사, 2013) 등의 저·역서가 있다.

Email : jongun22@dau.ac.kr

초심상담자를 위한
NLP 상담의 이론과 실제

초판 1쇄 인쇄 / 2014년 2월 15일
초판 1쇄 발행 / 2014년 2월 25일

저 자 / 김 종 운
발행인 / 이 중 수
발행처 / **동 문 사**

서울특별시 서대문구 홍제원 1길 12(홍제동 137-8)
Tel : 02)736-3718(대), 736-3710, 3720
Fax : 02)736-3719
등록번호 : 제9-17호
등록일자 : 1974년 4월 27일
가격 : 16,000원

ISBN : 978-89-8251-634-4(93370)
E-mail : dong736@naver.com
Homepage : www.dongmunsa.com